Funktionale Modellierung und Rekursion

Praxis – Didaktik – Theorie

von

Gernot Lorenz

Oldenbourg Verlag München

Gernot Lorenz ist Studiendirektor an einem Gymnasium. Schwerpunkte seiner vielfältigen didaktischen Tätigkeiten im Bereich Mathematik und Informatik sind funktionale Modellierung und Programmieren-Lernen. Im vorliegenden Werk hat er seine langjährigen Erfahrungen, insbesondere zum Thema Rekursion eingebracht.

Bibliografische Information der Deutschen Nationalbibliothek

Die Deutsche Nationalbibliothek verzeichnet diese Publikation in der Deutschen Nationalbibliografie; detaillierte bibliografische Daten sind im Internet über http://dnb.d-nb.de abrufbar.

© 2012 Oldenbourg Wissenschaftsverlag GmbH
Rosenheimer Straße 145, D-81671 München
Telefon: (089) 45051-0
www.oldenbourg-verlag.de

Lektorat: Dr. Gerhard Pappert
Herstellung: Dr. Rolf Jäger
Titelbild: Entwurf des Autors; Bearbeitung: Irina Apetrei
Einbandgestaltung: hauser lacour
Gesamtherstellung: Grafik & Druck GmbH, München

Dieses Papier ist alterungsbeständig nach DIN/ISO 9706.

ISBN   978-3-486-71788-4
eISBN   978-3-486-72108-9

Vorwort

Funktionales Modellieren ist schon längere Zeit im didaktischen Fokus der Mathematik. Für die unterrichtliche Praxis heißt das, daß eine *explizit* definierte Zielfunktion als Modell des untersuchten Sachverhaltes oder Phänomens angestrebt wird.

Dagegen bleibt das mächtigere Prinzip der *Rekursion* nur eine Randerscheinung, obwohl es didaktisch ergiebiger ist, und die Idee der Selbstbezüglichkeit weit über die Mathematik hinausreicht. Dieser bedauerliche Umstand ist z. T. in den Lehrplänen begründet, vor allem aber auch durch den Mangel an geeignetem didaktischem und fachlichem Material.

Vor diesem Hintergrund sieht der Autor einen Bedarf an Literatur, den dieses Buch decken helfen soll, und zwar als ein Lehrbuch im doppelten Sinn:

- ein Handbuch als Nachschlagewerk und Fundgrube für alle, die auf der Suche sind ist nach Anregungen, didaktischen Tipps, theoretischen Hintergründen, zahlreichen Beispielen, Aufgaben für Klausuren, Themen für Referate oder Jahresarbeiten usw.
- eine Monographie, d.h. man kann es auch von vorn bis hinten lesen.

Im didaktischen Zentrum stehen dabei rekursive Modellierungsprinzipien, insbesondere die deskriptive Modellierung in mehreren Varianten für Anfänger und Einsteiger, je nach Alter, unterrichtlichem Kontext und Softwarewerkzeug.

Für die praktische Umsetzung werden zwei Softwarewerkzeuge vorgestellt: zum einen die Tabellenkalkulation, ein funktionales Werkzeug, das in seiner Universalität häufig nicht die notwendige Beachtung im schulischen Bereich findet, zum anderen die funktionale Programmierung, die, wenn den Schülern ein geeignetes Programmiersystem an die Hand gegeben wird – und nur dann – bereits ab der 8. Klasse ein erfolgreiches rekursives Modellieren und Denken ermöglicht.

Darüber hinaus wird für die Sek.-Stufe II der theoretische Hintergrund bereitgestellt: der Begriff der Berechenbarkeit wird passenderweise anhand der *Theorie der rekursiven Funktionen* beleuchtet, und nicht – wie häufig im Informatikunterricht – über TURING-Berechenbarkeit. Auf diese Weise sind Praxis und Theorie eng verzahnt und wirken wie aus einem Guß.

Adressaten sind naturgemäß in erster Linie Mathematiklehrer, aber auch Informatiklehrer, die neben einem altersgemäßen Einstieg in die theoretische Informatik auch komplexere Beispiele für das praktische Problemlösen suchen oder eine alternative Einführung in Rekursion mittels Grafikprogrammierung anstreben.

Mein besonderer Dank gilt Prof. OStD JOSEF LEISEN (Koblenz), MinDg' BARBARA MATHEA (Mainz), StD' NINA PFEIL (Höhr-Grenzhausen), Dr. MICHAEL SPERBER (Tübingen) und Prof. CHRISTIAN WAGENKNECHT (Görlitz) für ihre Unterstützung auf mannigfache Art.

Bendorf am Rhein   GERNOT LORENZ

Inhalt

1 **Einstieg**   1
  1.1 Pünktchen als verkappte Rekursion   2
  1.2 Ein paar Abmachungen   3

2 **Was ist und woher kommt Rekursion?**   5
  2.1 Historischer Ansatz: Rekursion als Verfahren   5
  2.2 Innermathematischer Ansatz: Induktion & Rekursion   8

3 **Didaktik: Rekursive Modellierung**   13
  3.1 Funktionale Modellierung   13
  3.2 Modellierungsprinzipien   21

4 **Praxis: Tabellenkalkulation**   27
  4.1 Ein funktionales Werkzeug   27
  4.2 Funktionstabellierung   29

5 **Unterrichtliche Einführung**   33
  5.1 Klasse 8 und Tabellenkalkulation   33
  5.2 Durchführung   37
  5.3 Unterrichtsbeispiel in SI, Teil 1   50

6 **Rekursion ohne Ende**   57
  6.1 Aufgabenstellung vs. Modell   57
  6.2 Lösung durch Programmierung?   63

7 **Theorie: Struktur und Berechenbarkeit**   67
  7.1 Im Universum der Rekursionen   67
  7.2 Berechenbarkeit   74
  7.3 Transformationen und Werteäquivalenz   81

8 **Praxis: Programmierung**   85
  8.1 Rekursive Programme und Sprachparadigmen   85
  8.2 Funktionale Programmierung   88
  8.3 Modellierung: Abstraktion und Beschreibung   92
  8.4 Rekursion in Q   95
  8.5 Unterrichtsbeispiel in SI/II, Teil 2   101

9 **Beispiele, Beispiele**   107
  9.1 Die Klassiker   107
  9.2 Arithmetik und Kombinatorik   118
  9.3 Nicht-zahlentheoretische Rekursionen über $\mathbb{N}$ 145
  9.4 Dynamische Prozesse: Deskriptive Modelle   149
  9.5 Dynamische Prozesse: Normative Modelle   179
  9.6 Allgemeines Näherungsverfahren   187
  9.7 Weitere Näherungsverfahren   194

10 Experimentieren und Spielen   **205**

10.1 Auf Entdeckungsreise mit Reduzierungsfunktionen 205

10.2 Verschiedenes 212

11 Grafik und Rekursion   **217**

11.1 Funktionale Graphik 218

11.2 Rekursive Muster 221

11.3 Alternative Einführung der Rekursion 224

11.4 Visualisierungen 229

12 Anhang   **249**

Literatur   **251**

Stichwortverzeichnis   **253**

1 Einstieg

*Von all den Ideen, die ich Kindern vorgestellt habe, zeich-
net sich die Rekursion als die eine Idee aus, die eine besonders aufgeregte Reaktion hervorrufen konnte.
Ich glaube, das kommt zum Teil daher, daß der Gedanke einer endlosen Fortsetzung die Phantasie jedes Kindes
anspricht, und zum Teil daher, daß die Rekursion selbst
Wurzeln in der Alltagskultur hat.*

SEYMOUR PAPERT in *Gedankenblitze*

Die gute...

Eine Glücksfee spricht zum rekursionsgeübten Schüler:

Du hast zwei Wünsche frei. Ich werde sie beide erfüllen.

Nach der Erfüllung des ersten Wunsches, den der Autor leider vergessen hat, formuliert der Schüler seinen zweiten Wunsch: „Ich möchte zwei Wünsche erfüllt bekommen". Wie lautet wohl der (neue) zweite Wunsch?

Offensichtlich hat er die Glücksfee überlistet, denn wer er es richtig anstellt, kann er
jeden Wunsch erfüllt bekommen, oder?
Die gute Nachricht: Diesen „Trick" kann man in abgewandelter Form auch in der Mathematik und Informatik – und nicht nur da – anwenden!

...und die schlechte Nachricht

Ebenso bekannt wie die Glücksfee dürfte die folgende Redewendung sein:

Keine Antwort ist auch eine Antwort

Wir alle wissen, wie dieser anscheinend widersinnige Satz zu verstehen ist.
Allerdings hat man dabei die Zeit außer Acht gelassen und meint eigentlich

(Bis jetzt) Keine Antwort ist auch eine Antwort

Wir wollen ja nicht ewig warten! Aber könnte es sein, daß wir – wenn wir keine Frist
gesetzt haben – nicht lange genug gewartet haben?

Auf unseren Computer übertragen müssen wir den Satz abermals modifizieren zu

Keine Antwort ist auch keine Antwort

Man ahnt, welche Situation gemeint ist: Wir sitzen davor und das Gerät – oder zumindest das benutzte Programm – „antwortet" einfach nicht mehr...
Die schlechte Nachricht: Wer programmiert, insbesondere wenn er den oben erwähnten „Trick" anwendet, dem kann das öfter passieren.

Aber es gibt Hoffnung, daß wir diese Wartesituation vermeiden können, wie wir in
den Kapiteln 7 und 8 sehen werden.

1.1 Pünktchen als verkappte Rekursion

Ohne es zu merken, begegnet uns Rekursion in der Mathematik – auch schon früh
im Unterricht – immer da, wo durch „Pünktchen" fehlende Glieder einer Aufzählung
oder Reihe ersetzt werden:

- Wie berechnen wir 2^7?
  Nun ja, viele wissen, daß $2^4 = 16$, weiter rechnet man dann $2 \cdot (2 \cdot (2 \cdot 16)) =
  2 \cdot (2 \cdot 32) = 2 \cdot 64 = 128$, d.h. durch *Zurücklaufen* oder *Rückgriff* auf einen „frü-
  heren" oder „einfacheren", d.h. bereits bekannten oder berechneten Wert.

  Im Schulunterricht werden Potenzen a^n mit $n \in \mathbb{N}$ mittels

  $$a^n = \underbrace{a \cdot a \cdot \ldots \cdot a}_{n-mal}$$

  definiert. Aber die Rückführung der Potenzrechnung auf wiederholte Multiplikation mit dem gleichen Faktor ist ohne Pünktchenschreibweise formal nur
  durch

  $$a^n = \begin{cases} a & \text{falls } n = 1 \\ a \cdot a^{n-1} & \text{falls } n > 1 \end{cases}$$

  möglich. (Der Fall $n = 0$ wird im Unterricht erst später behandelt)

- Wer die Multiplikation als wiederholte Addition mit dem gleichen Summanden
  erklären will, kommt auch nicht um das Rekursionsschema herum:

  $$a \cdot n = \underbrace{a + a + \ldots + a}_{n-mal} = \begin{cases} 0 & \text{falls } n = 0 \\ a + a \cdot (n - 1) & \text{falls } n > 0 \end{cases}$$

  Genau genommen gilt das auch für die Addition von natürlichen Zahlen als
  wiederholte Nachfolgerbildung, siehe PEANO-Axiome, s. Abschnitt 2.2.

- Bei der Aufsummierung von Folgengliedern hat man die Pünktchenschreibweise durch die Einführung des Summenzeichens umgangen. Aber auch dessen

Definition ist ohne Pünktchenschreibweise nur rekursiv möglich:

$$\sum_{i=1}^{n} a_i = a_1 + a_2 + a_3 + \ldots + a_n = \begin{cases} a_1 & \text{falls } n = 1 \\ a_n + \sum_{i=1}^{n-1} a_i & \text{falls } n > 1 \end{cases}$$

Gleiches gilt für das Produkt $\prod$.

- Ein populäres Beispiel für „Pünktchenvermeidung" ist die bekannte Fakultäts-Schreibweise mittels Aufrufezeichen:

$$n! = 1 \cdot 2 \cdot 3 \cdot \ldots \cdot n = \begin{cases} 1 & \text{falls } n = 1 \\ n \cdot (n-1)! & \text{falls } n > 1 \end{cases}$$

(Der Fall $n = 0$, d.h. $0! = 1$ wird speziell für $\binom{n}{k} = \frac{n!}{k! \cdot (n-k)!}$ ergänzt)

1.2 Ein paar Abmachungen

Zur Darstellung

Bestimme Passagen werden unterschiedlich hervorgehoben:

◼ **So werden wesentliche Ergebnisse hervorgehoben, die sich aus dem Kontext oder dem jeweiligen Abschnitt ergeben**

◼ So werden Ergebnisse hervorgehoben, die eher von lokaler Bedeutung sind

Ausgearbeitete Beispiele werden mit

E06	**Gitterwege**	*R-Var:*	ÜNN
Anmerkung:	vgl. $\binom{n}{k}$	*Schema:*	DO

eingeleitet und mit ♦ abgeschlossen. Dabei geben z. B. E06 die Nummer des Beispiels an und ÜNN sowie DO die Klassifizierung nach Struktur der Rekursion an wie in Abschnitt 7.1 beschrieben.

Am Ende mancher Abschnitte oder Kapitel finden sich

ANREGUNGEN:

1. …
2. …

Diese enthalten Übungsmaterial, Aufgaben und Anregungen unterschiedlichster Art.

Schreibweisen

$\mathbb{N}$	Menge der (modernen) natürlichen Zahlen $\{0,1,2,3,\dots\}$
$\mathbb{N}^+$	Menge der (traditionellen) natürlichen Zahlen $\{1,2,3,\dots\}$
$\widehat{Q} \subset Q$	(Teil-)Menge aller rationalen Zahlen, die bei Computeranwendungen die jeweilige Zahlenimplementation verarbeiten oder ausgeben kann.
$[x]$	größte ganze Zahl $\leq x$ (wie in der Zahlentheorie üblich)
$\left[\dfrac{x}{y}\right]$	Quotient bei der Ganzzahldivision (Division mit Rest)

Begriffe

Für die Klärung der wichtigsten Begriffe, die im Folgenden bei der mathematischen Formulierung (= Formalisierung) der Rekursion benutzt werden, beziehen wir uns auf das *Standard-Rekursionsschema*, das in Abschnitt 2.1 ausführlich hergeleitet wird:

$$f(p,x) = \begin{cases} c(p,x) & \text{falls } P(x) & \textit{Basisfall} \\ h(p,x,f(p,\varphi(x))) & \text{sonst} & \textit{Allgemeiner Fall} \end{cases}$$

Standard-Rekursionsschema mit Parameter

mit $x, p \in Q$ und den Begriffen

x	*Rekursionsvariable*
p	*Parameter*
φ	*Vorgängerfunktion*
h	*Schrittfunktion*
$f(p,\varphi(x))$	*Selbstaufruf*
$P(x)$	*Terminierungs- bzw. Abbruchsbedingung* (*Prädikat* von x)

Den *Allgemeinen Fall* werden gelegentlich auch als *selbstaufrufenden Zweig* bezeichnen. Bei der Modellierung mittels Rekursion im Anfängerunterricht, Kapitel 5, wird der Basisfall als *Verankerung*, der allgemeine Fall, d.h. der Aufruf der Schrittfunktion h als *Vererbung* bezeichnet.

Auf Erweiterungen und Varianten dieses Schemas wird in Abschnitt 7.1 ausführlich eingegangen.

2 Was ist und woher kommt Rekursion?

Wir beginnen mit einer sehr allgemeinen Formulierung, wie man sie häufig in der Literatur findet, so z.B. in [GEB], S. 164:

> *„...man definiert etwas nicht explizit,* (1)
>
> *sondern durch einfachere Versionen seiner selbst...."*

Aber was heißt das?

Zur Beantwortung dieser Frage wollen wir zwei historische Spuren verfolgen: die eine ist über zweitausend Jahre alt und rührt von einem alltagspraktischen Meß- und Vergleichsverfahren her, die andere wurde vor gut hundert Jahren innermathematisch aus den Eigenschaften der natürlichen Zahlen entwickelt, wobei auch erstmalig der Begriff „rekursiv" verwendet wurde.

2.1 Historischer Ansatz: Rekursion als Verfahren

Im Allgemeinen wird EUKLID der erste rekursive Ansatz zugesprochen: Er soll sich die Frage *„Haben zwei Stäbe der Längen a und b ein gemeinsames Maß?"* gestellt und dazu das Verfahren der *wechselnden Wegnahme* entwickelt haben.

Dabei wird der jeweils längere Stab schrittweise um die Länge des anderen verkürzt, bis beide Stäbe die gleiche Länge haben:

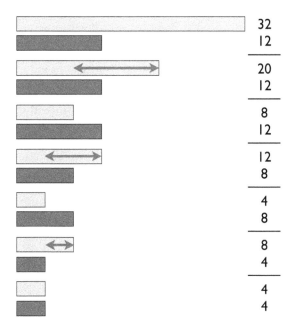

Offensichtlich liefert dieses Verfahren den *größten gemeinsamen Teiler (ggT)* zweier Zahlen a, $b \in \mathbb{N}$ und lautet in heutiger Notation

$$ggT(a,b) = \begin{cases} a & \text{falls } a = b \\ ggT(a-b,b) & \text{falls } a > b \\ ggT(a,b-a) & \text{sonst} \end{cases} \tag{2}$$

Das Bemerkenswerte an EUKLIDs einfach zu verstehender Methode ist, daß ein praktisches, alltagstaugliches *Verfahren* beschrieben wird, das einen Wert liefert, während (2) eher als mathematische Definition einer Funktion aufzufassen ist (s. 9.2).

Diese Interpretation von Rekursion als Verfahren wollen wir allgemein am Beispiel der Berechnung eines Funktionswertes $f(x)$ entwickeln: Die Formulierung „einfachere Version" in obigem Zitat (1) kann dabei nur bedeuten, daß es sich um den Wert eines anderen Arguments x' handeln muß, das nicht zufällig, sondern durch eine Vorschrift oder Funktion φ bestimmt sein kann, also etwa $x' = \varphi(x)$.

⇒   Wir nennen φ von jetzt ab die *Vorgängerfunktion*.

Im Sonderfall $x = n \in \mathbb{N}$ kann z.B. $\varphi(n) = V(n) = n - 1$ sein, s. Abschnitt 2.2.

Wie geschieht nun der „Rückgriff" auf die „einfachere Version" $f(x') = f(\varphi(x))$, die wir als *Selbstaufruf* bezeichnen, aus ?
Die Art des Selbstaufrufs soll durch eine weitere Funktion, etwa h, beschrieben werden, so daß der Term $h(\ldots f(\varphi(x)) \ldots)$ den neuen Funktionswert $f(x)$ liefert. Zusätzlich erlauben wir noch, daß auch auf das aktuelle Argument x „zugegriffen" werden kann, und erhalten so eine 2-stellige Funktion $h(x, f(\varphi(x)))$

$$f(x) = h(x, f(\varphi(x))) \tag{3}$$

⇒   Wir nennen h von jetzt ab die *Schrittfunktion*.

Dabei kann (3) als

1. Funktionalgleichung aufgefaßt werden, die, wenn sie lösbar ist, als Lösungsmenge eine Schar expliziter Funktionen liefert. Zusätzlich wäre eine Anfangswert $f(x_0) = c$ nötig für eine konkrete Lösung. Diesen Weg werden wir nicht weiter verfolgen, da er uns aus dem Thema Rekursion hinausführt.

2. Rechenvorschrift aufgefaßt werden, was bei fortlaufendem Selbstaufruf durch Substitution zu

$$\begin{aligned} f(x) &= h(x, f(\varphi(x))) \\ &= h(x, h(\varphi(x), f(\varphi(\varphi(x))))) \\ &= h(x, h(\varphi(x), h(\varphi(\varphi(x)), f(\varphi(\varphi(\varphi(x))))))) \\ &= \ldots \end{aligned}$$

führt und offensichtlich einer Beendigung oder *Terminierung* (s. 6.2) des Rückgreifens bedarf.

Dieser Fall soll durch die Erfüllung einer Bedingung $P(x)$ eintreten, und zwar mit dem Funktionswert $c(x)$.

⇒   Wir nennen

$$f(x) = c(x) \quad \text{falls } P(x) \tag{4}$$

den *Basisfall*.

Basisfall (4) und Aufruf der Schrittfunktion (3) ergeben ein Gleichungssystem

$$\left| \begin{array}{ll} f(x) = c(x) & \text{falls } P(x) \\ f(x) = h(x, f(\varphi(x))) & \text{sonst} \end{array} \right|$$

das man üblicherweise als Fallunterscheidung schreibt:

$$f(x) = \begin{cases} c(x) & \text{falls } P(x) \qquad \textit{Basisfall} \\ h(x, f(\varphi(x))) & \text{sonst} \qquad \textit{Allgemeiner Fall} \end{cases}$$

Standard-Rekursionsschema

Dieses Schema bezeichnen wir von jetzt ab als *Standard-Rekursionsschema*. Es kann noch erheblich erweitert bzw. verallgemeinert werden (s. 7.1).
Z. B. ergibt sich mit Einführung eines Parameters das eingangs erwähnte

$$f(p, x) = \begin{cases} c(p, x) & \text{falls } P(x) \qquad \textit{Basisfall} \\ h(p, x, f(p, \varphi(x))) & \text{sonst} \qquad \textit{Allgemeiner Fall} \end{cases}$$

Standard-Rekursionsschema mit Parameter

Insgesamt haben wir jetzt EUKLIDs Idee verallgemeinert und als mathematische Funktion formalisiert; ein ebenso wichtiger Aspekt ist aber folgender:

■ **Rekursion kann, ausgehend z.B. vom historischen Beispiel EUKLIDs, als Rechen-*Verfahren* betrachtet werden.**

Allerdings fällt bei diesen Schema auf, daß weder über die Funktionen φ und h noch über das Prädikat P irgendwelche Einschränkungen gemacht werden, d.h. die Frage, unter welchen Voraussetzungen das Verfahren „funktioniert", ob also das Prädikat $P(x)$ des Basisfalles für jedes x entscheidbar ist und nach endlich vielen Selbstaufrufen der Basisfall eintritt, bleibt offen. Dieser Problematik gehen wir im Abschnitt *Berechenbarkeit* 7.2 nach.

2.2 Innermathematischer Ansatz: Induktion & Rekursion

Wir gehen von einer konstruktiven Definition der natürlichen Zahlen aus (PEANO):

Definition: *Die Menge $\mathbb{N}$ der natürlichen Zahlen ist gegeben durch*

1. *$0 \in \mathbb{N}$*
2. *Zu jedem $n \in \mathbb{N}$ gibt es ein $S(n) \in \mathbb{N}$, den Nachfolger von n*
3. *Für alle $n \in \mathbb{N}$ gilt $S(n) \neq 0$*
4. *Aus $S(n) = S(m)$ folgt $n = m$*
5. *Sei $M \subseteq \mathbb{N}$ mit $0 \in M$ und mit $n \in M$ ist auch $S(n) \in M$.*
   Dann gilt $M = \mathbb{N}$

Welche Konsequenzen ergeben sich daraus?

Zunächst geben die Axiome 2. bis 4. an, wie man die natürlichen Zahlen aus der 0 konstruiert: Schreiben wir für die Nachfolgerbildung $S(n) = n + 1$, ergibt sich

$$
\text{Eine \textit{natürliche Zahl} ist} \quad
\begin{cases}
0 \\
\quad\text{oder} \\
\text{Nachfolger einer} \\
\textit{natürlichen Zahl}
\end{cases}
\qquad
n =
\begin{cases}
0 \\
\quad\text{oder} \\
S(n-1)
\end{cases}
$$

Induktive Definition

Eine solche konstruktive Definition auch *induktiv* genannt und spielt bei funktionalen Programmiersprachen eine wichtige Rolle, s. 8.1.

Aus Punkt 5. der Definition – auch *Induktionsaxiom* genannt – lassen sich zwei wichtige Prinzipien herleiten:

Das Beweis-Prinzip der vollständigen Induktion

Wir nehmen an, daß M diejenigen natürlichen Zahlen umfassen soll, die eine bestimmte Eigenschaft haben bzw. für die ein bestimmtes Prädikat P wahr ist, und erhalten durch Umformulierung

(I)	$0 \in M$	0 hat die Eigenschaft P	*Verankerung*
(II)	$n \in M \Rightarrow S(n) \in M$	n hat P $\Rightarrow S(n)$ hat P	*Vererbung*
(I),(II)$\Rightarrow$	$\forall n : n \in \mathbb{N}$	$\forall n : n$ hat P	

oder in der üblichen Formulierung

Wenn

$$P(0) \qquad\qquad\qquad\qquad\qquad Verankerung$$
$$P(n) \Rightarrow P(n+1) \quad \text{für alle } n > 0 \qquad Vererbung \qquad (5)$$

dann $P(n)$ für alle n

Die zweite, für unser Thema grundlegende Konsequenz ist

Das Rekursions-Prinzip

Satz 1 (Rekursionssatz, DEDEKIND). *Ist $c \in A$ und $h : \mathbb{N} \times A \to A$, dann gibt es genau eine Funktion $f : \mathbb{N} \to A$ mit*

(1) $f(0) = c$
(2) $f(n+1) = h(n, f(n))$ *für alle $n \in \mathbb{N}$*

Zum Beweis ⤳[Eb].

Was bedeutet das?

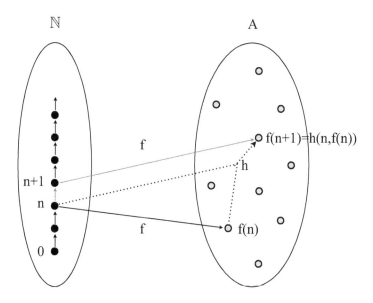

Die Bedingungen (1) und (2) bewirken gleichermaßen eine Zählung in der Menge A:

(1) gibt an, welches das „erste" Objekt in A ist.

(2) besagt, wie man von einem Objekt aus A zum nächsten kommt, während man in der Zahlenreihe von n zu dessen Nachfolger übergeht. Der Funktionswert von h kann u. U. außer von $f(n)$ auch von n abhängen, d.h. wie weit schon „gezählt" worden ist.

Es ist also gleichbedeutend, ob man ausgehend von n den Nachfolger $n + 1$ bildet und darauf die Funktion f anwendet, oder man f auf n anwendet und darauf zusammen mit n die 2-stellige Funktion h anwendet.

Damit steht uns ein effektives Instrument zur Konstruktion von Funktionen zur Verfügung: Da h nach Voraussetzung existiert, existieren auch die Funktionswerte $f(0), f(1), f(2), \ldots$

Für die praktische Anwendung nehmen noch eine Modifikation vor: Da wir üblicherweise Funktionswerte von n und nicht von $n + 1$ berechnen, transformieren wir (2) zu:

$$(2'): \quad f(n) = h(n - 1, f(n - 1))$$

mit dem korrigierten Prädikat „für alle $n > 0$" bzw. „falls $n > 0$". Außerdem ersetzen wir der Einfachheit halber (2') durch $f(n) = h(n, f(n - 1))$ (wenn h eine Funktion von $n - 1$ ist, dann auch von n) und erhalten das *primitive Rekursionsschema*

$$f(n) = \begin{cases} c & \text{falls } n = 0 \qquad \textit{Basisfall} \\ h(n, f(n - 1)) & \text{falls } n > 0 \qquad \textit{Allgemeiner Fall} \end{cases} \tag{6}$$

primitives Rekursionschema

Wir vergleichen (5) mit (6):

■ Das (Beweis-)Prinzip *vollständige Induktion* und das Konstruktionsprinzip *primitives Rekursionsschema* folgen aus den Eigenschaften der natürlichen Zahlen und sind strukturell gleich.

Berücksichtigt man noch, daß der oben erwähnte Rekursionssatz auch für Funktionen mit Parametern gilt und daß – wie bei einer Induktionsaussage – der Basisfall nicht notwendigerweise bei $n = 0$ beginnen muß, sondern bei $n = n_0$ (Näheres s. *Transformationen* 7.3), erhält man ein erweitertes primitives Rekursionsschema:

$$f(p, n) = \begin{cases} c_p & \text{falls } n = n_0 \qquad \textit{Basisfall} \\ h(p, n, f(p, n - 1)) & \text{falls } n > n_0 \qquad \textit{Allgemeiner Fall} \end{cases} \tag{7}$$

primitives Rekursionschema ab n_0 mit Parameter

Somit ist eine mit dem primitiven Rekursionschema konstruierte Funktion f durch c_p, n_0 und h eindeutig bestimmt. Das bedeutet, daß für vorgegebene $p, c_p \in A$ und $n > n_0 \in \mathbb{N}$ der Funktionswert $f(n) \in A$ existiert und nach dem Rekursionsschema berechnet werden kann.

Wie in wir in 7.2 sehen werden, müssen wir uns auf $A = Q$ beschränken, wobei uns schon jetzt klar ist, daß in der Praxis nur $A = \hat{Q} \subset Q$ zur Verfügung steht. Dabei soll nicht unerwähnt bleiben, daß das primitive Rekursionschema in (6) und (7) in der Literatur häufig nur für $A = \mathbb{N}$ definiert wird.

An dieser Stelle liegt ein Vergleich nahe: Das primitive Rekursionsschema ist ein Sonderfall des im vorherigen Abschnitt 2.1 behandelten Standard-Rekursionsschemas, und zwar insofern, daß bei ersterem die Rekursionsvariable x eine natürliche Zahl ist und für die Vorgängerfunktion gilt: $\varphi(x) = \varphi(n) = n - 1$. Diese Einschränkung stellt offensichtlich die „Berechenbarkeit" von f sicher.

Ohne den Begriff *berechenbar*, auf den wir in 7.2 ausführlich eingehen, zu präzisieren, können wir zusammenfassend feststellen:

■ **Das *primitive Rekursionschema***

  - **ist ein Spezialfall des Standard-Rekursionsschemas**
  - **erlaubt die Konstruktion von *berechenbaren* Funktionen**

Darüber hinaus wir mit dem primitiven Rekursionschema eine fundamentale Methode zur Funktions-Konstruktion ohne die eingangs erwähnte „Pünktchenschreibweise" an der Hand, wie z.B.

  – Sei $h = +$ die Addition in $\mathbb{N}$, dann liefert (7) mit

$$f(a, n) = \begin{cases} 0 & \text{falls } n = 0 \\ a + f(a, n - 1)) & \text{falls } n > 0 \end{cases}$$

  die Multiplikation $a \cdot n$ in $\mathbb{N}$

  – Sei $h = \cdot$ die Multiplikation und $a \in Q$, dann liefert (7) mit

$$f(a, n) = \begin{cases} 1 & \text{falls } n = 0 \\ a \cdot f(a, n - 1)) & \text{falls } n > 0 \end{cases}$$

  die Potenzierung a^n

  – Sei $h = \cdot$ die Multiplikation in $\mathbb{N}$, dann liefert (6) mit

$$f(n) = \begin{cases} 1 & \text{falls } n = 0 \\ n \cdot f(n - 1)) & \text{falls } n > 0 \end{cases}$$

  die Fakultät $n!$

3 Didaktik: Rekursive Modellierung

Die Eleganz von Euklids Verfahren zur ggT-Bestimmungen (s. 2.1) legt es nahe, auch für andere Problemstellungen eine rekursive Funktions-Konstruktion als Lösung anzustreben. Damit betreten wir den Bereich der funktionalen Modellierung, einem Kernstück der angewandten Mathematik zur Problemlösung, dessen Bedeutung im Bildungsgang – um nicht von den aktuell gehandelten „Kompetenzen" zu reden – nicht überschätzt werden kann.
Den Schwerpunkt bildet dabei die Gewinnung eines rekursiven Modells im Gegensatz zur üblichen Lösung in Form einer explizit definierten Funktion. Insbesondere wird die Entwicklung eines „rekursiven Gedankens" als didaktisches Prinzip vorgestellt.

3.1 Funktionale Modellierung

Stand der Dinge in der Bildungslandschaft

Obwohl die *funktionale Modellierung* in den letzten Jahren ein häufig erwähntes Konzept der Mathematik-Didaktiker geworden ist und mittlerweile sich in den meisten Lehrplänen der Bundesländer findet, taucht die Rekursion nur punktuell und unsystematisch auf, und zwar üblicherweise erstmalig in Kl. 10, etwa

- bei der Definiton von Folgen (linear und geometrisch) als alternative Beschreibung zur „expliziten" (geschlossenen, d.h. durch einen Term)
- bei Näherungsverfahren beim Wurzelziehen (Heron, s. 9.7) und der Kreisberechung, s. 9.7

und in Kl. 11/12

- im Rahmen der Analysis: wie Kl. 10, allerdings weitergehend, gelegentlich auch Näherungsverfahren wie z.B. Newton-Verfahren oder Cauchy-Euler (s. 11.4)
- in der Stochastik: Permutationen, Wahrscheinlichkeitsverteilungen u.ä. (s. 9.2)

Der Begriff „Rekursion" wird dabei weitgehend vermieden, stattdessen wird z.B. bei Näherungsverfahren von „Iterationsvorschrift" gesprochen. Ansonsten wird – auch wenn die Problemstellung einen rekursiven Ansatz nahelegt – beim funktionalen Modellieren grundsätzlich eine *explizit* definierte Funktion

$$f : x_1, x_2, \ldots, x_n \rightarrow T(x_1, x_2, \ldots, x_n)$$

angestrebt und erarbeitet. Man kann sagen

- Rekursion wird (wenn überhaupt) zu spät eingeführt
- Rekursion wird nicht systematisch erlernt
- Rekursion wird zu selten benutzt

Symptomatisch für diese Situation ist ein Auszug aus einem Internetforum zur Mathematik im Anhang, s. Abschnitt 12.

Wir fassen zusammen:

■ **In den allgemeinbildenden Schulen (bis hin zum Abitur) führen Rekursion und rekursives Modellieren ein Schattendasein.**

Dieser Zustand erscheint umso bedauerlicher, weil Rekursion ein algorithmisches Grundparadigma für funktionales und prozedurales Modellieren ist:

■ **Rekursion bzw. rekursives Modellieren ist etwa zeitgleich mit der *expliziten* Funktionsmodellierung und gleicher Intensität einzuführen und ebenso in den folgenden Schuljahren fortzuführen.**
   Damit stehen den Schülern zwei gleichwertige Varianten für *funktionale* Modellierung zur Verfügung.

In der gymnasialen Oberstufe und vor allem bei den Hochschulanfängern fällt häufig der Satz: *Rekursion ist schwer.*
Wie kann man das erklären? Machen wir uns die Situation beim Programmierkurs klar: Die Erstsemester kommen mit mehr oder weniger vorhandenen Kenntnissen einer bestimmten Programmiersprache von Schule und sollen jetzt – vermutlich in einer anderen Programmiersprache als in der Schule – systematisch programmieren lernen; handelt es sich z.B. um eine für Anfänger ungeeignete Sprache wie JAVA, müssen sie sich aufgrund der überfrachteten Syntax mehr mit dem Lernen einer Programmiersprache herumschlagen als mit dem Programmieren-Lernen an sich im Sinne von Modellieren und „Denken": In dieser Situation werden sie mit der Rekursion als Novum konfrontiert und kämpfen somit an zwei Fronten.
Diese Zwickmühle entstände für die Lernenden höchstwahrscheinlich nicht, wären sie von der Schule her mit Rekursion vertraut.

■ **Rekursion ist ein wichtiger Bestandteil der mathematischen Grundkenntnisse, die für ein Informatikstudium Voraussetzung sind**

Modell vs. Modellierung

Unter *mathematischer Modellierung* oder *mathematischer Modellbildung* versteht man einen offenen Prozeß,
    – dem ein reales Problem bzw. Phänomen aus Natur, Technik, Wirtschaftswissenschaft u.a. zugrunde liegt, zu dem reale (Mess-)Daten vorliegen
    – der zu einem mathematischen Modell führt, nämlich einer *Funktion*, die durch mathematische Beschreibung („Deskription") einen Zusammenhang zwischen Ein- und Ausgabedaten herstellt

Die *Simulation* ist die Anwendung des Modells auf Eingabedaten, zu denen gemessene Ausgabedaten vorliegen, aber auch und insbesondere zu denen keine Messungen

vorliegen. Dabei sollen gemessene und simulierte Ausgabedaten möglichst gut übereinstimmen. Entsprechend den Simulationsergebnissen kann das Modell nach dem
Prinzip eines Regelkreises verbessert werden.

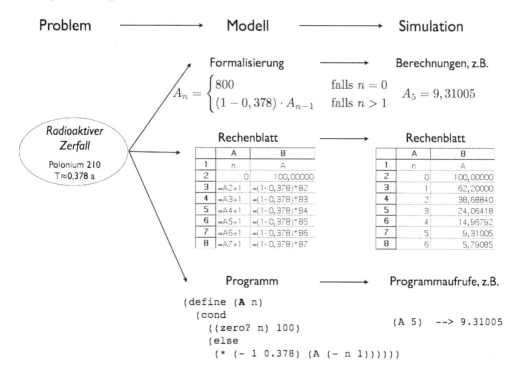

$$A_n = \begin{cases} 800 & \text{falls } n = 0 \\ (1 - 0,378) \cdot A_{n-1} & \text{falls } n > 1 \end{cases}$$

Abb. 1: Modellierung: deskriptives Modell

Bei dem bisher Beschriebenen spricht man von einem *deskriptiven Modell*[1], da es als
Abbild bestimmte quantitative Eigenschaften eines Phänomens beschreibt.

Demgegenüber gibt es auch das *normative Modell*: es wird kein Bezug auf ein vor-
handenes beobachtbares Phänomen genommen, vielmehr werden mehr oder weniger
willkürliche Vorgaben gemacht im Sinne einer Normierung oder Regel wie z. B. die
Steuerformel der Einkommensteuer oder der Normierung von Papiergrößen, S. 146
oder die Tilgung eines Darlehens, S. 179.

Schließlich gibt es auch Rekursionen, die weder aus der Modellierung irgendeines
Phänomens noch zur Normierung eines Sachverhaltes entstanden sind, sondern künst-
lich konstruiert oder einfach nur zufällig gefunden wurden, wie z.B. die ACKERMANN-
Funktion und die COLLATZ-Rekursion, s. Abschnitt „Klassiker", S. 107 oder auch ein-
fach nur innermathematischer Natur sind, s. Abschnitt 9.2, wie etwa die Anzahl der
Primzahlen p mit $p \leq n$. Solche Rekursionen kann man als *modellfrei* bezeichnen.

---

[1]Nicht zu verwechseln mit *deskriptiver Modellierung*, s. 3.2

■ **Eine Rekursion kann**

  – ein *deskriptives* **Modell**
  – ein *normatives* **Modell**

sein oder

  – **„modellfrei"**

Dabei können viele Phänomene zum gleichen (deskriptiven) Modell führen:

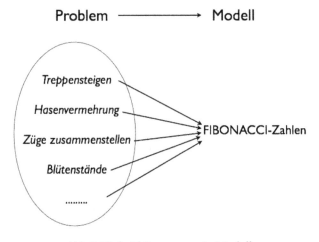

Problem —————→ Modell

Abb. 2: Viele Phänomene, ein Modell

Umgekehrt gibt es auch zum gleichen Phänomen verschiedene Modelle, im einfachsten Fall die Entscheidung zwischen diskret oder stetig, s. S. 17.

Darüber hinaus gehört zu einer offenen funktionalen Modellierung aber auch Wahl zwischen einer *explizit* (geschlossen) definierten oder *rekursiv* definierten Funktion, und zwar in Abhängigkeit

  – von der Natur des Sachproblems, z.B. diskret oder stetig bei dynamischen Modellen

  – von der Schwierigkeit, einen geeigneten Funktionsterm zu finden

  – vom rechnerischen Zeitaufwand

  – von der Eleganz und der Einfachheit der Lösung

  – von der Verfügbarkeit geeigneter Modellierungswerkzeuge

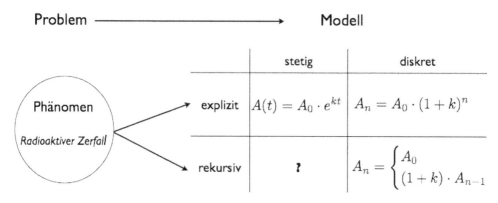

Abb. 3: Funktionale Modellierung: Varianten

Diskretes vs. stetiges Modell

Ein wichtige Klasse von Modellierungsaufgaben liefern die *dynamischen Prozesse*: es sind in der Regel *zeitabhängige* Prozesse oder, seltener, *ortsabhängige* Prozesse, bei denen sich eine Größe A in Abhängigkeit von x ändert, und zwar mit $x \cong$ Zeit oder $x \cong$ Abstand/Entfernung. Häufig handelt es sich um *Wachstumsprozesse*, die mit einer monotonen Funktion $A(x)$ modelliert werden (bei monoton fallenden Funktionen spricht man von *„negativem" Wachstum* oder *Abnahme*).
Die meisten realen Anwendungen stammen aus

* Natur und Technik (Anzahl von Lebewesen, Fläche, Gewicht, Länge etc.)

* dem Finanzwesen (Kapital, Rente, Hypothekenlast etc.)

Dabei müssen wir zwischen *diskreten* Prozessen und *stetig* (konitinuierlich) verlaufenden Prozessen unterscheiden:

Im ersten Fall setzt sich der aktuelle Wert sich $A(x)$ einer zeitabhängigen Größe A aus dem Wert $A(x - \Delta x)$ zu einem früheren Zeitpunkt und einem Zuwachs ΔA zusammen:
$$A(x) = A(x - \Delta x) + \Delta A$$

Ist der Zuwachs ΔA eine Funktion des früheren Wertes, also $\Delta A = H(A(x - \Delta x))$, liegt eine *Differenzengleichung 1. Ordnung* vor:

$$A(x) = A(x - \Delta x) + H(A(x - \Delta x))$$

Ändert sich dagegen die Größte A stetig, ergibt sich entsprechend eine *Differentialgleichung 1. Ordnung*
$$A'(x) = F(A(x))$$

Grundsätzlich können sowohl die Differenzengleichung als auch die Differentialgleichung als Beschreibungs-Modell für ein Phänomen angesehen werden.

Für eine vollständige Lösung muss in beiden Fällennoch ein Basisfall bzw. ein Anfangswert hinzugenommen werden.

	diskretes Modell	stetiges Modell
Phänomen	$A(x)$ ändert sich zu festen Zeitpunkten $x = n \cdot \Delta x$ mit $n \in \mathbb{N}$ um $\Delta A = H(A(x - \Delta x)$ $\downarrow$	$A(x)$ ändert sich zu jedem Zeitpunkt Δx beliebig klein $\downarrow$
(Modell)	$A(x) = A(x - \Delta x) + H(A(x - \Delta x))$ *Differenzengleichung 1. Ordn.* + Basisfall $\downarrow$	$A'(x) = F(A(x))$ *Differentialgleichung 1. Ordn.* +Anfangswert $\downarrow$
Modell	rekursive Funktion	explizite Funktion

Abb. 4: diskrete vs. stetige Modellierung

Die bekanntesten Wachstumsprozesse führen zu einem Sonderfall, bei dem der Zuwachs bzw. die Differenz $\Delta A = H(A(x - \Delta x))$ eine lineare Funktion von $x - \Delta x$ ist, also

$$A(x) = A(x - \Delta x) + a \cdot A(x - \Delta x) + b$$

Man spricht man von einer *linearen Differenzengleichung 1. Ordnung* (ähnlich wie bei einer Differentialgleichung). Dazu gehören z.B. lineares, beschränktes und exponentielles Wachstum.

In diesen Fällen können die zugehörige Rekursion

$$A(x) = \begin{cases} A_0 & \text{falls } x = x_0 \\ A(x - \Delta x) + a \cdot A(x - \Delta x) + b & \text{sonst} \end{cases} \tag{8}$$

aufgelöst werden zu einer *expliziten diskreten* Lösung, wie man am Beispiel in Abb. 3 sieht. Allerdings beschreibt die stetige Lösung der entsprechenden Differentialgleichung 1. Ordnung i. A. nicht das gleiche Phänomen, wie in Abschnitt 9.4 gezeigt wird.

Fassen wir zusammen:

■   – Eine *rekursive* Funktion stellt ein *diskretes* Modell dar
    – Eine differenzierbare, *explizit* definierte Funktion stellt als Lösung einer Differentialgleichung ein *stetiges* Modell dar

Typische Beispiele werden in 9.4 ausführlich behandelt, wobei man feststellen wird, daß es nicht immer notwendig oder üblich ist, diskrete Phänomen auch diskret zu modellieren oder stetige Phänomene auch stetig zu modellieren:

Phänomen	Modell	
	diskret	stetig
diskret	Kapitalentwicklung bei jährlicher Verzinsung ↓ z.B. Tabellierung mit Rechenblatt	Atomarer Zerfall (Idealisierung) ↓ z.B. Zerfallskurve
stetig	Tägliches Wachstum eines Fußnagels (Vereinfachung) ↓ z.B. Tabellierung mit Rechenblatt	Höhe eines Baumes als Funktion der Zeit ↓ z.B. Funktion $h : t \to h(t)$

■ Allerdings ist es auch möglich, bestimmte Rekursionen so zu programmieren, daß sie für $\widehat{Q}$ ein stetiges Modell liefern! (s. *Variable Schrittweite* im Abschnitt 8.4, S. 95). Dagegen stellt die Tabellierung einer explizit definierten Funktion im Rechenblatt immer eine diskrete Modellierung dar (s. Abschnitt 4).

Was ist eigentlich gesucht?

Damit ist gemeint: Soll die Simulation einen einzelnen Funktionswert oder eine Liste bzw. Tabellierung von Werten liefern? Diese Frage taucht z. B. dann auf, wenn man die Wahl zwischen den Werkzeugen Tabellenkalkulation oder Programmierung hat: z.B. liefert bei einer Ratentilgung eine passende Funktion $R(n)$ die Restschuld nach n Jahren, also eine Zahl. Dagegen erwarten viele Kunden einen Tilgungsplan, in dem auch Zeit und Restschuld, ggf. auch der jährliche Zins tabelliert werden. Genau das liefert ein passendes Rechenblatt, während das Programm für $R(n)$ so modifiziert werden muß, daß es eine Tabellierung liefert. Wir unterscheiden daher:

1. Der **Funktionswert** $f(x)$ zu einem $x \in D_f$
   d.h. nur das Ergebnis im Sinne **eines** Wertes, also der Funktionswertes.

   Beispiele:

   - ```
     (n! 50)
     -> 815915283247897734345611269596115894272000000000
     ```
   - $\sqrt{5} \approx$ ```(wurzel-a 1.5 5 10)```
     ```
     -> 2.2360679774997896964091736...
     ```

2. Die **Wertetabelle**, also eine *endliche Folge* von *Paaren* aus Argument und Funktionswert, bestehend aus Basisfall und den Selbstaufrufen. Bei Rekursionen, die nicht über $\mathbb{N}$ laufen, müssen wir unterscheiden zwischen

   a) $((x_0, f(x_0)), (x_1, f(x_1)), \ldots, (x_n, f(x_n)))$
      – Rekursionsvariable als Argument
     ```

b) $((0, f(x_0)), (1, f(x_1)), \ldots, (n, f(x_n)))$
  – Index (=Rekursionsvariable) als Argument

Beispiel: Der Fallschirmsprung, S. 50

als Rechenblatt

	A	B	C	D	E	F
1	Fallschirmsprung					
2	t0	10				
3	h0	210				
4	Δt	5				
5						
6				*n*	t	h
7				*0*	10	210
8				*1*	15	187,5
9				*2*	20	165
10				*3*	25	142,5
11				*4*	30	120
12				*5*	35	97,5
13				*6*	40	75
14				*7*	45	52,5
15				*8*	50	30

als Programmaufruf
zu a):

```
(list
  (list 10 210)
  (list 15 187.5)
  (list 20 165)
  (list 25 142.5)
  (list 30 120)
  (list 35 97.5)
  (list 40 75)
  ...
```

zu b):

```
(list
  (list 0 210)
  (list 1 187.5)
  (list 2 165)
  (list 3 142.5)
  (list 4 120)
  (list 5 97.5)
  (list 6 75)
  ...
```

Der Index ist notfalls immer über die Zeilennummerierung automatisch gegeben (allerdings i.A. ab $n_0 > 0$, da die Tabelle nach unten verschoben ist). Er kann bei Bedarf zusätzlich (kursiv) tabelliert werden.

Bei funktionalen Sprachen bieten sich Listen als Ausgabetyp von Tabellierungen an.

Beispiel: Kapitalentwicklung

als Rechenblatt

	A	B
1	n	K
2	0	800,00€
3	1	824,00€
4	2	848,72€
5	3	874,18€
6	4	900,41€
7	5	927,42€
8	6	955,24€
9	7	983,90€
10	8	1013,42€
11	9	1043,82€
12	10	1075,13€
13		

als Programmaufruf

```
(list
  (list 0 800)
  (list 1 824)
  (list 2 848.72)
  (list 3 874.18)
  (list 4 900.41)
  (list 5 927.42)
  (list 6 955.24)
  (list 7 983.9)
  (list 8 1013.42)
  (list 9 1043.82)
  (list 10 1075.13))
```

Bei Rekursion über $\mathbb{N}$ stimmen Rekursionsvariable und Index überein

3. Die **Werteliste** $(f(x_0), f(x_1), \ldots, f(x_n)) = W_f(x_n)$
   d.h. die Argumente von f interessieren nicht, man will nur die **endliche Folge**

der Funktionswerte von Basisfall und Selbstaufrufen erhalten.

Beispiel 1: Die Primzahlen kleiner m

```
(prim-liste 50)  -->
  (list 2 3 5 7 11 13 17 19 23 29 31 37 41 43 47)
```

Beispiel: Näherungsverfahren, z.B. HERON-Verfahren für $\sqrt{3}$:

```
(HERON 3 1.5)    -->
  (list 1.5 1.75 1.732143 1.732051 1.732051 1.732051
        1.732051 ...)
```

Bei Endrekursionen über Q liefert der Wert eines Selbstaufrufes das Argument für den nächsten Selbstaufruf, so daß man im Grunde mit einer einspaltigen Tabelle (Beispiel unten Spalte E) auskommt. Den Index kann man zusätzlich tabellieren (Spalte D):

als Rechenblatt

	A	B	C	D	E	F
1	HERON-Verfahren					
2						
3	x0	1,5				
4	a	3				
5						
6				n	x_{n-1}	x_n
7				0		1,500000
8				1	1,500000	1,750000
9				2	1,750000	1,732143
10				3	1,732143	1,732051
11				4	1,732051	1,732051
12				5	1,732051	1,732051
13				6	1,732051	1,732051
14				7	1,732051	1,732051
15				8	1,732051	1,732051

Eine zusätzliche x_{n-1}-x_n-Tabellierung ist für ein Streudiagramm (s. 11.4) nützlich.

als Programmaufruf

```
(list
  (list 0 1.5)
  (list 1 1.75)
  (list 2 1.732143)
  (list 3 1.732051)
  (list 4 1.732051)
  (list 5 1.732051)
  ...)
```

oder

```
(list
  (list 1.5 1.75)
  (list 1.75 1.732143)
  (list 1.732143 1.732051)
  (list 1.732051 1.732051)
  (list 1.732051 1.732051)
  (list 1.732051 1.732051)
  ...)
```

■ Während ein Rechenblatt für die Berechnung von $f(x)$ mittels Rekursion stets eine Wertetabelle oder Werteliste darstellt, liefert ein Programm für $f(x)$ lediglich einen Funktionswert, d.h. die Ausgabe von Wertetabelle oder Werteliste muß gesondert programmiert werden, s. 8.2, S. 90.

3.2 Modellierungsprinzipien

Nach den letzten vorbereitenden Abschnitten kommen wir zur zentralen Frage

Wie gelangt man zu einer rekursiven Beschreibung eines Sachproblems?

Man könnte es sich einfach machen und sagen:

1. Erkenne das rekursive Muster
2. Beschreibe das rekursive Muster

Dieses Vorgehen gelingt bekanntlich recht gut bei geometrischen Figuren (dazu mehr in Abschnitt 11.3), aber bei nicht-visuellen Phänomenen liegt i. A. weder das Erkennen noch das Beschreiben eines Musters auf der Hand.

Deshalb wird im Folgenden sukzessive ein situationsunabhängiges, allgemeines Prinzip zur Vorgehensweise entwickelt.

Deskriptive Modellierung

Zunächst packen wir das Problem an der Wurzel, genauer gesagt am *Rekurrieren*, also am „Zurücklaufen": Rekursion ist ein *Prozeß*, der einen Wert *schrittweise* berechnet.

(1)   Fasse das Problem als *Prozeß* auf und denke ihn in *Schritten*

Aber wie sieht ein Schritt aus?
Aus formaler Sicht besteht das primitive Rekursionsschema (6)

$$f(n) = \begin{cases} c & \text{falls } n = 0 & \textit{Basisfall} \\ h(n, f(n-1)) & \text{falls } n > 0 & \textit{Allgemeiner Fall} \end{cases} \tag{9}$$

im Wesentlichen aus dem *allgemeinen Fall*, genauer gesagt, aus der Schrittfunktion h, die die eigentliche Funktion selbst aufruft und somit auf einen „früheren Wert zurückgreift".
Den „früheren" Wert $f(n-1)$ kann man auch als das „kleinere" Problem ansehen, weil $n-1$ näher an 0 liegt als n, also bewirkt ein Schritt die Rückführung eines Problems auf ein „kleineres" Problem.

(2)   Führe das Problem auf eine *„kleineres"* Problem zurück

Diese Formulierung ist ziemlich allgemein und enthält keinen Hinweis darauf, wie die Rückführung geschehen soll. Deshalb sind noch Fragen zu beantworten wie

1. *Wie* sieht diese Rückführung auf ein kleineres Problem aus?
   oder
2. *Was* soll die Schrittfunktion berechnen?

Zwar geht es bei der funktionalen Rekursion grundsätzlich um Funktionswerte, aber in der Modellierungsphase sollte sich der Modellierende noch keine Gedanken machen über die konkrete Bestimmung der Funktionswerte, was Aufgabe der späteren Implementierung (Tabellenkalkulation, Programmierung) ist; vielmehr soll er frei sein für eine möglichst abstrakte *Beschreibung* der Funktionswerte ↝ [Wa1].

Dieser Aspekt gilt insbesondere für die Programmierung: Während es bei der Tabellenkalkuation nur um Zahlen als Werte geht hat der Programmierer die Wahl zwischen verschiedenen Datentypen: insbesondere zwischen strukturierten Datentypen als Repräsentation, die daher auch zu unterschiedlichen Kontrollstrukturen und damit zu unterschiedlichen Implementationen führen, vgl. das Beispiel *Schnapszahl*, S. 92.

Also ist mit dem *Wie* bei Frage 1. nicht gemeint, wie man die Bestimmung des Funktionswertes implementiert, vielmehr geht es um eine Beschreibung nach dem Motto „Wenn das Argument bzw. das kleinere Problem bestimmte Eigenschaften erfüllt, dann heißt der Funktionswert bzw. ist das eigentliche Problem...'' ⤳ [Wa2].

Für die Frage 2 heißt das: Wir formulieren sie um in „Was will ich haben?'' und nicht „Wie berechne ich ...?'', womit wir für beide Fragen zur gleichen Antwort gelangen.

Also modifizieren wir (2) zu

(3)   *Beschreibe* das Problem durch ein *„kleineres''* Problem

Ein Vergleich von (1), (2) und (3) ergibt, daß sich (3) schrittweise aus (1) und (2) ergibt und so die vorangegangen Ansätze implizit enthält. Daher geben wir Ansatz (3) einen Namen: wir sprechen vom *Rekursiven Gedanken* (RG).

■ **Rekursive Modellierung besteht im Wesentlichen aus der**

Beschreibung eines Problems durch ein „kleineres'' Problem gleicher Art (*Deskripitive* Modellierung)

ohne Rücksicht auf die spätere Implementierung.

Die verbale Formulierung wird als *Rekursiver Gedanke* (RG) bezeichnet.

Die Effektivität dieses Vorgehens zeigt sich besonders bei den Beispielen *Schnapszahl*, S. 92 und *Dreiecke*, S. 225.

Beispiel

Viele Problemstellungen und/oder deren Formulierung weisen nicht das Merkmal eines Prozesses auf, vielmehr erscheinen sie statisch, so daß die Idee einer rekursiven Modellierung gar nicht erst aufkommt. Diesem Umstand kann durch eine geeignete (Um-)Formulierung der Aufgabenstellung abgeholfenwerden, wie man schon beim ersten Beispiel sieht:

MP1	**Spielkarten**	*R-Var:*	ÜNN
Anmerkung:	*n!*	*Schema:*	–

Auf wieviel Arten kann man n Spielkarten in der Hand halten?

Diese Formulierung führt im Stochastik-Unterricht zu einer expliziten Lösung statt zu einer rekursiven, da man davon ausgeht, daß alle Karten in die Hand genommen werden und man durch Umstecken alle Möglichkeiten S_n (Permutationen) durchprobiert.

Dagegen heißt „als Prozeß denken'' oder „In Schritten denken'', daß man die Karten *nacheinander* aufsteckt:

Auf wieviel Arten kann man n Spielkarten auf die Hand stecken?

Wir probieren das Prinzip „Rückführung auf ein kleineres Problem":

> *Auf wieviel Arten kann man n Karten aufstecken, wenn man schon weiß, auf wieviel Arten man n Karten aufstecken kann?*

Dazu muß geklärt werden (Technisch: Beschreibung der Schrittfunktion h):

> *Auf wieviel Arten kann man die nächste Karte zustecken, wenn man schon $n-1$ Karten auf der Hand hat?*

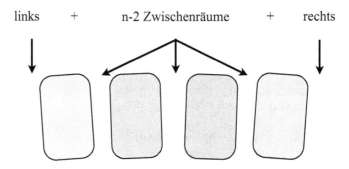

Offensichtlich kann man die nächste Karte links, rechts oder in die Zwischenräume zustecken, also

$$links + (n\text{-}2)\ Zwischenräume + rechts = n$$

Jetzt wenden wir das Prinzip „Beschreibung durch ein kleineres Problem" an:

> *Wenn man weiß, auf wieviel Arten man $n-1$ Karten aufstecken kann, weiß man auch, auf wieviel Arten man n Karten aufstecken kann, und zwar auf n-mal soviel Arten*

und erhalten als „rekursiven Gedanken"

RG   *Man kann n Karten auf n-mal soviel Arten aufstecken wie $n-1$ Karten*

Die wesentliche gedankliche Arbeit zum rekursiven Modell ist geleistet, und man kann nach Klärung des Basisfalles weitergehen zur

- *Formalisierung*

$$S_n = \begin{cases} 1 & \text{falls } n = 1 \\ n \cdot S_{n-1} & \text{sonst} \end{cases}$$

    oder direkt zur

- *Implementierung* durch Tabellenkalkulation (s. 5.2, S. 39) oder Programmierung

◆

Anmerkung: Wir haben somit ein Beispiel für *Permutation*, S. 136, und eine Variante zur Einführung von $n!$, s. 9.1 vorliegen.

Verallgemeinerung

Es ist offensichtlich, daß das Bisherige genau genommen nur für lineare Rekursionen gilt. Dagegen wird bei Werteverlaufsrekursionen (s. 7.1) auf mehrere „frühere" Werte zurückgegriffen, z.B. bei der FIBONACCI-Folge auf zwei „frühere" Werte, d. h. wir müssen das Problem durch zwei „kleinere" Probleme beschreiben.
Dieser Umstand ändert also nichts am prinzipiellen Vorgehen, wir brauchen in den vorangegangen Formulierungen nur zu mehreren „kleineren" Problemen überzugehen.

Im Bereich der Programmierung wird dieses Vorgehen als „*Teile und herrsche*" bzw. „*divide et impera*" (lat.) bzw. „*divide and conquer*" (engl.) bezeichnet und erstreckt sich hier nicht nur auf die funktionale Modellierung, sondern auch auf die prozedurale Modellierung:

> Lösung eines Problems P durch **Zerlegung** von P in (vermutlich) „kleinere" Probleme:
>
> 1. Zerlege P in „kleinere" Probleme $P_1, P_2, \ldots P_k$.
>
> 2. Versuche, die $P_1, P_2, \ldots P_k$ zu lösen. Mit den (noch) nicht lösbaren P_i ist wie mit P zu verfahren, d.h. fahre mit jedem P_i bei Schritt 1) weiter, bis alle „kleineren" Probleme gelöst sind.
>
> 3. Konstruiere Lösung von P aus den Lösungen der „kleineren" Probleme.

Auch wird von *Wunschdenken*, s. ↝[KS1], gesprochen:

> *„Verschiebe Probleme, die Du nicht sofort lösen kannst, in noch zu schreibende Prozeduren. Lege für diese Prozeduren* [die] *Beschreibung* [...] *fest und benutze sie bereits, schreibe sie aber später"*

4 Praxis: Tabellenkalkulation

Es ist sicherlich kein Wunder, daß seit DEDEKINDS[2] *Rekursionssatz im Jahre 1888 viel Zeit ins Land gegangen ist, bis Rekursion zum praxistauglichen Rechenverfahren wurde. Selbst „einfache" Rekursionen wurden zu einer zeitraubenden Kopfarbeit mit Papier und Bleistift, bis die Entwicklung elektronischer Rechenmaschine einsetzte mit immer ausgefeilteren Softwaretechniken.*

Insbesondere die Tabellenkalkulation stellt sich dabei als gleichsam ideales Rechen- und Modellierwerkzeug für Rekursion heraus. Darüber hinaus bietet sie die passende didaktische Unterstützung.

4.1 Ein funktionales Werkzeug

Aus Sicht der Fachdidaktik handelt sich um ein *funktionales Werkzeug*: Jede nichtleere Zelle enthält entweder eine Konstante oder einen Funktionsterm (Formel), dessen berechneter Wert in einer darüberliegenden Schicht der gleichen Zelle angezeigt wird. Dabei suggerieren die Begriffe *Tabellenkalkulation* und deren Produkt *Rechenblatt* (im Englischen wird beides mit spreadsheet bezeichnet), daß es sich lediglich um Manipulationen von Zahlen geht, aber moderne Applikationen können neben alphanumerischen Daten auch mit Grafiken und Videos umgehen, so daß durch die in ihrer Größe variablen Zeilen und Spalten auch ein Layout-Werkzeug vorliegt.

Universelle Einsatzmöglichkeiten

Es ist müßig, die zahllosen Einsatzmöglichkeiten aufzuzählen, statt dessen betrachten wir eine atypische Anwendung, d.h. eine Anwendung, bei der es primär nicht um Rechnen bzw. Auswerten von Zahlenkolonnen geht, sondern die man auch dem Abschnitt 11.4 (Visualisierungen) zuordnen könnte.

Beispiel: Rastergrafik

Wir simulieren die Erzeugung eines Kreises mittels Rastergraphik, der – wie alle Objekte – bei genauerem Hinschauen aus winzigen Punkten aufgebaut ist. Wie in der Geometrie gilt: Ein Punkt (x,y) gehört dann zur Kreisscheibe mit dem Mittelpunkt (x_0, y_0), wenn

$$(x - x_0)^2 + (y - y_0)^2 \leq r^2 \tag{10}$$

Im Rechenblatt machen wir die erste Zeile zur x-Achse und die erste Spalte zur y-Achse, in den Kalkulationsfeldern B3, C3 und D3 tragen wir die Koordinaten des Mittelpunktes sowie den Radius ein. Die verbleibenden Zellen füllen wir mit einer Bedingung, die angibt, ob ein Rasterpunkt (Pixel) • erscheinen soll oder nicht. Für z.B. die Zelle F5 mit den Koordinaten $x =$F\$1 und $y =$\$A5 ergibt sich aus (10):

$$\text{=WENN((F\$1-\$B\$3)}\wedge2+(\$A5-\$C\$3)\wedge2<=\$D\$3\wedge2;,,•";,,")$$

---

[2]DEDEKIND wird die Einführung des Begriffs „rekursiv" in die Mathematik zugesprochen

Als Rasterpunkt kann man z.B. den „bullet" mit der ASCII-Nr. 108 der Schrift „Zapf Dingbats" wählen und erhält durch intelligentes Kopieren das komplette Rasterbild:

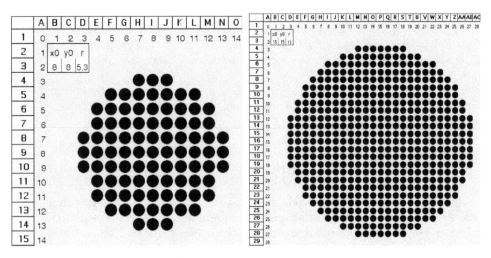

Abb. 5: Prinzip Rastergraphik

Zur Demonstration der Verfeinerung des Rasterbildes steht uns als Kalkulationsparameter der Radius r in Zelle D3 (x_0 =B3 und y_0 =C3 dienen ja nur der Verschiebung des Bildes) zur Verfügung. Eine Vergrößerung von r bewirkt allerdings eine Vergrößerung des Bildes mit mehr, aber gleich groß bleibenden Pixeln. Eine Kompensation kann durch Verkleinerung der Schriftgröße sowie von Reihen- und Spaltenweite erreicht werden.

Ein kleines Plädoyer

Aufgrund der universellen Einsetzbarkeit von Tabellenkalkulation sind Grundfertigkeiten für Schüler ab der 8. oder 9. Klasse unbedingt wünschenswert. Dazu gehören

- Kenntnisse der
    - elementaren arithmetischen Operationen +,-,*,/,^
    - elementaren arithmetischen Funktionen ABS, GANZZAHL, REST, ZUFALLSZAHL
    - logischen Funktionen NICHT, UND, ODER
    - Fallunterscheidung WENN
- Unterscheidung: relative ↔ absolute Adressierung (Referenzen)
- das *intelligente Kopieren*, d.h. das horizontale oder vertikale Auffüllen mit Berücksichtigung der Adressierungsart

- Erstellung von Standard-Rechenblättern einschließlich deren Erweiterung um neue Kalkulationsparameter im Sinne der Generalisierung

Bewußt verzichtet wird auf den Einsatz von fortgeschrittenen Techniken wie z.B.

- komplexe Funktionen, (Statistik, Finanzmathematik usw.)
- Referenzierung von Rechenblättern untereinander
- Iteration in derselben Zelle
- bedingte Formatierung

Wenn die o.a. Voraussetzungen nicht erfüllt sind, kann – wenn es die Rahmenbedingungen erlauben – die Einführung in Rekursion als Leitthema für einen Einführungskurs in Tabellenkalkulation genommen werden.

■ **Tabellenkalkulation ist ein universelles, funktionales**

- **Modellierwerkzeug**
- **Rechenwerkzeug**

zugleich.

Bei Beschränkung auf die elementaren Operationen und Funktionen nimmt sie den Schülern das Rechnen, aber nicht das Denken ab.

Software

Grundsätzlich kann für die funktionale Modellierung jedes bekannte Tabellenkalkulationsprogramm eingesetzt werden.
Aus didaktischen Gründen ist eine Software vorzuziehen, die eine Umschaltung auf Formelanzeige (s.o.) ermöglicht, d.h. statt der Werte werden die Formeln in den Zellen gleichzeitig angezeigt. Diese Option ist aus didaktischer Sicht ein unverzichtbarer Vorteil für den Unterricht, insbesondere in der Einführungphase der Rekursion.
Bei den gängigen Programmen wie EXCEL und OPENOFFICE bzw. LIBREOFFICE ist dies möglich, entweder mit einer Tastaturkombination oder, allerdings umständlicher, in den Voreinstellungen oder in dem man sich einen entsprechenden Menü-Befehl einrichtet.
Die Übertragung der hier vorkommenden Rechenblätter, die weitgehend mit dem besonders einfach handhabbaren Programm APPLEWORKS erstellt sind, auf andere Tabellenkalkulationen ist unproblematisch, da bis auf wenige Fälle nur elementare Funktionen verwendet werden wie z.B. die logischen Funktionen NICHT,UND,ODER sowie die Fallunterscheidung WENN(...;...;...), die weitgehend standardisiert sind.

4.2 Funktionstabellierung

Wenn man also das Tabellieren und Rechnen von und mit Zahlen als das Kerngeschäft der Tabellenkalkulation ansehen will, aber nicht irgendwelche vorgegebenen oder gemessenen Zahlenwerte auswerten will, so ist auch die *Funktionstabellierung* im Sinne der diskreten funktionalen Modellierung eine Kernaufgaben dieses Werkzeugs, sowohl für explizit definierte Funktionen als auch für rekursiv definierte Funktionen.

Wir vergleichen bei beiden Varianten die funktionalen Bezügen, vorausgesetzt, es spielen keine sonstigen Parameter eine Rolle: Während bei der iterativen Tabellierung eine funktionale Bezugnahme (in Abb. 6 durch $\leftarrow$ gekennzeichnet) nur zur Variablen besteht, gibt es bei der rekursiven Tabellierung im einfachsten Fall, wenn die Rekursionsvariable im selbstaufrufenden Zweig nicht vorkommt, nur Bezüge zum vorangegangenen Wert (in Abb. 7 durch $\uparrow$ gekennzeichnet).

	A	B	...
1	1	=5	...
2	2	=B1+3	...
3	3	=B2+3	...
4	4	=B3+3	...

	A	B	...
1	1	$\leftarrow$=3*A1+2	...
2	2	$\leftarrow$=3*A2+2	...
3	3	$\leftarrow$=3*A3+2	...
4	4	$\leftarrow$=3*A4+2	...

Abb. 6: explizite Tabellierung   *Abb.* 7: rekursive Tabellierung

Auf den ersten Blick bietet ein Rechenblatt gegenüber der später in Kapitel 8 vorgestellten Programmierung als Werkzeug folgende Vorteile:

1. ein Rechenblatt tabelliert zeilenweise die endliche Folge aller Selbstaufrufe mit dem Vorteil, daß diese Tabelle direkt

   a) einen Überblick über den Verlauf aller Werte liefert

   b) in einem Dokument ausgedruckt werden kann

   c) in einem Diagramm dargestellt werden kann, auch unmittelbar in der Nähe der Tabelle

2. die Tabelle „terminiert" aus offensichtlichen Gründen immer, da wir nur endlich viele Zellen mit dem Term des Selbstaufrufes füllen können.

Letzteres ist im Aufbau bzw. seinem zeitlichen Konstruktionsablauf begründet: Man beginnt etwa in Zeile 1 mit dem Basisfall (Verankerung), z.B. Zellenpaar (A1, B1) und konstruiert dann in Zeile 2 erstmalig den allgemeinen Fall (Vererbung) in Zellenpaar (A2,B2) , d.h. B2 enthält den Funktionsterm mit Bezugnahme auf B1.

Durch *intelligentes Kopieren*[3] dieser Zeile nach unten gewinnt man dann die weiteren Selbstaufrufe. Interessanterweise geschieht also der Aufbau eines Rechenblattes „*prokursiv*" (lat. „vorwärtslaufend") und nicht *rekursiv* (lat. „rückwärtslaufend")!

Allerdings sind die Kombinationsmöglichkeiten von Funktionen gegenüber der Programmierung begrenzt, möglich sind z.B.

---

[3]Berücksichtigung von absoluten und relativen Zellbezügen

Komposition	in einer Formel, z.B. (B3+B2)*50
Selektion/Fallunterscheidung	in einer Formel mit
	(WENN(<Bedingung>;<Wert1>;<Wert2>))

aber

Rekursion/Schleifen	nicht direkt möglich, dafür
	Bereichsangaben wie SUMME(C1..C20) und Schaffung
	neuer Aufrufe mittels intelligentem Kopieren

Auf der anderen Seite hat ein Rechenblatt aufgrund seiner sichergestellten Terminierung den Vorteil, auch divergente Folgen von (generativen) Rekursionen tabellieren zu können, s. 9.6 (Näherungsverfahren).

■ **Grundsätzliche unterscheidet sich das *rekursive Modellieren* vom expliziten Modellieren dadurch, daß es *Regeln hervorbringt, die die Übergänge zwischen Stationen („Schritten") bestimmen* im Gegensatz Bestimmung eines festen Terms.**
Die Umsetzung einer Rekursion in einem Rechenblatt unterstützt diese Paradigma dadurch, daß die Formeln sich auf die Werte (nicht nur) *vertikal* benachbarter Zellen beziehen und sich relativ ändern je nach Lage im Rechenblatt.

Standard-Rechenblatt: Kalkulations-Tabellierung

In folgender Aufteilung eines Rechenblattes erklärt sich auch die Bezeichnung „Tabellenkalkulation" (TK): Nach Erstellung eines Rechblattes kann man durch „kalkulieren", also Variation der Eingabewerte/Parameter neue Werte in den Tabellen erhalten:

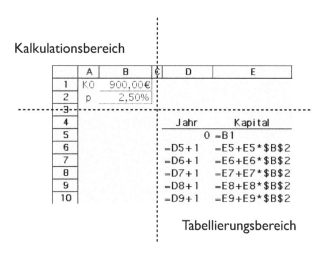

Abb. 8: Aufbau eines *Standard-Rechenblatt*es (Werteanzeige)

Für den Aufbau eines *Standard-Rechenblattes* gilt

- *Kalkulationsbereich* und *Tabellierungsbereich* sollen aus Gründen der Formatierung spalten- und zeilenweise schnittfrei sein
- Eingabezellen für Anfangswerte und Parameter zum Kalkulieren nach Erstellung des Rechenblattes sollten sich farblich vom Rest abheben; auch empfiehlt es sich, die Zellen des Tabellierungsbereiches zu schützen, um unbeabsichtiges Überschreiben der Formeln zu verhindern

Von besonderer didaktischer und unterrichtlicher Bedeutung ist die Option, zwischen *Formelanzeige* (Abb. 10) und *Werteanzeige* (Abb. 9) direkt umschalten zu können, s. S. 29:

	A	B	C	D	E
1	K0	900,00€			
2	p	2,50%			
3				Jahr	Kapital
4				0	900,00€
5				1	922,50€
6				2	945,56€
7				3	969,20€
8				4	993,43€
9				5	1018,27€

⇔

	A	B	C	D	E
1	K0	900,00€			
2	p	2,50%			
3				Jahr	Kapital
4				0	=B1
5				=D4+1	=E4+E4*$B$2
6				=D5+1	=E5+E5*$B$2
7				=D6+1	=E6+E6*$B$2
8				=D7+1	=E7+E7*$B$2
9				=D8+1	=E8+E8*$B$2

Abb. 9: Werteanzeige   *Abb.* 10: Formelanzeige

Damit ist für die Lernenden im Anfänger-Unterricht eine vollständige Transparenz gegeben; da auch alle Ergebnisse vorliegen, erkennen wir

■ **Eine rekursive Tabellierung in einem *Rechenblatt* ist zugleich**

  - **ein *Modell* (in der Formelanzeige)**
  - **eine *Simulation* (in der Werteanzeige)**

Ein weiterer Vorteil der Tabellenkalkulation ist die Möglichkeit der *Visualisierung* der Daten, s. 11.4, z.B. kann ein Diagramm direkt neben der Tabelle der Werte erstellt werden.

5 Unterrichtliche Einführung

Den Inhalt dieses Kapitels könnten wir anhand von drei Kernfragen zusammenfassen:

- *Wo?* Es bieten sich naturgemäß die Fächer Mathematik und Informatik an.

- *Wann?* Grundsätzlich gilt auch hier: So früh wie möglich!
  Im folgenden Abschnitt wird dargelegt, weshalb eine Einführung vor der 8. Klasse nicht sinnvoll ist.

- *Wie?* Neben dem Ziel des rekursiven Denkens oder Modellierens kann und muß auch praktisch gerechnet werden, wozu ein Rechenwerkzeug benötigt wird: Beschränkt man sich auf aufwendige handschriftliche Ausrechnen oder einen (nicht programmierbaren) Taschenrechner, dann braucht man noch eine geeignete Notation, aber die übliche mathematische Formalisierung in Form eines primitiven Rekursionsschemas oder des Standard-Rekursionsschemas überfordert die Schüler in den Stufen 8 bis 10 und ist nicht altersgemäß. Deshalb bieten sich Tabellenkalkulation und (geeignete) Programmierung an, die sie sowohl Modellierungs- als auch Rechenwerkzeug darstellen.
  Bei der Frage „Tabellenkalkulation oder Programmierung?" ist folgendes zu beachten: Zum einen sind ITG (Informationstechnische Grundbildung in der Sek.-Stufe I) und Informatik in den meisten Bundesländern lediglich Wahl- oder Wahlpflichtfächer, d.h. es werden nicht alle Schüler erfaßt, zum anderen bedingt Programmierung in Sek.-Stufe I eine geeignete Programmiersprache (Lernsprache) einschließlich geeigneter Programmierumgebung, s. 8.2, was leider bei vielen Lehrkräften nicht vorausgesetzt werden kann.
  Folglich konzentrieren wir uns in diesem Kapitel auf eine altersgemäße Einführung mit Tabellenkalkulation, etwa in der 8. Klasse

Eine Enführung der Rekursion mittels Programmierung ist unter geeigneten Voraussetzungen auch in der Sek.-Stufe I möglich. Dazu wird eine Variante mittels Grafikprogrammierung in Abschnitt 11.3 vorgestellt.

5.1 Klasse 8 und Tabellenkalkulation

Voraussetzungen aus Kl. 7

Vor dem Hintergrund der gegenwärtigen Schullandschaft erscheint die Klasse 8. für eine unterrichtliche *Einführung der Rekursion* deshalb geeignet, weil die Voraussetzungen in Form von notwendigen Kenntnisse und Techniken erfüllt sind, wie z.B.

- der *Funktions*-Begriff (Zuordnung), insbesondere die lineare Funktion
- Erarbeitung und Umgang mit Rechentermen („Formeln") (z. B. Prozentrechnung, Zinsrechnung)
- Tabellenkalkulation als Werkzeug
- hinreichende Algebrakenntnisse für Termumformungen

Üblicherweise werden in der Kl. 7 erste systematische Lösungsverfahren in Form von „Formeln" (Rechentermen) erarbeitet:

- Proportonalitäten/Antiproportionalitäten

  (als „Dreisatz" oder als Gleichungen wie $\dfrac{A}{B} = \dfrac{A'}{B'}$)

- Prozentrechnung, Zinsrechnung
- lineare Funktionen

Bei der Einführung dieser Themen liegt meistens folgendes Prinzip zugrunde: Man kennt ein Paar $(A|B)$ einer Zuordnung und versucht, zu A' den unbekannten Partner B' mit Hilfe des Aufgabenkontextes zu ermitteln.

Archetypischer „Rückgriff" und „induktiver Zweisatz"

Wir betrachten einen bestimmten Aufgabentyp, in dem wir durchaus reale Situationen miteinander vergleichen:

(a) *4 Eier kosten 84 Cent. Was kosten x Eier?*

(b) *Mein Sparguthaben von 500 € wächst jedes Jahr um 10% (!). Wie groß ist es in 3 Jahren?*

(c) *Bei 3 Milliarden Menschen galt im Jahre 1960 galt: Die Weltbevölkerung verdoppelt sich alle 33 Jahre. Was wird in 100 Jahren sein?*

Eine Person, die kaum Ahnung von Mathematik hat, aber mit den Grundrechenarten hinreichend vertraut ist, wird vermutlich folgendermaßen vorgehen:

(a)
- Für x=8 wird sie 84 verdoppeln, für x= 12 verdreifachen oder 168 und 84 addieren usw., entsprechend bei Vielfachen von 4. in jedem Fall ist ein „Vorwärtslaufen" durch "Rückgriff"
- Z.B für x=10 wird sie vermutlich x=10 in 8+2 oder in 4+4+2 zerlegen und die entsprechenden Cent-Beträge addieren oder – unwissend oder unbewußt – den Dreisatz mittels 5 · 42 Cent oder 10 · 21 Cent rechnen

  In jedem Fall findet eine Art „Rückgriff" auf das Paar (4 Eier | 84 Cent) statt.

(b) Abgekürzt: 500 € + 50 € + 55 € + 60,50 €, d.h. man wird zu dem jeweiligen neuen Kapital nach einem Jahr 10% davon addieren.

(c) 1993 werden es also 6 Milliarden sein, 2026 dann 2 · 6 = 12 Milliarden oder 6 Milliarden + 6 Milliarden = 12 Milliarden und 2059 dann 2 · 12 = 24 Milliarden oder 12 Milliarden + 12 Milliarden = 24 Milliarden

Das gemeinsame an den drei Beispielen kann so formuliert werden:

■ Gegeben ist ein Wertepaar $(A|B)$ und ein Wert A' zu dem eine passende zweite Komponente B' gesucht ist. Gemäß einer im Kontext enthaltenen oder aus der Erfahrung gewonnenen Gesetzmäßigkeit wird durch „Rückgriff" auf das Paar $(A|B)$ der fehlende Wert mit Hilfe der Grundrechenarten bestimmt.

Dieser *„Rückgriff"* stellt offensichtlich eine Art *Archetyp* eines Lösungsverfahrens für den o.a. Aufgabentyp dar. Dieses Verfahren benutzen vorwiegend

- Schüler bis zum ca. 6. Schuljahr, also bevor sie systematische Lösungswege lernen

- Erwachsene, die nicht mehr auf erlernte Methoden wie Dreisatz (Proportionalität und umgekehrte Proportionalität), Prozent- und Zinsformeln usw. zurückgreifen wollen oder können

Das erste systematische Lösungsverfahren, das die Schüler kennenlernen, i.A. in der 7. Schuljahr, ist der vertraute *Dreisatz*, der eine konkrete Weiterentwicklung des „Rückgriffs" darstellt. Dazu untersuchen wir das o.a. Beispiel und stellen eine alternative Weiterentwicklung in Form eines *„induktiven Zweisatzes"* gegenüber:

	klassischer Dreisatz	*„induktiver Zweisatz"*
1. Satz	4 Eier kosten 84 Cent	4 Eier kosten 84 Cent
2. Satz	dann ... 1 Ei $\frac{84}{4} = 21$Cent	Dann kosten x Eier
		84 Cent mehr als $x - 4$ Eier
		oder
		Dann kosten x Eier
		21 Cent mehr als $x - 1$ Eier
3. Satz	dann ... x Eier $x \cdot 21$ Cent	
„Rechnung"	Auswertung des Terms $x \cdot 21$	Rückgriff auf 4 Eier: $\underbrace{84 + (84 + (84 + ...))}_{\frac{x}{4}-\text{mal}}$ *oder* Rückgriff auf 1 Ei: $\underbrace{21 + (21 + (21 + ...))}_{x-\text{mal}}$

oder allgemein

	klassischer Dreisatz	*„induktiver Zweisatz"*	
1. Satz	$(A\|B)$	$(A\|B)$	*Verankerung*
2. Satz	$\dfrac{B}{A}$	$B_{A'} = B_{A'-A} + B$	*Vererbung*
3. Satz	$B' = A' \cdot \dfrac{B}{A}$		

Tab. 1: Lösung von Aufgaben zur Proportionalität auf zwei Arten

Prinzip „Verankerung & Vererbung"

Wir werfen nochmal eine Blick auf Tabelle 1:

- Bei beiden Verfahren wird durch Rückgriff auf ein bekanntes Wertepaar $(A|B)$ der Wert B' des Paares $(A'|B')$ gewonnen

-
  - **Der Dreisatz** bereitet in seinem 3. Satz die Lösungssuche mit Hilfe eines Terms $B' = A' \dfrac{B}{A}$ oder allgemeiner die *explizite* Darstellung einer Funktion $f(x) = T(x)$ durch einen *Term* vor und ist nur für Aufgaben aus dem Bereich *Proportionalität* zu gebrauchen

  - **Der „induktive Zweisatz"** kann als das Modellierungsprinzip *Verankerung & Vererbung*

    (1. Satz) Verankerung: Gegeben ist ein Paar $(A|B)$
    (2. Satz) Vererbung durch Rückgriff

    verstanden werden, das die *rekursive* Formulierung vorbereitet

Also könnte die Entwicklung des Funktionsbegriffes zwecks Konstruktion einer systematischen Aufgabenlösung ab dem 7. Schuljahr in zwei Richtungen gehen:

1. Suche eines geschlossenen Terms („Formel"): *explizite* Funktion
   oder
2. Suche einer *rekursiven* Funktion mittels *Verankerung & Vererbung*

Bekanntlich ist diese Frage im Mathematikunterricht der allgemeinbildenden Schulen einseitig zu Gunsten der expliziten Modellierung in Klasse 7 entschieden ist, vgl. 3.1.

Aber dem Autor geht hier aus offensichtlichen Gründen nicht um ein „entweder – oder", sondern um ein „sowohl – als auch": Für eine zusätzliche frühzeitige Einführung des rekursiven Modellierens gemäß der in 5.2 vorgestellten Variante spricht auch die Tatsache, daß heutzutage Grundkenntnisse in Tabellenkalkulation ein besonders geeignetes Modellierungswergzeug vermittelt werden.

■ **Die Metapher *Verankerung & Vererbung* stellt einen Spezialfall des deskriptiven Verfahrens (s. 3.2) dar, indem es auf die Anfänger-Situation in der Sek.-Stufe I abgestimmt ist:**

Basisfall $\rightarrow$ *Verankerung*

Rekursiver Gedanke (RG) $\rightarrow$ *Vererbung*

Das praktische Vorgehen in der Einführungsphase, für die im folgenden Abschnitt eine Unterrichtsreihe vorgestellt wird, die speziell für Tabellenkalkulation gedacht ist, ergibt sich folgende Übersicht:

1. *Verankerung* (Basisfall) klären

2. *Vererbung* (allgemeinen Fall) klären durch

   – **Vorwärts denken**

   Wie gelange ich von $f(n-1)$ zu $f(n)$? $\rightarrow RG$

   – **Rückwärts denken**

   a) Wie entsteht $f(n)$ aus $f(n-1)$? $\rightarrow RG$

   b) Woraus entsteht $f(n)$? (Werteverlaufsrekursion) $\rightarrow RG$
      Vererbung mittels „Teile und herrsche"

Bei linearen Rekursionen kann natürlich ebenso gut „Rückwärts gedacht" werden wie „Vorwärts gedacht" werden, in der Praxis wird sich beides vermischen. Das gilt auch für nichtlineare Rekursionen (Baumrekursionen), die keine Werteverlaufsrekursion sind, also Typ NWR wie z.B. die logistische Folge, s. Abschnitt 7.1. Dagegen hilft bei Werteverlaufsrekursionen, also Rekursionen, bei denen die Schrittfunktion mindestens zwei (verschiedene) „frühere" Werte verbraucht, nur das o.a. Rückwärtsdenken.

5.2 Durchführung

Ziele und Methoden

Ziel ist es nicht, möglichst schnell die formalisierte Beschreibung in Form des primitiven Rekursionsschemas zu erreichen, sondern aus einem Pool von Aufgabenstellungen jeweils das Prinzip „Vererbung & Verankerung" herauszuarbeiten und dann mittels *Tabellenkalkulation* ein einfaches *Rechenblatt* zu erstellen.

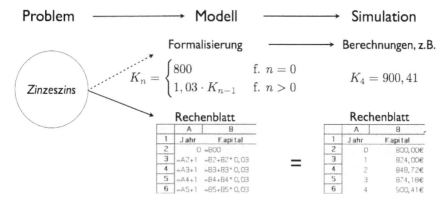

Abb. 11: Formalisierung vs. Rechenblatt

Erst dann wird nach einer Synopse der erstellten Rechenblätter die gemeinsame Struktur erarbeitet und formalisiert mittels des primitiven Rekursionsschemas. Dabei ist zu überlegen, ob schon jetzt Generalisierung sinnvoll ist durch Einführung zusätzlicher Kalkulationsparameter.

■ **In Kl. 8 erscheint aufgrund der Lernsituation und der Vorkenntnisse eine Einführung der Rekursion sinnvoll und machbar:**

> **geeignete einfache Probleme, die zur einer primitiven Rekursion führen, werden mittels des Prinzips** *Verankerung & Vererbung* **ohne Formalisierung** *direkt* **in Rechenblätter umgesetzt**

Ist den Schülern Tabellenkalkulation noch unbekannt, bietet sich jetzt ein geeignetes Thema zum Einstieg, d.h. die Lehrkraft kann zwei Fliegen mit einer – ja, Tabellenkalkulation – schlagen.

Phase 1: Hinführung mit Wertetabellen

Als Einstieg und Motivation scheint die Methode der *Wertetabelle* nach [Wa2], S. 37ff, (dort *Wertetafel* genannt) oder [Ba] sehr geeignet:
Man stellt Wertetabellen vor,
zunächst einspaltig

Modifizierung der ersten Zahl	30	31	35
	40	41	45
Wie ändern sich die restlichen Zahlen?	50	51	55
	60	61	65
Wie erhält man eine Zahl aus der vorangegangenen?	70	71	75
	80	81	85

$\rightarrow$ Umsetzung im Rechenblatt:

Modifizierung des Zellinhalts von B1

Wie lauten die Formeln in den restlichen Zellen B2... B6?

	A	B		A	B		A	B
1		30	1		31	1		35
2		40	2		41	2		45
3		50	3		51	3		55
4		60	4		61	4		65
5		70	5		71	5		75
6		80	6		81	6		85

dann zweispaltig

Modifizierung des Zellinhalts von D1, dann C1

Wie lauten die Formeln in den restlichen Zellen?

	C	D		C	D		C	D
1	0	30	1	0	40	1	5	30
2	1	31	2	1	41	2	6	36
3	2	33	3	2	43	3	7	43
4	3	36	4	3	46	4	8	51
5	4	40	5	4	50	5	9	60
6	5	45	6	5	55	6	10	70

usw.

■   – Die Beschreibung der Wertetabellen (ohne sich über die unsichtbaren For-
      meln Gedanken zu machen) bereitet sowohl die rekursive Tabellierung als
      auch die *deskripive Modellierung* vor
     – Die Analyse von Wertetabellen und deren Umsetzung in ein Rechenblatt
      bereitet die Bezeichnungen *Verankerung* und *Vererbung* vor

Phase 2: Einstieg mit Beispielen

Was sind geeignete Einstiegsbeispiele?
Grundsätzlich sind einfache Problemstellungen aus der Lebenswelt eines Schülers geeignet, deren Formulierung einen Prozeß erkennen läßt, s. 3.2; wenn nicht, ist die Aufgabenstellung umzuformulieren.

E01=MP1	**Spielkarten**, Forts.	*R-Var:*	ÜNN
Anmerkung:	*n!*	*Schema:*	–

Die Modellierungschritte für dieses Beispiel, die wir bereits für MP1 in 3.2 vorgenommen haben, werden direkt in ein Rechenblatt umgesetzt:

	A	B	C	D
1	n	Sn		
2	1		1	*Verankerung*
3				

	A	B	C	D
1	n	Sn		
2	1		1	*Verankerung*
3	=A2+1	=A3*B2		*Vererbung*
4	=A3+1	=A4*B3		*Vererbung*
5	=A4+1	=A5*B4		*Vererbung*
6	=A5+1	=A6*B5		*Vererbung*
7	=A6+1	=A7*B6		*Vererbung*

	A	B	C	D
1	n	Sn		
2	1	1		*Verankerung*
3	2	2		*Vererbung*
4	3	6		*Vererbung*
5	4	24		*Vererbung*
6	5	120		*Vererbung*
7	6	720		*Vererbung*
8	7	5040		*Vererbung*
9	8	40320		*Vererbung*
10	9	362880		*Vererbung*
11	10	3628800		*Vererbung*
12	11	39916800		*Vererbung*
13	12	479001600		*Vererbung*

◆

E02	**Zinseszins**	*R-Var:*	ÜN
Anmerkung:	Dynamische Prozesse (Exp. Wachstum)	*Schema:*	–

*Ein Guthaben von 800 € wird jährlich mit 3 % verzinst. Wie groß ist das Gut-
haben nach 5 Jahren?*

oder

Ein Guthaben von 800 € wird so verzinst, daß es jährlich um 3 % wächst.

An dieser Stelle wird vorausgesetzt, daß zwar die „einfache" Zinsrechnung innerhalb eines Jahres eingeübt ist, aber Zinseszins (als Rechenerfahren) noch nicht bekannt ist.

Es geht also um den Zusammenhang *Laufzeit*→ *Kapital*, also um Paare (Jahr | Kapital), die wir in einem Rechenblatt tabellieren, und zwar noch nicht dem oben erwähnten Standard-Rechenblatt, sondern in einem einfachen Modell mit den zwei Spalten A und B, was für den Einstieg genügt:

Die Tabellierung beginnt mit dem Paar (0| 800€), der *Verankerung*

	A	B	C	D
1	Jahr	Kapital		
2	0	800,00€		Verankerung
3				

Die Zinsen am Ende des ersten Jahres können jetzt mittels =B2*0,03 ausgerechnet werden, dann muss geklärt werden, daß der Zins nach Ablauf eines Jahres nicht abgehoben wird, sondern dem bisherigen Guthaben (=Kapital) zugeschlagen und im nächsten Jahr mitverzinst wird (Zinseszins).
Also ist Zinseszins ein einfach zu durchschauender Prozeß:

RG   *Das neue Kapital ist Summe aus dem Kapital des letzten Jahres und den Zinsen des letzten Jahres*

womit auch schon die *Vererbung* feststeht. Für Zelle B3 ergibt sich =B2+B2*0,03

	A	B	C	D
1	Jahr	Kapital		
2	0	=800		Verankerung
3	=A2+1	=B2+B2*0,03		Vererbung

	A	B	C	D
1	Jahr	Kapital		
2	0	800,00€		Verankerung
3	1	824,00€		Vererbung

Diese Vererbungsregel gilt auch für die folgenden Jahre, also kopieren wir die Zellen A3 und B3 in die nächsten Zeilen nach unten, wobei wir vorher den Inhalt von A3 durch =A2+1 ersetzen, damit wir in Spalte A nicht die Jahreszahlen einzeln eintippen müssen:

	A	B	C	D
1	Jahr	Kapital		
2	0	=800		Verankerung
3	=A2+1	=B2+B2*0,03		Vererbung
4	=A3+1	=B3+B3*0,03		Vererbung
5	=A4+1	=B4+B4*0,03		Vererbung
6	=A5+1	=B5+B5*0,03		Vererbung
7	=A6+1	=B6+B6*0,03		Vererbung

	A	B	C	D
1	Jahr	Kapital		
2	0	800,00€		Verankerung
3	1	824,00€		Vererbung
4	2	848,72€		Vererbung
5	3	874,18€		Vererbung
6	4	900,41€		Vererbung
7	5	927,42€		Vererbung

◆

E03	**Treppensteigen**	*R-Var:*	ÜNN
Anmerkung:	FIBONACCI	*Schema:*	WR

Wir stellen uns lange Treppe mit sehr vielen Stufen vor, für die zum Begehen eine besondere Regel gilt: Die erste Stufe muß auf jeden Fall betreten werden. Danach ist es möglich, von jeder erreichbaren Stufe aus entweder eine oder zwei Stufen höher zu steigen.

Man stellt sich jetzt die kuriose Frage, auf wie viele verschiedene Arten kann eine solche Treppe bestiegen werden, wenn sie z.B. 20 oder 100 oder n Stufen hat?

Zunächst ist schnell festgestellt, daß

- man die erste Stufe nur auf eine Art betreten kann
- man die zweite Stufe auf zwei Arten betreten kann, weil es von der ersten Stufe zur zweiten nur eine Stufe gibt und man die erste auf jeden Fall betreten muss

Zur dritten Stufe kann auf zwei Arten gelangen: Entweder von der ersten aus, indem man eine Stufe überspringt oder von der zweiten Stufe aus. Offensichtlich gilt das für jede weitere Stufe: zu ihr gelangen wir entweder von der vorletzten Stufe durch Überspringen einer Stufe oder direkt von der letzten Stufe. Für die Anzahl heißt das:

RG   *Die Anzahl der Schritte ist gleich der Summe der Schrittzahlen von der letzten und der vorletzten Stufe*

Die direkte Umsetzung ins Rechenblatt ergibt unter Berücksichtung der beiden Verankerungen

	A	B	C	D	E
1	Treppensteigen				
2					
3	n	Fn			
4	1		1	*Verankerung*	
5	=A4+1		1	*Verankerung*	
6	=A5+1	=B4+B5		*Vererbung*	
7	=A6+1	=B5+B6		*Vererbung*	
8	=A7+1	=B6+B7		*Vererbung*	

	A	B	C	D
1	Treppensteigen			
2				
3	n	Fn		
4	1	1		*Verankerung*
5	2	1		*Verankerung*
6	3	2		*Vererbung*
7	4	3		*Vererbung*
8	5	5		*Vererbung*
9	6	8		*Vererbung*
10	7	13		*Vererbung*
11	8	21		*Vererbung*
12	9	34		*Vererbung*
13	10	55		*Vererbung*
14	11	89		*Vererbung*
15	12	144		*Vererbung*
16	13	233		*Vererbung*
17	14	377		*Vererbung*
18	15	610		*Vererbung*
19	16	987		*Vererbung*
20	17	1597		*Vererbung*
21	18	2584		*Vererbung*
22	19	4181		*Vererbung*
23	20	6765		*Vererbung*

Gegenüber dem primitiven Rekursionsschema gibt es zwei Neuigkeiten:

- Es gibt zwei Verankerungen
- Die Vererbungsregel greift nicht nur auf den letzten Wert, sondern auch auf den vorletzten Wert zurück

Zunächst ist das Ergebnis 6765 beeindruckend für eine Treppe mit 20 Stufen! Allerdings sind die Grenzen des Rechenblattes schnell erreicht: Wer sich für die Situation bei einem hohen Turm interessiert, wird beim Kölner Dom mit seinen 509 Stufen im Rechenblatt ein Ergebnis in wissenschaftlicher Darstellung, etwa $7,1570455964 \cdot 10^{149}$, erhalten statt des exakten Ganzzahlergebnisses.

Dazu mehr im Abschnitt „Klassiker" unter FIBONACCI-Zahlen, S. 108.   ◆

E04	**Dreiecksfiguren**	R-Var:	ÜNN
Anmerkung:	„Figurierte Zahlen", ↝ [St]	*Schema:*	–

Man kann mit gleichen Objekten (Steinchen, Knöpfe oder Münzen) eine Folge von sog. Dreiecksfiguren *bilden:*

Die Anzahl der Objekte, die man für die Figuren benötigt, heißen Dreieckszahlen.
Wie groß ist die Dreieckszahl

    1. *der 5. Figur?*

    2. *einer beliebigen Figur?*

Offensichtlich ist durch die Abbildung schon ein Prozeß vorgegeben, nämlich die sukzessive Entstehung einer Figur aus der vorangegangen.

Gibt man nur eine Figur vor, etwa die 4. Figur, braucht man einen Impuls im Sinne eines Hinweises auf eine selbstbezügliche oder selbstenthaltenden Figur. Auf diese Problematik werden wir noch in Abschnitt 11.2 ausführlich eingehen.

Wie konstruiert man

    1. die 4. aus der 3. Figur?

    2. eine Figur aus der vorangegangenen?

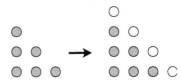

Aus geometrischer Sicht können wir eine Figur als rechtwinklig-gleichseites Dreieck auffassen, bei dem jede Seite aus der gleichen Anzahl von Objekten besteht und diese Anzahl gleich der Nummer der Figur (bei 1 beginnend) besteht. Entsprechend der Abbildung kommt man z.B. von einer Figur zur nächsten „durch Vergrößern der Figur mittels einer neuen Hypotenuse, die aus einem Objekt mehr als die bisherige besteht" (es gibt natürlich auch andere Erweiterungsmöglichkeiten, etwa durch eine neue Kathete):

    RG   *Eine Dreieckszahl ist die Summe aus der Nummer der Dreiecksfigur und der vorangegangenen Dreieckszahl*

	A	B	C	D
1	n	Dreieckszahl		
2		1		*Verankerung*
3	=A2+1	=B2+A3		*Vererbung*
4	=A3+1	=B3+A4		*Vererbung*
5	=A4+1	=B4+A5		*Vererbung*
6	=A5+1	=B5+A6		*Vererbung*
7	=A6+1	=B6+A7		*Vererbung*

	A	B	C	D
1	n	Dreieckszahl		
2	1	1		*Verankerung*
3	2	3		*Vererbung*
4	3	6		*Vererbung*
5	4	10		*Vererbung*
6	5	15		*Vererbung*
7	6	21		*Vererbung*

Weitere Beispiele zu „figurierten Zahlen" ⤳ [St]   ◆

E05	**Luftdruck**	R-Var:	ÜN
Anmerkung:	Dynamische Prozesse (Exp. Wachstum)	*Schema:*	–

Bekanntlich beträgt der Luftdruck in Meereshöhe ca. 1 bar ($\approx$ 1000 hPa) und nimmt mit zunehmender Höhe ab, und zwar pro km etwa um 11,75%.
Berechne den Luftdruck in

    a) 4 km Höhe (Montblanc 4810 m)

    b) 8 km Höhe (Mount Everest 8850 m)

Es geht um den Zusammenhang *Höhe h $\rightarrow$ Luftdruck p*. Das Paar (0 km|1 bar) ist bekannt, gesucht sind (4 km|p_a) und (8 km|p_b).

    RG   *Der Luftdruck in einer bestimmten Höhe beträgt 88,25% des Luftdruckes einer 1 km niedrigeren Höhe.*

Mit der Verankerung (0 km|1 bar) erhalten wir als Rechenblatt:

	A	B	C	D
1	h [km]	p [mbar]		
2	0	1000		*Verankerung*
3	=A2+1	=0,8825*B2		*Vererbung*
4	=A3+1	=0,8825*B3		*Vererbung*
5	=A4+1	=0,8825*B4		*Vererbung*
6	=A5+1	=0,8825*B5		*Vererbung*
7	=A6+1	=0,8825*B6		*Vererbung*
8	=A7+1	=0,8825*B7		*Vererbung*
9	=A8+1	=0,8825*B8		*Vererbung*
10	=A9+1	=0,8825*B9		*Vererbung*

	A	B	C	D
1	h [km]	p [mbar]		
2	0	1000		*Verankerung*
3	1	882,50		*Vererbung*
4	2	778,81		*Vererbung*
5	3	687,30		*Vererbung*
6	4	606,54		*Vererbung*
7	5	535,27		*Vererbung*
8	6	472,38		*Vererbung*
9	7	416,87		*Vererbung*
10	8	367,89		*Vererbung*

◆

Zusammenfassung

■ Eine Auswertung dieser Beispiele liefert:

- Es gibt im Rechenblatt nur 2 Zeilentypen (bis auf die Überschriften):
  - Eine Zeile mit einem festen vorgegeben Paar, die *Verankerung*; es kann aber auch mehrere solcher Zeilen geben, s. 5.2
  - Die Vererbungszeilen haben haben alle die gleiche Struktur, die *Vererbung*

- die Rechenterme (Formeln) in Spalte B der Vererbungszeilen greifen alle auf die darüber stehende Zeile, also den vorhergehenden Wert zurück, d.h. der Term in B(N) enthält den Wert von B(N-1). Es gibt auch Fälle, z.B. Beispiel E5, bei denen zusätzlich auf den entsprechenden Wert aus der Spalte A, also A(N-1) zugegriffen wird.

Phase 3: Generalisierung und Standard-Rechenblatt

Generalisierung heißt, eine konkreten Lösungsweg zu verallgemeinern auf eine ganze Klasse von gleichartigen Problemen: konstante Werte der Rekursionsvorschrift werden zu zusätzlichen Parametern, also erhalten sie im Rechenblatt jeweils ein eigenes Kalkulationsfeld. Wir greifen daher auf das *Standard-Rechenblatt*, s. 4.2 zurück, damit beliebige funktionale Zusammenhänge (also nicht nur rekursive) flexibel, also „kalkulierbar" tabelliert werden können.

Beispiel

Wenn bei der o.a. Kapitalentwicklung die Frage „Was wäre, wenn sich der Zinssatz ändert?" auftaucht, bietet sich ein Kalkulationsfeld für den Zinssatz an und damit auch eine Motivation für den Übergang von der primitiven, zweispaltigen Tabellierung zum Standard-Rechenblatt:

Die primitive Tabellierung des Rechenblattes wird zunächst (wenn noch nicht geschehen) in eine Kalkulations-Tabellierung umgewandelt, in der das Anfangskapital K_0 ein eigenes Eingabefeld („Kalkulationsfeld") erhält, so daß die Kapitalentwicklung für beliebige Anfangskapitale nutzbar ist, ohne die Formelfelder der Tabellierung ändern zu müssen:

	A	B	C	D	E
1	K0	900,00€			
2					
3				Jahr	Kapital
4				0	=B1
5				=D4+1	=E4+E4*0,03
6				=D5+1	=E5+E5*0,03
7				=D6+1	=E6+E6*0,03
8				=D7+1	=E7+E7*0,03
9				=D8+1	=E8+E8*0,03

	A	B	C	D	E
1	K0	900,00€			
2					
3				Jahr	Kapital
4				0	900,00€
5				1	927,00€
6				2	954,81€
7				3	983,45€
8				4	1012,96€
9				5	1043,35€

Eine weitere Generalisierung erhält man, indem man den Zinssatz p variabel gestaltet und ebenfalls ein eigenes Kalkulationsfeld einrichtet:

	A	B	C	D	E
1	K0	900,00€			
2	p	2,50%			
3				Jahr	Kapital
4				0	=B1
5				=D4+1	=E4+E4*$B$2
6				=D5+1	=E5+E5*$B$2
7				=D6+1	=E6+E6*$B$2
8				=D7+1	=E7+E7*$B$2
9				=D8+1	=E8+E8*$B$2

	A	B	C	D	E
1	K0	900,00€			
2	p	2,50%			
3				Jahr	Kapital
4				0	900,00€
5				1	922,50€
6				2	945,56€
7				3	969,20€
8				4	993,43€
9				5	1018,27€

Für das systematische Erlernen kann man den Schülern eine *Konstruktionsanleitung* an die Hand geben:

Konstruktionsanleitung für rekursive Tabellierung

Funktionaler Zusammenhang Ermittle den funktionalen Zusammenhang, d.h. welche Größe B sich in Abhängigkeit von Größe A ändert, und formuliere dies als $A \to B$. A ist dann die Rekursionsvariable.

Vorbereitung Erstelle ein Standard-Rechenblatt mit

1. mit einem Titel in der ersten Zeile
2. je nach Bedarf einen mehrzeiligen Kalkulationsbereich, z.B. für A_0 und/oder B_0 und/oder auch Parameter
3. einen zum Kalkulationsbereich schnittfreien zweizeiligen Tabellierungsbereich mit geeigneten Überschriften A und B

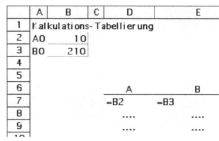

Verankerung Ermittle die Verankerung in Form eines Wertepaares (A_0, B_0). Es bildet die erste Zeile des Tabellierungsbereiches. Beachte dabei, daß es auch mehrere Verankerungen geben kann

Vererbung Ermittle den Term für B und trage ihn in der Sprache der Tabellenkalkulation in die zweite Zeile des Tabellierungsbereiches ein (hier: Zelle E8).

Rechenblatt-Abschluss Kopiere die Zellen D8 und E8 nach Bedarf nach unten („intelligentes Kopieren"[a]).

---

[a]Berücksichtigung von absoluten und relativen Zellbezügen

Phase 4: Formalisierung als Abstraktion vom Rechenblatt

Wenn Schüler ihr Rechenverfahren bzw. die Funktionsweise ihres Rechenblattes anderen Schülern mitteilen wollen, brauchen sie offensichtlich nicht das ganze Rechenblatt, sondern lediglich

1. die Verankerung, also das gegebene Paar $(A|B)$
2. die Vererbungsregel, die beschreibt, wie aus dem Paar $(A|B)$ zu einem A' den fehlenden Partner B' gewinnt erhält

bekanntzugeben. Für Beispiel E5 bedeutet das

Nr.	Wert	
0	1000	*Verankerung*
...	...	
N	0,08825*B(N-1)	*Verankerung*
...	...	

Dafür schreibt man kurz

$$\left| \begin{array}{l} B_0 = 1000 \\ B_n = 0,08825 \cdot B_{n-1} \quad \text{für } n > 0 \end{array} \right| \quad \text{oder} \quad B_n = \begin{cases} 1000 & \text{für } n = 0 \\ 0,08825 \cdot B_{n-1} & \text{für } n > 0 \end{cases}$$

Definition: *(für die Schüler)*
Ein Verfahren, mit dem man einen gesuchten Wert mittels des Prinzips Verankerung & Vererbung *ermitteln kann, nennen wir* **rekursiv** *oder kurz* **Rekursion**.
Eine Rekursion kann man durch eine **Formalisierung** *beschreiben. Diese besteht aus der Be-
kanntgabe von*

- *Verankerung*

- *Vererbung*

Die Darstellung der Formalisierung kann zunächst in Form zweier zusammengehöri-
ger Gleichungen (Gleichungssystem) erfolgen

$$\left| \begin{array}{ll} B_0 = c & ; Verankerung \\ B_n = T(n, B_{n-1}) \quad \text{für } n > 0 & ; Vererbung \end{array} \right|$$

die dann durch die übliche *Fallunterscheidung* abgelöst wird, wobei die *Indexschreibweise* beibehalten wird:

$$B_n = \begin{cases} c & \text{für } n = 0 & ; Verankerung \\ T(n, B_{n-1}) & \text{für } n > 0 & ; Vererbung \end{cases} \tag{11}$$

Dabei bedeutet $T(B_{n-1}, n)$ einen Term, indem B_{n-1} vorkommen <u>muß</u>, während n vorkommen <u>kann</u>.

Die Standard-Notation in Funktionsschreibweise

$$f(n) = \begin{cases} c & \text{für } n = 0 \\ h(n, f(n-1)) & \text{für } n > 0 \end{cases}$$

ist i.A. erst in der 10. Klasse sinnvoll.

Im Grunde ist auch die Indexschreibweise in der 8. Klasse von der Mathematik her
nicht bekannt. Entweder führt man diese zusammen mit der Rekursion ein oder ver-
schiebt die Formalisierung auf später. Die Entwicklung des rekursiven Gedankens und
die Umsetzung im Rechenblatt bleiben ja davon unberührt.

Man kann die Formalisierung (11) auch anhand einer dem menschlichen Bereich ent-
liehenen Vererbungs-Metapher verdeutlichen:

$$
\underbrace{B_{\underbrace{n}_{Kind}}}_{Erbmasse\ Kind} = \begin{cases} c & \text{für } n = 0 \quad \text{„Adam/Eva"} \\ \underbrace{T(n, \underbrace{\underbrace{B_{n-1}}_{Vorfahre}}_{Erbmasse\ Vorfahre})}_{Formt\ die\ Erbmasse\ des\ Kindes} & \text{für } n > 0 \end{cases}
$$

n n-te Generation

$T(n, B_{n-1})$ T gibt an, wie aus den Rahmenbedingungen (eineiige Zwillinge?) der
n. Generation und den Erbanlagen B_{n-1} des Vorgägers $n-1$ die neuen
Erbanlagen geformt werden

Abb. 12: Generationsmodell

Phase 5: Vertiefungs- und Übungsphase

Nach der Einführungsphase gibt es verschiedene Möglichkeiten zur Fortführung und
Vertiefung, z.B. durch ein *komplexeres Beispiel*, das zwar unproblematisch zu modellieren ist, aber ein Nicht-Standard-Rechenblatt erfordert, da 2-dimensional tabelliert
werden muß:

E06	**Gitterwege**	*R-Var:*	ÜNN
Anmerkung:	vgl. $\binom{n}{k}$	*Schema:*	DO

Gesucht ist die Anzahl der Wege von Punkt A nach Punkt Z auf einem recht-winkligen Gitter mit den ganzzahligen Ko-ordinaten $x, y \geq 0$, wobei nur Einzelwe-ge in positive x- bzw. y-Richtung erlaubt sind.

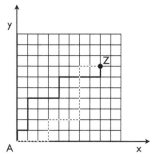

Abb. 13: Gitterwege von *A* nach *Z*

Ausgangsmotivation kann auch der Taxifahrer in einer Stadt mit schachbrettartigem Grundriß (z.B. Mannheim) sein. Für eine ausführliche Behandlung s. $\rightsquigarrow$ [St].

Verlegt man das Gitter in ein Koordinatensystem, lautet unsere Aufgabe: Wieviel Wege gibt es von $A = (0|0)$ nach $Z = (x|y)$?.
Es ist für Schüler unmittelbar einsichtig, daß ein Gitterweg als Prozess aus dem Zurücklegen der einzelnen horizontalen und vertikalen Teilstrecken besteht. Allerdings hilft hier die Frage „Wie gelange ich von einem Gitterpunkt zum nächsten?" („Vorwärts denken") nicht weiter, da es zwei Nachfolger gibt, einen in vertikaler und einen in horizontaler Richtung. Also müssen wir die Frage umdrehen:

„Wie gelange ich zu einem Gitterpunkt $(x|y)$?"

$\rightarrow$ Offensichtlich von links $(x-1|y)$ oder von unten $(x|y-1)$.

Für die Anzahl der Wege nach $(x|y)$ gilt somit

RG   *Die Anzahl der Wege zu einem Punkt ist die Summe der Wege zum linken Vorgängerpunkt und der Wege zum unteren Vorgängerpunkt*

Diesen Ansatz könne wir jetzt auf zwei Arten interpretieren:

1. Wir haben rückwärts gedacht und dabei auf zwei „frühere" Werte zurückgegriffen

2. Im Sinne von „Teile und herrsche": Wir haben unser Problem auf zwei „einfachere" zurückgeführt; „einfacher" sind sie offensichtlich in dem Sinne, daß sowohl $(x-1|y)$ als auch $(x|y-1)$ näher am Ausgangspunkt $(0|0)$ liegen.

Dies gilt allerdings nicht für die Randpunkte auf den Koordinatenachsen, d.h. falls $x = 0$ oder $x = 0$, zu denen es nur einen (geradlinigen).
Als Formalisierung ergibt sich

$$W(x,y) = \begin{cases} 1 & \text{falls } x = 0 \\ 1 & \text{falls } y = 0 \\ W(x-1,y) + W(x,y-1) & \text{sonst} \end{cases}$$

und daraus das Rechenblatt

	A	B	C	D	E	F	G	H	I	J	K	L
1	Gitter wege											
2		0	=B2+1	=C2+1	=D2+1	=E2+1	=F2+1	=G2+1	=H2+1	=I2+1	=J2+1	=K2+1
3	0	1	1	1	1	1	1	1	1	1	1	...
4	=A3+1	1	=B4+C3	=C4+D3	=D4+E3	=E4+F3	=F4+G3	=G4+H3	=H4+I3	=I4+J3	=J4+K3	...
5	=A4+1	1	=B5+C4	=C5+D4	=D5+E4	=E5+F4	=F5+G4	=G5+H4	=H5+I4	=I5+J4	=J5+K4	...
6	=A5+1	1	=B6+C5	=C6+D5	=D6+E5	=E6+F5	=F6+G5	=G6+H5	=H6+I5	=I6+J5	=J6+K5	...
7	=A6+1	1	=B7+C6	=C7+D6	=D7+E6	=E7+F6	=F7+G6	=G7+H6	=H7+I6	=I7+J6	=J7+K6	...
8	=A7+1	1	=B8+C7	=C8+D7	=D8+E7	=E8+F7	=F8+G7	=G8+H7	=H8+I7	=I8+J7	=J8+K7	...
9	=A8+1	1	=B9+C8	=C9+D8	=D9+E8	=E9+F8	=F9+G8	=G9+H8	=H9+I8	=I9+J8	=J9+K8	...
10	=A9+1	1	=B10+C9	=C10+D9	=D10+E9	=E10+F9	=F10+G9	=G10+H9	=H10+I9	=I10+J9	=J10+K9	...
11	=A10+1	...	...	...	...	...	...	...	...	...	...	

	A	B	C	D	E	F	G	H	I	J	K	L
1	Gitter wege											
2		0	1	2	3	4	5	6	7	8	9	10
3	0	1	1	1	1	1	1	1	1	1	1	...
4	1	1	2	3	4	5	6	7	8	9	10	...
5	2	1	3	6	10	15	21	28	36	45	55	...
6	3	1	4	10	20	35	56	84	120	165	220	...
7	4	1	5	15	35	70	126	210	330	495	715	...
8	5	1	6	21	56	126	252	462	792	1287	2002	...
9	6	1	7	28	84	210	462	924	1716	3003	5005	...
10	7	1	8	36	120	330	792	1716	3432	6435	11440	...
11	8	...	...	...	...	...	...	...	...	...	...	

Abb. 14: Wegezahlen

Mit diesem Beispiel in der fortgeschrittenen Einstiegsphase wird bei der direkten Umsetzung im Rechenblatt Neuland betreten: Es muß eine doppelte Rekursion umgesetzt werden, d.h. eine 2-dimensionale Tabellierung ist notwendig.   ◆

Mustererkennung

Die Vorgabe von endlichen Folgen, bei denen ein Bildungsgesetz zur Konstruktion der Folgeglieder durch eine Art „Mustererkennung" zu finden ist, stellt eine Übungsmöglichkeit dar, wie z.B.

Formuliere die Vererbungsregel:

$\ldots 7, 21, 63, 189 \ldots$
$\ldots 655, 6555, 65555, 655555 \ldots$
$\ldots 16, 4, 1, \frac{1}{4} \ldots$
$\ldots 3, -4, 5, -6, 7, -8 \ldots$
$\ldots 5, 15, 45, 135 \ldots$
$\ldots 1/7, 3/7, 9/7, 27/7 \ldots$
$\ldots 3, 6, 12, 24 \ldots$

Formuliere Verankerung und Vererbung und tabelliere in einem Rechenblatt:

$0, 2, 5, 9, 14, 20, 27 \ldots$
$2, \frac{1}{5}, \frac{1}{50}, \frac{1}{500}, \ldots$
$5, 10, 20, 40, 80 \ldots$
$2, 4, 4, 8, 9, 6, 192 \ldots$
$4, -12, 36, -108 \ldots$
$1, 2, 5, 26, 577, \ldots$

Dabei sollte deutlich gemacht werden, daß es nicht „die" Lösung gibt. Bsp.: $3, 5, 7 \ldots$ trifft sowohl auf die Folge der ungeraden natürlichen Zahlen ≥ 3 als auch die Folge der ungeraden Primzahlen zu.

ANREGUNGEN:

1. Fertige ein passendes Rechenblatt (mindestens 10 Vererbungszeilen) an

   a) $B_n = \begin{cases} 1 & \text{für } n = 0 \\ B_{n-1} + 2 & \text{sonst} \end{cases}$

   b) $B_n = \begin{cases} 1 & \text{für } n = 0 \\ B_{n-1} - \dfrac{1}{n \cdot (n+1)} & \text{sonst} \end{cases}$

   c) Beschreibe die entstehenden Zahlen mit Worten

2. Gegeben ist die Zahlenfolge $(1; \quad 1,1; \quad 1,11; \quad 1,111; \quad \ldots)$
   Erstelle

   a) ein Rechenblatt
   b) eine Rekursionvorschrift

5.3 Unterrichtsbeispiel in SI, Teil 1

Im Folgenden sollen die o.a. erwähnten theoretischen und praktischen Aspekte sowie deren didaktische Umsetzung beispielhaft aufgezeigt werden.

Wir betrachten dazu folgende Aufgabenstellung (für Schüler der 8. bis 10. Klasse), die bewußt so gewählt ist, daß sie eine rekursive Modellierung nahelegt:

Ein Fallschirmspringer zieht die Reißleine und 10 s später befindet er sich in einer Höhe von 210 m über dem Erdboden. Mit dem geöffneten Fallschirm sinkt er so, daß sich seine Höhe alle 5 s um 22,5 m verringert.

   a) *In welcher Höhe befindet sich der Springer 15 s nach der Öffnung des Fallschirms?*

   b) *In welcher Höhe befindet sich der Springer 25 s nach der Öffnung des Fallschirms?*

   c) *Nach welcher Zeit landet der Springer am Boden?*

   d) *In welcher Höhe befindet sich der Springer 12 s nach der Öffnung des Fallschirms?*

   e) *In welcher Höhe h befindet sich der Springer zum Zeitpunkt t nach der Öffnung des Fallschirms?*

Wenn diese Aufgabe direkt im Anschluss an die o.a. Einführung gestellt wird, ist davon auszugehen, daß die Schüler anhand des Textes (ohne die Fragestellungen/Teilaufgaben) nach einem gründlichen Studium zügig die Verankerung $(10|210)$ erkennen sowie die Vererbung.

Erfolgt die Aufgabenstellung zeitlich losgelöst von der Einführung, kann es sein, daß manche Schüler – da ihnen ja lineare Funktionen vertraut sein sollten – eine explizite Modellierung der Funktion $h : t \to h(t)$ mit

$$h(t) = \frac{-22,5}{5} \cdot (t - 10) + 210 \qquad \text{oder gar} \qquad h(t) = -4,5 \cdot t + 255$$

anstreben. In diesem Fall ist eine rekursive Modellierung einzufordern.

Zu a) und b):

Aufgrund der gewählten Formulierung der Aufgabenstellung liegt der rekursive Gedanke auf der Hand:

RG   *Alle 5 s sinkt der Fallschirm um 22, 5 m*

Gemäß der Konstruktionsanleitung erwartet man:

	A	B	C	D	E
1	Fallschirmsprung				
2	t0	10			
3	h0	210			
4					
5					
6				t	h
7				=B2	=B3
8				=D7+5	=E7-22,5
9				=D8+5	=E8-22,5
10				=D9+5	=E9-22,5
11				=D10+5	=E10-22,5
12				=D11+5	=E11-22,5
13				=D12+5	=E12-22,5
14				=D13+5	=E13-22,5
15				=D14+5	=E14-22,5
16				=D15+5	=E15-22,5
17				=D16+5	=E16-22,5

	A	B	C	D	E
1	Fallschirmsprung				
2	t0	10			
3	h0	210			
4					
5					
6				t	h
7				10	210
8				15	187,5
9				20	165
10				25	142,5
11				30	120
12				35	97,5
13				40	75
14				45	52,5
15				50	30
16				55	7,5
17				60	-15

	A	B	C	D	E
1	Fallschirmsprung				
2	t0	10			
3	h0	190			
4					
5					
6				t	h
7				10	190
8				15	167,5
9				20	145
10				25	122,5
11				30	100
12				35	77,5
13				40	55
14				45	32,5
15				50	10
16				55	-12,5
17				60	-35

Wichtig ist festzustellen, daß dieses Rechenblatt gegenüber dem Aufgabentext bereits zwei Generalisierungen enthält: Dadurch, daß das Verankerungspaar als je ein Kalkulationsfeld dargestellt wird, kann die Stoppuhr früher oder später gedrückt werden bzw. aus unterschiedlichen Anfangshöhen gefallen werden, was allerdings nicht zur Aufgabenlösung nötig ist; auch kann die Anfangshöhe h_0 variiert werden, was einer quantitativ anderen Aufgabenstellung entspricht:

Zu c):

Die Frage kann mit Hilfe des Rechenblattes nicht direkt beantwortet werden; man hätte auch der Bedeutung der negativen Werte für h fragen können, die den Schülern sicherlich auffallen. Clevere Schüler werden eine Lösung mittels Dreisatz probieren (da $\Delta h \sim \Delta t$); evtl. wird auch der Umkehrfunktion $t : h \to t(h)$ gesucht.

Dies ist auch eine Gelegenheit, das Rechenblatt „realistischer" zu gestalten, in dem Sinne, daß sich die Höhe h, wenn der Springer den Boden erreicht hat, nicht mehr ändert, in dem man die Vererbungsformel =E7-22,5 ab Zeile 8 durch =WENN(E7-22,5<=0;0;E7-22,5) ersetzt.

	A	B	C	D	E
1	Fallschirmsprung				
2	t0	10			
3					
4					
5					
6				t	h
7				10	210
8				15	187,5
9				20	165,0
10				25	142,5
11				30	120,0
12				35	97,5
13				40	75,0
14				45	52,5
15				50	30,0
16				55	7,5
17				60	0,0
18				65	0,0
19				70	0,0

Zu d):

Mit dem bisherigen Rechenblatt kann darauf keine Antwort gegeben werden, da $t = 12s$ kein Vielfaches von $5s$ ist! Bevor wir nach einer Abhilfe suchen, ist hier eine Gelegenheit, die bisherige Rekursion zu formalisieren:

$$h(t) = \begin{cases} 210 & \text{falls } t = 10 \\ h(t-5) - 22,5 & \text{falls } t = 15, 20, 25, ..., 55 \end{cases} \qquad (12)$$

Eine wichtige Erkenntnis aus *c)* und *d)*:

■ Die Funktion (12) ist nur für *bestimmte* äquidistante Werte definiert, genauer für: $t = 5 \cdot k$ mit $k = 2, 3, 4, ...$, nimmt den realistischen Fall, sogar nur für *endlich viele* Werte $k = 2, 3, 4, ..., 11$

Spätestens jetzt ist eine Diskussion über den sachbezogenen Definitionsbereich der Zeit t hilfreich:

$t < 0$	nicht definiert
$0 \leq t \leq 10$	unklar, vermutlich (negativ) beschleunigt
$10 < t \leq t_{max}$	gleichförmige Bewegung, d.h. $\Delta h \sim \Delta t$
$t > t_{max}$	0

wobei t_{max} der Auftreffzeitpunkt an der Erdoberfläche ist, der bis jetzt noch unbekannt ist und nur mit $55s < t_{max} < 60s$ abgeschätzt werden kann.
Wir legen also $D_h = [10; t_{max}]$ fest.

Lösung durch Generalisierung

Zur Beantwortung von *d)* muss offensichtlich eine Verfeinerung der Rekursionsvariablen t vorgenommen werden, indem man die Zeitdifferenz Δt von 5s auf z.B. 1s (es ginge auch mit 2s) herabsetzt und die zugehörige Höhendifferenz Δh bestimmt. Da es sich beim Fallen um eine gleichförmige Bewegung handelt, kann mittels Dreisatz bzw. der Proportionalität $\Delta h \sim \Delta t$ durch $12s = 10s + 2 \cdot 1s \rightarrow 210m - 2 \cdot 4, 5s = 201m$ das passende $\Delta h = 4,5$ gefunden werden, wobei zu berücksichtigen ist, daß es sich um eine monoton fallende Zuordnung handelt.
Aus (12) wird dann

$$h(t) = \begin{cases} 210 & \text{falls } t = 10 \\ h(t-1) - 4,5 & \text{falls } t = 11, 12, \ldots \end{cases}$$

oder verallgemeinert

$$h(t, \Delta t) = \begin{cases} 210 & \text{falls } t = 10 \\ h(t - \Delta t) - 4,5 \cdot \Delta t & \text{falls } t = 10 + \Delta t \cdot k \text{ mit } k = 1, 2, 3, \ldots \end{cases} \tag{13}$$

Offensichtlich liegt es nahe, für den neuen Parameter Δt, der für die Verfeinerung der Rekursionsvariablen zuständig ist, ein eigenes Kalkulationsfeld einzurichten. Entsprechend muss die Vererbungsregel zu =E7-4,5*B$4 für z.B. Zeile 8 in Spalte E geändert werden:

	A	B	C	D	E
1	Fallschirmsprung				
2	t0	10			
3	h0	210			
4	Δt	1			
5					
6				t	h
7				10	210
8				11	205,5
9				12	201
49				52	21
50				53	16,5
51				54	12
52				55	7,5
53				56	3
54				57	-1,5
55				58	-6

Abb. 15: Fallschirmspringer: $\Delta t = 1$

Für $\Delta t = 1$ liefert das Rechenblatt in Abb. 15 jetzt die Lösung von *d)*, aber man erkennt sofort, daß der Preis für eine feinere Tabellierung von h eine längere Tabelle ist! Außerdem können wir Frage *c)* immer noch nicht beantworten, es sei denn, daß einige Schüler auf die Idee kommen, diese Frage mit Hilfe von $\Delta h \sim \Delta t$ lösen, was zu $t_{max} = 56\frac{2}{3}s$ führt.

Der Wunsch nach einer weiteren Verfeinerung der Rekursionsvariablen läßt nichts Erfreuliches erwarten: Für $\Delta t = 2$ braucht man 24 Tabellenzeilen, d.h. Rekursionschritte, für $\Delta t = 1$ sogar 48 Tabellenzeilen, und schließlich 480 Tabellenzellen für $\Delta t = 0,1$! Wir stellen wieder fest:

■ Eine rekursive Tabellierung in einem Rechenblatt liefert ein *diskretes Modell*. Bei äquidistanter Rekursion gilt: Je kleiner die Schrittweite Δx, desto größer die Anzahl der Rekursionsschritte, d.h. die Länge der Tabelle.

Damit ist auch Teilaufgabe *e)* gelöst, in dem Sinne, daß die gesuchte Funktion h nicht für beliebige $t \in [10; 56\frac{2}{3}] \subset \mathbb{Q}$ definiert ist, sondern nur diskrete Werte in Abhängigkeit von der Rekursionsvariablen Δt.

Schließlich kommen wir zur Möglichkeit der *graphischen Darstellung* (Näheres unter *Visualisierung durch Diagramme*, s. 11.4), bei der eine Veränderung der Rekursionsparameter in den Kalkulationsfeldern umgehend im Diagramm angezeigt wird:

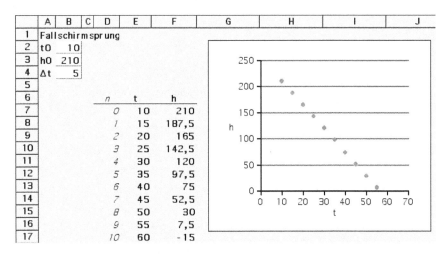

Abb. 16: Fallschirmspringer: Lösung mit Graphik

Weitere Generalisierungen

Genau genommen geht das Lösungs-Rechenblatt in Abb. 15 über die Aufgabenstellung schon hinaus, da die Werte des Basisfalls als Kalkulationsfelder eingebaut und somit variabel sind, also müßten noch die Rekursionsparameter t_0 und h_0 in die Formalisierung (13) aufgenommen werden:

$$h(t, \Delta t, t_0, h_0) = \begin{cases} h_0 & \text{falls } t = t_0 \\ h(t - \Delta t) - 4,5 \cdot \Delta t & \text{falls } t = t_0 + \Delta t \cdot k \text{ mit } k = 1, 2, 3, \ldots \end{cases} \tag{14}$$

Damit wird allerdings noch kein qualitativ anderer Fallschirmsprung beschrieben, da die „Fallgeschwindigkeit" $m = \frac{\Delta h}{\Delta t}$ nicht geändert wird. Will man auch diese Größe variabel, also kalkulierbar machen (in der Realität z.B. durch einen größeren Fallschirm), müssen wir übergehen zu

$$h(t, \Delta t, t_0, h_0, m) = \begin{cases} h_0 & \text{falls } t = t_0 \\ h(t - \Delta t) + m \cdot \Delta t & \text{falls } t = t_0 + \Delta t \cdot k \text{ mit } k = 1, 2, 3, \ldots \end{cases}$$

mit dem zugehörigen Rechenblatt:

	A	B	C	D	E
1	Fallschirmsprung				
2	t0	10			
3	h0	210			
4	Δt	5			
5	m	-4,5			
6				t	h
7				10	210
8				15	187,5
9				20	165
10				25	142,5
11				30	120
12				35	97,5
13				40	75
14				45	52,5
15				50	30
16				55	7,5
17				60	-15

$$\Delta t = 5, \ m = -4,5$$

	A	B	C	D	E
1	Fallschirmsprung				
2	t0	10			
3	h0	210			
4	Δt	2			
5	m	-3			
6				t	h
7				10	210
8				12	204
9				14	198
10				16	192
11				18	186
12				20	180
13				22	174
14				24	168
15				26	162
16				28	156
17				30	150

$$\Delta t = 2, \ m = -3$$

Abb. 17: Fallschirmspringer: allgemeine Lösung

Lösen wir uns vom Fallschirmspringen, d.h. es muss nicht $m < 0$ sein, liegt eine diskrete Modellierung einer *linearen Funktion* $f : x \to m \cdot (x - x_0) + y_0$ vor für $x = x_0 + k \cdot \Delta x$ mit $k = 0, 1, 2, 3, \ldots$.
Aber was ist mit $t < 0$? Eine *diskrete* Fortsetzung für $k = -1, -2, -3, \ldots$ bedeutet, daß ein weiterer Fall berücksichtigt werden muss:

$$h(t, \Delta t, t_0, h_0, m) = \begin{cases} h_0 & \text{falls } t = t_0 \\ h(t - \Delta t) + m \cdot \Delta t & \text{falls } t = t_0 + \Delta t \cdot k \text{ mit } k \in \mathbb{Z}^+ \\ h(t + \Delta t) - m \cdot \Delta t & \text{falls } t = t_0 + \Delta t \cdot k \text{ mit } k \in \mathbb{Z}^- \end{cases} \quad (15)$$

Beim zugehörigen Rechenblatt stossen wir allerdings an die Grenzen einer Tabellen-kalkulation, denn in vorliegenden Beispiel müßte die Tabelle nach oben verlängert werden, was handwerklich nur mühevoll umzusetzen ist, da alle Kopier-, Einsetz- und Füll-Befehle von Tabellenkalkulationen für eine Verlängerung der Tabelle nach unten (bei vertikaler Tabellierung) oder nach rechts (bei horizontaler Tabellierung) konzipiert sind.

	A	B	C	D	E
1	Lineare Funktion: y=m(x-x0)+y0				
2	x0	0,6			
3	y0	7			
4	Δx	0,4			
5	m	2			
6				x	y
7				...	...
8				=D9-B$4	=E9-B$4*B$5
9				=D10-B$4	=E10-B$4*B$5
10				=D11-B$4	=E11-B$4*B$5
11				=D12-B$4	=E12-B$4*B$5
12				=B2	=B3
13				=D12+B$4	=E12+B$4*B$5
14				=D13+B$4	=E13+B$4*B$5

	A	B	C	D	E
1	Lineare Funktion: y=m(x-x0)+y0				
2	x0	0,6			
3	y0	7			
4	Δx	0,4			
5	m	2			
6				x	y
7				...	...
8				-1	3,8
9				-0,6	4,6
10				-0,2	5,4
11				0,2	6,2
12				0,6	7
13				1	7,8
14				1,4	8,6

Abb. 18: lineare Funktion $y = m \cdot (x - x_0) + y_0$

In Abschnitt 8.5 greifen dieses Musterbeispiel erneut auf, um für die gleichen Frage-stellungen Lösungen durch Programmierung zu finden.

6 Rekursion ohne Ende

Zu Beginn dieses Kapitels wollen wir einen Moment innehalten und einen Blick zurück werfen: Bei allen bisher behandelten Beispielen ist es uns gelungen, zu der gegebenen Aufgabenstellung eine geeignete Lösung zu finden, indem wir eines rekursives Modell konstruiert haben, das entweder direkt in ein Rechenblatt umgesetzt und anschließend als mathematische Funktion formalisiert wurde bzw. in umgekehrter Reihenfolge. Mit all diesen Modellen war die gewünschte Simulation ohne Umwege möglich, weil die Modelle exakt der jeweiligen Aufgabenstellung entsprachen.

Es gibt aber Situationen, bei denen zwar das passende Modell als Rekursion gefunden wird, aber die Simulation zu bisher unbekannten Problemen führt, so daß wir zu einer „Ersatzlösung" greifen müssen. Dieses Dilemma wirft grundlegende Fragen auf, auf die wir im nächsten Kapitel eine Antwort finden wollen.

6.1 Aufgabenstellung vs. Modell

Anhand zweier neuer Aufgabenstellungen untersuchen wir die „üblichen" Modelle, sowohl mittels Tabellenkalkulation als auch mittels Programmierung.

Beispiel 1: Wurzelziehen

In der 9. Klasse lernen die Schüler über das Wurzelziehen die irrationalen Zahlen kennen. Sie wissen z.B., daß $\sqrt{2}$ eine Lösung der Gleichung $x^2 = 2$ ist, aber der Wert als irrationale Zahl kann nur näherungsweise berechnet werden, weil er nicht in der Form $\frac{p}{q}$ eines gekürzten Bruches dargestellt werden kann, also ein nichtabbrechender nichtperiodischer Dezimalbruch ist.

Ein TR liefert für die positive Lösung $\bar{x} \approx 1,414213562373095 \approx 1,41$, aber wie errechnet er diese Näherung?

Hinweis: Dieses Beispiel wird als HERON-Verfahren in Abschnitt 9.7 wieder aufgegriffen.

Der Ansatz $x^2 = 2$ ist für $x \neq 0$ äquivalent zu

$$x = \frac{2}{x} \tag{16}$$

Das bedeutet: Gesucht ist eine Zahl $\bar{x}$, die gleich dem Doppelten ihres Kehrwertes ist. Da wir die ungefähre Größe von $\bar{x}$ kennen, probieren wir $x = 1,5 = \frac{3}{2}$ und erhalten

$$\frac{3}{2} \leftarrow \frac{2}{\frac{3}{2}} = \frac{4}{3} = 1,333\ldots$$

d.h. wenn $x > \bar{x}$, dann ist $\frac{2}{x} < \bar{x}$.

Einsetzen verschiedener Werte für für x in (16) zeigt:

$$x - \frac{2}{x} \quad \begin{cases} < 0 & \text{für } x < \bar{x} \\ > 0 & \text{für } x > \bar{x} \end{cases}$$

Offensichtlich erhalten wir ausgehend von einem x eine bessere Annäherung an $\bar{x}$, wenn wir die rechte Seite von (16) durch den arithmetischen Mittelwert von linker und rechter Seite ersetzen:

$$x \leftarrow \frac{1}{2} \cdot (x + \frac{2}{x}) \tag{17}$$

In der Tat liefern $\frac{3}{2} \leftarrow \frac{1}{2}(\frac{3}{2} + \frac{2}{\frac{3}{2}} = \frac{17}{12}) = 1{,}41\bar{6}$ und $\frac{17}{12} \leftarrow \frac{1}{2}(\frac{17}{12} + \frac{2}{\frac{17}{12}} = \frac{577}{408}) = $ 1.41421\overline{56862745098039}$ deutliche Verbesserungen; also haben wir einen Prozeß vorliegen, dessen allgemeinen Schritt (17) wir folgendermaßen beschreiben können:

RG   *Ersetze die letzte Näherung durch den Mittelwert aus letzter Näherung und dem doppelten Kehrwert der letzten Näherung*

Aber wie oft?

Es liegt auf der Hand, daß der Prozeß dann beendet ist, wenn $x = \frac{2}{x}$; bezeichnen wir die Mittelwertbildung nach (17) mit $\varphi(x) = \frac{1}{2}(x + \frac{2}{x})$, ist der Abbruch des Verfahrens dann gegeben, wenn $\varphi(x)$ keine Verbesserung mehr liefert, also $x = \varphi(x)$ ist. Damit lautet unser Modell

– *Wähle einen geeigneten Anfangswert x*

– *Solange $x \neq \varphi(x)$, ersetze x durch $\varphi(x)$*

Ein Rechenblatt ergibt

	A	B	C	D		A	B	C	D
1	Wurzel 2- Verfahren				1	Wurzel 2- Verfahren			
2					2				
3	x	1,5			3	x	1,5		
4					4				
5					5				
6				x	6				x
7				=B3	7				1,5
8				=(D7+2/D7)/2	8				1,4166666667
9				=(D8+2/D8)/2	9				1,4142156863
10				=(D9+2/D9)/2	10				1,4142135624
11				=(D10+2/D10)/2	11				1,4142135624
12				=(D11+2/D11)/2	12				1,4142135624

Abb. 19: Modell(?) als Rechenblatt

Die Tabellierung stabilisiert sich bereits nach dem 3. Schritt (Zeile 10) zu 1,4142135624, aber wir wissen sofort, daß es sich nicht um die exakte Lösung handeln kann: schon beim 1. Schritt (Zeile 8) kann der Wert $\frac{17}{12}$ nicht als periodische Zahl dargestellt werden, vielmehr wird sie zu 1,4166666667 gerundet, also kann diese Tabellenkalkulation nur maximal 10 Hinterkommastellen anzeigen.

Den Schülern ist leicht klarzumachen, daß $\varphi(x) = \frac{1}{2}(x + \frac{2}{x})$ mit jedem Schritt neue Werte liefert – wobei wir auf die Tatsache, daß $\bar{x} \notin \mathbb{Q}$ gar nicht einzugehen brauchen –, also eine unendliche Zahlenfolge produziert, woraus wiederum folgt, daß auch eine Tabellenkalkulation mit einer beliebig großen aber festen Anzahl von Hinterkommastellen überfordert wäre – ganz zu schweigen von der Länge des Rechenblattes, also der Zeilenzahl: Also können wir von eine Art „Rekursion ohne Ende" sprechen. Das bedeutet:

- **Es gibt rekursive Modelle, die der Aufgabenstellung entsprechen, aber nicht mit einem Rechenblatt umgesetzt werden können.**

Dies ist in der Tat eine neue Problemsituation, die wir näher untersuchen wollen. Eine Formalisierung unseres Modells liefert also die Standardrekursion

$$f(x) = \begin{cases} x & \text{falls } \varphi(x) = x \\ f(\varphi(x)) & \text{sonst} \end{cases} \tag{18}$$

Aber wie lautet die Formalisierung unseres Rechenblattes (Abb. 19)?
Zunächst fällt auf, daß es sich dabei eine *einspaltige* Tabellierung handelt, was im Vergleich zu allen vorangegangenen Beispielenn ein Novum ist und – nebenbei bemerkt – Anlaß für eine interessante Diskussion „Werden in Spalte D die Werte der Rekursionsvariablen oder die Funktionswerte tabelliert?" sein könnte. Interpretieren wir jetzt $\varphi(x) = \frac{1}{2}(x + \frac{2}{x})$ als Bildungsgesetz der Folge $x_n = \varphi(x_{n-1})$, kommen wir zum Schluß, daß wir die endliche Folge x_n tabelliert haben:

$$f(x, n) = \begin{cases} x & \text{falls } n = 0 \\ f(\varphi(x), n - 1) & \text{falls } n > 0 \end{cases} \tag{19}$$

Also liegt das vertraute primitive Rekursionsschema vor, wobei φ nicht mehr Vorgängerfunktion ist, sondern nur den Parameter x bei jedem Selbstaufruf ersetzt. Interessanterweise ist in diesem Rechenblatt die Spalte für die Rekursionsvariable n offensichtlich nicht notwendig. Also (19) hätten wir (19) auch wie gewohnt tabellieren können:

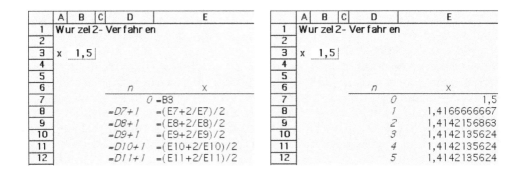

Abb. 20: Ersatz-Modell: Näherungsverfahren

Wir können also sagen: Während es sich bei (18) um ein neuenTyp von Rekursion handelt, kann (19) als *Näherungsverfahren* bezeichnet werden; es entspricht zwar im Gegensatz zu (18) nicht der exakten Formulierung der Aufgabenstellung, liefert aber eine *Näherungslösung* (s. HERON-Verfahren, S.194) des Problems.

Was bedeutet das für den Unterricht und die Praxis?

Wenn den Schülern die Eigenschaften der irrationalen Zahlen bekannt sind, kann leicht verdeutlicht werden, daß wir uns bei der Suche nach $\sqrt{2}$ mit der Näherungslösung (19) begnügen müssen.

Es bleibt aber die Frage, wie sich die Situation bei beliebig gewähltem φ darstellt. Es geht also um eine grundsätzliche Problematik, die insbesondere bei der Programmierung zu Tage tritt und der wir uns im Folgenden ausführlich widmen wollen, daher eine Gegenüberstellung:

tatsächliche Aufgabenstellung	Ersatz-Aufgabenstellung
Suche Fixpunkt $\bar{x} = \varphi(\bar{x})$	Suche x_n möglichst nahe am Grenzwert $\bar{x}$

$$f(x) = \begin{cases} x & \text{falls } \varphi(x) = x \\ f(\varphi(x)) & \text{sonst} \end{cases} \qquad f(x,n) = \begin{cases} x & \text{falls } n = 0 \\ f(\varphi(x), n-1) & \text{falls } n > 0 \end{cases}$$

– Standard-Rekursionsschema   – primitives Rekursionsschema
– nicht als Rechenblatt umsetzbar   – Tabellierung muss interpretiert werden: *Näherungslösung*

Wenn wir die tatsächliche Aufgabenstellung und die Ersatz-Aufgabenstellung mit den zugehörigen Rechenblättern Abb. 19 und Abb. 20 vergleichen, stellen wir fest, daß sie de Facto gleich sind: es können immer nur endlich viele Zeilen mit der gleichen Formel gefüllt werden:

■ **Ein Rechenblatt repräsentiert stets ein *primitives Rekursionsschema***

Also kann ein Rechenblatt nur die Ersatz-Aufgabenstellung abbilden.

Bevor wir der Frage nachgehen, ob man durch Programmierung einem zur Aufgabenstellung passenden Modell näher kommt, betrachten wir ein weiteres Beispiel.

Beispiel 2: L-Rekursion

Dazu betrachten wir eine Rekursion $L(n)$, die eng mit der sog. COLLATZ-Rekursions $C(n)$ verwandt ist; letztere ist ein klassisches Beispiel für Rekursion im Informatikunterricht und wird daher in 9.1 ausführlich behandelt, während $L(n)$ eine spezielle *Reduzierungsfunktion* ist, die in Kapitel 10.1 vorgestellt wird.

$L(n)$ ist wie $C(n)$ kein Modell irgendeines bekannten Phänomens („modellfreie Rekursion", vgl. S. 15), unser Interesse ist im Sinne des Themas dieses Abschnittes eher grundsätzlicher Art:

$$L(n) = \begin{cases} 1 & \text{falls } n = 1 \\ L(\varphi(n)) & \text{sonst} \end{cases} \qquad \varphi(n) = \begin{cases} \dfrac{n}{2} & \text{falls } n \text{ gerade} \\ 5 \cdot n + 1 & \text{falls } n \text{ ungerade} \end{cases} \qquad (20)$$

Berechnen wir per Hand einige Werte für kleine n, tritt ein uneinheitliches, seltsames Verhalten zu Tage: für $n = 1, \ldots, 4$ ergibt sich umgehend der Wert 1, für $n = 5$ oder $n = 7$ erhalten wir nach endlicher Zeit kein Ergebnis. Also erstellen für eine Übersicht ein Rechenblatt, in dem gleichzeitig die Werte für $n = 1, \ldots, 10$ tabelliert werden.
Dabei stellen wir fest, daß diese Rekursion in ihrer Struktur dem Modell (18) ähnelt: Die Schrittfunktion besteht lediglich aus einem Selbstaufruf, d.h. beide Rekursionen bewirken eine Wiederholung (Iteration) der inneren Funktion φ.
Damit wir den Basisfall erreichen, müssen beim „Rückgriff" auf $\varphi(n)$ berücksichtigen, daß auch $n = 1$ eine ungerade Zahl ist, d.h. es ist eine weitere Fallunterscheidung notwendig:

```
=WENN(B3=1;1;
      WENN(REST(B3;2)=0;B3/2;
           5*B3+1))
```

Dann liefert

	A	B	C
1	L-Rekursion		
2			
3	n	1	=B3+1
4		=WENN(B3=1;1;WENN(REST(B3;2)=0;B3/2;5*B3+1))	=WENN(C3=1;1;WENN(REST(C3;2)=0;C3/2;5*C3+1))
5		=WENN(B4=1;1;WENN(REST(B4;2)=0;B4/2;5*B4+1))	=WENN(C4=1;1;WENN(REST(C4;2)=0;C4/2;5*C4+1))
6		=WENN(B5=1;1;WENN(REST(B5;2)=0;B5/2;5*B5+1))	=WENN(C5=1;1;WENN(REST(C5;2)=0;C5/2;5*C5+1))
7		WENN(B6 1·1·WENN(REST(B6·2) 0·B6/2·5*B6 1))	WENN(C6 1·1·WENN(REST(C6·2) 0·C6/2·5*C6 1))

für ca. 217 Zeilen, wobei der Bereich von Zeile 22 bis 212 ausgeblendet ist, die Übersicht

	A	B	C	D	E	F	G	H	I	J	K
1	L-Rekursion										
2											
3	n	1	2	3	4	5	6	7	8	9	10
4		1	1	16	2	26	3	36	4	46	5
5		1	1	8	1	13	16	18	2	23	26
6		1	1	4	1	66	8	9	1	116	13
7		1	1	2	1	33	4	46	1	58	66
8		1	1	1	1	166	2	23	1	29	33
9		1	1	1	1	83	1	116	1	146	166
10		1	1	1	1	416	1	58	1	73	83
11		1	1	1	1	208	1	29	1	366	416
12		1	1	1	1	104	1	146	1	183	208
13		1	1	1	1	52	1	73	1	916	104
14		1	1	1	1	26	1	366	1	458	52
15		1	1	1	1	13	1	183	1	229	26
16		1	1	1	1	66	1	916	1	1146	13
17		1	1	1	1	33	1	458	1	573	66
18		1	1	1	1	166	1	229	1	2866	33
19		1	1	1	1	83	1	1146	1	1433	166
20		1	1	1	1	416	1	573	1	7166	83
21		1	1	1	1	208	1	2866	1	3583	416
22		1	1	1	1	104	1	1433	1	17916	208
213		1	1	1	1	52	1	456750509	1	5709381366	104
214		1	1	1	1	26	1	2283752546	1	2854690683	52
215		1	1	1	1	13	1	1141876273	1	1,42735e+10	26
216		1	1	1	1	66	1	5709381366	1	7136726708	13
217		1	1	1	1	33	1	2854690683	1	3568363354	66

Jetzt kann man offensichtlich drei Verhaltensweisen erkennen:

1. $L(n) = 1$, falls z.B. $n = 1, 2, 3, 4, 6, 8$
2. es gibt keinen Funktionswert z.B. für $n = 5$ und $n = 10$, weil eine „Schleife" entsteht
3. es gibt keinen Funktionswert z.B. für $n = 7$ und $n = 9$, weil die Werte der Selbstaufrufe offensichtlich über alle Grenzen wachsen (wofür diese Tabellierung allerdings keinen Beweis liefert)

Daraus folgt zunächst: Ist $L(n) = 1$, so ist auch $L(n \cdot 2^k) = 1$ für $k \in \mathbb{N}^+$ aufgrund der Konstruktion von $\varphi(n)$. Aus dem gleichen Grund führen z.B. alle $n = 5 \cdot 2^k$ mit $k \in \mathbb{N}^+$ in eine Schleife, das bedeutet, egal wieviel Zeilen unser Rechenblatt umfaßt, wir erhalten kein Ergebnis. Also haben wir wie beim ersten Beispiel *Wurzelziehen* wieder ein Art „Rekursion ohne Ende" für bestimmte n. Wir können daraus folgern:

– es gibt unendlich viele n mit $L(n) = 1$
– L ist für unendlich viele n nicht definiert

Solche Funktionen über $\mathbb{N}^+$ werden wir im Folgenden *partiell* (definiert) nennen, s. Abschnitt 7.2 ff.

Insgesamt ist $L(n)$ ein neuer Typ von Rekursion, der in Struktur und Verhalten gewisse Ähnlichkeiten mit (18) hat, und wir fragen uns, weshalb bisher keine „Rekursion ohne Ende" aufgetreten ist. Dazu vergleichen wir alle behandelten Beispielen und stellen wir fest: Für die Vorgängerfunktion (vgl. die Begriffsbildungen in 2.1 und 2.2) φ gilt entweder

- $\varphi(n) = n - 1$
  Für $n > n_0$ erreicht die Schrittfunktion h nach $n - n_0$, d.h. also endlichen vielen Aufrufen den Basisfall
  oder
- $\varphi(x) = x - \Delta x$
  Für $x > x_0$ erreicht die Schrittfunktion h nach $n = \frac{x - x_0}{\Delta x}$, d.h.also endlichen vielen Aufrufen den Basisfall

Zudem werden wir in Abschnitt 7.3 zeigen, daß man eine Rekursion mit $\varphi(x) = x - \Delta x$ in eine Rekursion mit $\varphi(n) = n - 1$ transformieren kann, so daß sie die gleichen Werte liefert.

Insgesamt werden wir in 7.2 sehen, daß eine Funktion, die mit dem primitiven Rekursionsschema konstruiert ist, für alle $n \in \mathbb{N}$ definiert ist und einen Wert liefert, sofern die Schrittfunktion h gewisse Bedingungen erfüllt.

6.2 Lösung durch Programmierung?

Wir greifen der Modellierung durch Programmierung aus Kapitel 8 etwas vor, was nach Ansicht des Autors auch dem programmierfernen Leser deshalb zumutbar ist, weil die dort benutzte Programmiersprache *HtDP*-SCHEME selbstmodellierend und der mathematischen Formulierung sehr ähnlich ist. Lediglich die Präfix-Notation der Ausdrücke ist evtl. ungewohnt.

Wir beginnen mit dem ersten Beispiel und erhalten für (18)

```
(define (phi x)
  (/ (+ x (/ 2 x)) 2))

(define (wurzel x)
  (cond
    ((= x (phi x)) x)
    (else
     (wurzel (phi x)))))
```

Beim Aufruf > `(wurzel 1.5)` merken wir recht bald, daß auch unser schneller Rechner kein Ergebnis liefert – das Programm „hängt" oder „ist abgestürzt" –, weil es den Basisfall $x = \varphi(x)$ nicht erreicht.

Das bedeutet, daß wir vom Ergebnis her nicht weiterkommen als mit der Rechenblatt-Lösung: es liegt wieder eine „Rekursion ohne Ende" vor, allerdings nicht räumlich wie beim beliebig langen Rechenblatt, sondern *zeitlich*: Da man in der Informatik das Eintreten des Basisfalles als *Terminierung* bezeichnet, sagt man im vorliegenden Fall auch „das Programm terminiert nicht".

Dafür ist das Programm aber identisch mit der tatsächlichen Aufgabenstellung (18)!

Es gibt also Rekursionen, die über das primitive Rekursionsschema hinausgehen und nicht mit einem Rechenblatt modelliert werden können, sie können nur mit Hilfe des Standardrekursionsschemas formuliert werden, dafürdas Problem der Terminierung hinzu.

Wie beim Rechenblatt können wir für die Ersatz-Aufgabenstellung ein Programm als Näherungslösung (19) nach dem primitiven Rekursionsschema konstruieren

```
(define (wurzel-pr x n)
  (cond
    ((= n 0) x)
    (else
      (wurzel-pr (phi x) (- n 1)))))
```

das wie erwartet terminiert:

```
> (wurzel-pr 1.5 10)     --> 1.4142135623730950488016887...
```

Fassen wir die Ergebnisse der Umsetzung der Rekursion (18) mit Rechenblatt und Programmierung zusammen:

■ **Es gibt Aufgabenstellungen, bei denen**

  • **eine rekursive Modellierung** *im Sinne der Aufgabenstellung* **nicht mit einem Rechenblatt, aber durch Programmierung möglich ist**

  • **eine Simulation mit einem rekursiven Modell** *im Sinne der Aufgabenstellung* **mit digitalen Werkzeugen nicht möglich ist.**

  Stattdessen greift man auf Ersatz-Aufgabenstellungen mit Näherungslösungen zurück.

Beim zweiten Beispiel wird das Problem der Terminierung noch deutliche: die nicht primitive Rekursion (20) lautet als Programm für $L(n)$:

```
(define (phi n)
  (cond
    ((= (remainder n 2) 0) (quotient n 2))
    (else
      (+ (* 5 n) 1))))

(define (L n)
  (cond
    ((= n 1) 1)
    (else
      (L (phi n)))))
```

Die Aufrufe > (L n) liefern für $n = 1, 2, \ldots, 10$

  1. Terminierung für $n = 1, 2, 3, 4, 6, 8$ mit $L(n) = 1$
  2. keine Terminierung für $n = 5$ und $n = 10$: Schleifen

3. keine Terminierung für $n = 7$ und $n = 9$: offensichtliches Wachsen über alle Grenzen (vermutlich)

Diese Ergebnisse decken sich mit denen des Rechenblattes. Also kommen wir mit der Programmierung von (18) im Grunde nicht weiter, lediglich die Problematik der Terminierung ist hinzugekommen.

Weiteres zu *L-Rekursion* findet sich im Abschnitt 10.1.

Wir können abschließend zusammenfassen:

■ **Es gibt Rekursionen vom Typ**

$$f(x) = \begin{cases} c & \textbf{falls } P(x) \\ f(\varphi(x)) & \textbf{sonst} \end{cases}$$

- **die für bestimmte Argumente nicht terminieren, d.h. f ist in diesem Fall nicht definiert**
- **bei denen im Falle einer Terminierung keine Vorhersage der benötigten Rekursionsschritte möglich ist**

Dem geneigten Leser wird aufgefallen sein, daß es sich um einen speziellen Rekursionstyp handelt, den wir im Folgenden *Endrekursion* nennen und der in Abschnitt 7.1 behandelt wird. Daher kann man fragen, ob solches Verhalten auch bei anderen Rekursionstypen zu finden ist.

Zusammenfassend ist festzustellen, daß es jetzt Zeit ist, einen Blick hinter die praktischen Anwendungen der Rekursion zu werfen und den zugrunde liegenden theoretischen Hintergrund zu beleuchten.

7 Theorie: Struktur und Berechenbarkeit

Offensichtlich treten die im letzten Kapitel aufgezeigten Probleme nicht bei Rekursionen auf, die dem primitiven Rekursionsschema entsprechen. Das bedeutet, daß das Phänomen der Nicht-Terminierung im Zusammenhang mit der Struktur der Rekursion steht. Daher wollen wir zunächst die Schemata von Rekursionsgleichungen in Augenschein nehmen und versuchen, diese zu strukturieren bzw. zu klassifizieren.

Anschließend werden anhand der Struktur Kriterien dafür erarbeitet, ob eine Rekursion unproblematisch ist, d. h. ob sie für jede Eingabe einen Wert liefert, also terminiert, oder ob es Probleme geben kann: wir entwickeln den zentralen Begriff der Berechenbarkeit, und zwar so, daß dieses Thema auch in der Sek.-Stufe II im Informatikunterricht in enger Anknüpfung an die Praxis umgesetzt werden kann.

Darüber hinaus werfen wir in diesem und im nächsten Kapitel einen Blick auf Rekursionen über Q, die für die Praxis von besonderer Bedeutung sind.

7.1 Im Universum der Rekursionen

Als Ausgangspunkt nehmen wir das in 2.1 vorgestellte *Standard-Rekursionschema*:

Erweiterungen/Verallgemeinerungen

$$\nwarrow \qquad \uparrow \qquad \nearrow$$

$$f(p,x) = \begin{cases} c(p,x) & \text{falls } P(x) \\ h(p,x,f(p,\varphi(x))) & \text{sonst} \end{cases}$$

$$\swarrow \qquad \downarrow \qquad \searrow$$

Spezialisierungen

Abb. 21: Standard-Rekursionsschema mit Parameter

Es ist offensichtlich, daß eine Funktion durch

- das Prädikat P (einschließlich Anfangswert c_p)
- die Schrittfunktion h
- die innere Funktion φ

bei vorgegebenem Parameter p formal definiert wird. Während man beim Spezialfall des primitiven Rekursionsschemas die Frage der Existenz und Eindeutigkeit einer so definierten Funktion durch den DEDEKINDschen Rekursionssatz geklärt ist, muß sie hier im Einzelfall geklärt werden, wie uns die in Kapitel 6 gemachten Erfahrungen lehren. Dies soll im nächsten Abschnitt untersucht werden.

Eine Erweiterung stellen die mehrstelligen Funktionen $f(p_1, p_2, \ldots, p_r, x)$ mit $r > 1$ Parametern dar: Wir beschränken uns auf 1- und 2-stellige Funktionen, was im Hinblick auf die Untersuchungen zur Berechenbarkeit in Abschnitt 7.2 nach PÉTER ↝[Pe] zulässig ist.

Ausgehend von diesem Schema werden wir durch Erweiterungen im Sinne von Verallgemeinerungen einerseits und Spezialisierungen andererseits eine Einteilung in wichtige Fälle vornehmen, die für eine spätere Orientierung neben der üblichen Benennung auch durch eine Abkürzung in serifenloser Schrift, z.B. ÄQ (s.u.), gekennzeichnet werden.

I. Klassifzierung nach Rekursionsvariable und innerer Funktion

Wir unterscheiden folgende Fälle:
(Im Falle mehrerer innerer Funktionen $\varphi_1(x_1), \ldots, \varphi_2(x_1), \psi_1(x_2), \ldots, \psi_2(x_2), \ldots$ sind Mischfälle denkbar, auf die wir aber hier nicht eingehen.)

Abk.	Beschreibung	Bezeichnung
AQ	$\varphi : D \subseteq \mathbb{Q} \to \mathbb{Q}$ $\downarrow$	(allgemeiner Fall)
MQ	$\varphi : D \subseteq \mathbb{Q} \to \mathbb{Q}, \ \varphi(x) < x$ $\downarrow$	*streng monotone Rekursion in $\mathbb{Q}$*
ÄQ	$\varphi(x) = x - \Delta x$ mit $x, \Delta x \in \mathbb{Q}$	*äquidistante Rekursion in $\mathbb{Q}$*
....	....	....
IN oder INN[*)]	$\varphi : D \subseteq \mathbb{N} \to \mathbb{N}$ $\downarrow$	*Rekursion in $\mathbb{N}$*
MN oder MNN[*)]	$\varphi : D \subseteq \mathbb{N} \to \mathbb{N}, \ \varphi(n) < n$ $\downarrow$	*streng monotone Rekursion in $\mathbb{N}$*
ÜN oder ÜNN[*)]	$\varphi(n) = n - 1$ mit $n > n_0 \geq 0$	*Rekursion über $\mathbb{N}$*

[*)]Bei den Typen IN, MN und ÜN gilt grundsätzlich $f : \mathbb{N} \to \mathbb{Q}$.
Im Falle $f : \mathbb{N} \to \mathbb{N}$ spricht man von einer *zahlentheoretischen Funktion*, und wir notieren die Rekursionstypen mit INN, MNN und ÜNN.

Nach dieser Einteilung ist obiges Standard-Rekursionsschema zunächst vom Typ AQ. Wenn wir es spezialisieren bzw. einschränken zum Typ ÜN, läuft die Rekursion über $\mathbb{N}$, und man hat den Sonderfall *primitives Rekursionsschema* bzw. *primitive Rekursion*.

Erweiterungen/Verallgemeinerungen

$$\nwarrow \quad \uparrow \quad \nearrow$$

$$f(p,n) = \begin{cases} c(p) & \text{falls } n = n_0 \\ h(p, n, f(p, n-1)) & \text{falls } n > n_0 \end{cases}$$

$$\swarrow \quad \downarrow \quad \searrow$$

Spezialisierungen

Abb. 22: primitives Rekursionsschema mit Parameter (ÜN)

Da der Typ ÜN sowohl in der Literatur zur Rekursion als auch bei den Beispielen in den folgenden Kapiteln besonders häufig vorkommt, wollen wir das primitive Rekursionsschema neben dem Standard-Rekursionsschema als zweiten Ausgangspunkt für die Einteilung heranziehen.

II. Erweiterungen der äußeren Struktur

IR: **Indirekte (wechselseitige, mutuelle) Rekursion**   ↔   DR: *Direkte Rekursion*

Mehrere Rekursionen $f_1, f_2 \ldots, f_k$ rufen sich wechselseitig auf. Für $k = 2$:

$$f_1(p, x) = \begin{cases} c_1(p, x) & \text{falls } P_1(x) \\ h_1(p, x, f_1(p, \varphi_1(x)), f_2(q, \varphi_2(x))) & \text{sonst} \end{cases}$$

$$f_2(q, x) = \begin{cases} c_2(q, x) & \text{falls } P_2(x) \\ h_2(q, x, f_1(p, \varphi_1(x)), f_2(q, \varphi_2(x))) & \text{sonst} \end{cases}$$

Beispiele

– „Mann/Frau-Rekursion", [GEB], S. 148

$$M(n) = \begin{cases} 0 & \text{falls } n = 0 \\ n - F(M(n-1)) & \text{falls } n > 0 \end{cases}$$

$$F(n) = \begin{cases} 1 & \text{falls } n = 0 \\ n - M(F(n-1)) & \text{falls } n > 0 \end{cases}$$

    – Cauchy-Eulersches Streckenzugverfahren, Hénon-Abbildung

DO: Doppelte Rekursion ↔ ER: *Einfache Rekursion*

Allgemein liegt eine *mehrfache Rekursion* vor, wenn die Rekursion über mehrere unabhängige Variablen $x_1, x_2, \ldots, x_k$ läuft. Im Falle $k = 2$ sprechen wir von *doppelter Rekursion*:

$$f(p,x,y) = \begin{cases} c_1(p,x,y) & \text{falls } P_1(x) \\ c_2(p,x,y) & \text{falls } P_2(y) \\ h(p,x,y,f(p,\varphi_1(x),\varphi_2(y))) & \text{sonst} \end{cases}$$

Beispiele

    –

$$ggT(m,n) = \begin{cases} n & \text{falls } m = 0 \\ m & \text{falls } n = 0 \\ ggT(m-n,n) & \text{falls } m \geq n \\ ggT(m,n-m) & \text{sonst} \end{cases}$$

    – Ackermann-Funktion, S. 112

MZ: Mehrfach verzweigte Rekursion ↔ EZ: *Einfach verzweigte Rekursion*

Im Gegensatz zum Standard-Rekursionsschema gibt es mehrere Schrittfunktionen h_i mit den Prädikaten Q_i, wobei $P \cap P_i = Q_i \cap Q_j = \emptyset$ für $i \neq j$ gelten muss:

$$f(p,x) = \begin{cases} c(p,x) & \text{falls } P(x) \\ h_1(p,x,f(p,\varphi(x))) & \text{falls } Q_1(x) \\ h_2(p,x,f(p,\varphi(x))) & \text{falls } Q_2(x) \\ \ldots \\ h_l(p,x,f(p,\varphi(x))) & \text{falls } Q_l(x) \end{cases}$$

Beispiel

$$ggT(a,b) = \begin{cases} a & \text{falls } a = b \\ ggT(a-b,b) & \text{falls } a > b \\ ggT(b,a) & \text{sonst} \end{cases}$$

III. Klassifzierung nach Schrittfunktion

Die Erweiterungen und Spezialisierungen gelten sowohl für das Standard-Rekursionssch als auch – wenn nicht angemerkt – für das primitive Rekursionsschema.

PE: Mit Parameter-Einsetzung ↔ PO: *Ohne Parameter-Einsetzung*

Dieser Typ ist nicht zu verwechseln mit der doppelten Rekursion: Auf einen Parameter wird nicht nur lesend, sondern schreibend zugegriffen, d.h. er ist nicht statisch, da sein Wert bei einem Selbstaufruf durch $\psi(p)$ substituiert wird:

$$f(p,x) = \begin{cases} c(p,x) & \text{falls } P(x) \\ f(p,x) = h(f(p,\varphi(x)), f(\psi(p), \varphi(x))) & \text{sonst} \end{cases}$$

Beispiele

– rekursive Grafik, S. 222

$$g(r,n) = \begin{cases} b(r) & \text{falls } n = 0 \\ g(\frac{r}{2^n}, n-1) & \text{falls } n > 0 \end{cases}$$

– schreibt man die vermeintlich doppelte Rekursion

$$\binom{n}{k} = \begin{cases} 1 & \text{falls } k = 0 \\ 1 & \text{falls } n = k \\ \binom{n-1}{k-1} \cdot \frac{n}{k} & \text{für } 0 < k \leq n \end{cases}$$

als

$$\binom{n}{k} = \begin{cases} \overline{sg}(k) & \text{falls } n = 0 \\ \binom{n-1}{k-1} \cdot \frac{n}{k} & \text{für } 0 < k \leq n \end{cases}$$

wobei $\overline{sg}(k) = \begin{cases} 1 & \text{falls } k = 0 \\ 0 & \text{falls } k > 0 \end{cases}$ die invertierte *signum*-Funktion für $\mathbb{N}$ ist, er-

kennt man, daß es sich um eine einfache Rekursion mit der Rekursionsvariablen n und einem einzigen Basisfall für $n = 0$ handelt. Interessanterweise wird hier in der Schrittfunktion sowohl schreibend und als auch lesend auf den Parameter k zugegriffen: Für k wird in der Binomial-Klammer $k - 1$ eingesetzt, im folgenden Bruch $\frac{n}{k}$ wird auf k nur lesend zugegriffen. Näheres ⤳[Pe].

BR: **Nichtlineare Rekursion (Baumrekursion)** ↮ LR: *Lineare Rekursion*

Wenn im selbstaufrufenden Zweig nur ein Selbstaufruf erfolgt, handelt es sich um eine *lineare Rekursion*, bei mindestens zwei Selbstaufrufen um um eine *nichtlineare Rekursion* oder *Baumrekursion*.

Wir unterscheiden zwei Fälle, wobei wir uns auf den Typ ÜN beschränken:

- WR: der Term der Schrittfunktion enthält Selbstaufrufe mit unterschiedlichen Argumenten im Sinne von "früheren" Funktionswerten: es liegt eine sog. *Werteverlaufsrekursion* vor.

Im Falle einer primitiven Rekursion sind das Werte der Form $f(n - k_i)$ mit $0 <$ $k_i < n$ mit $k_i < k_j$ für $i < j$, sowie $k \geq 2$, d.h. mindestens zwei verschiedene „vorangegangene" Funktionswerte werden von der Schrittfunktion konsumiert:

$$f(p,n) = \begin{cases} c_0(p) & \text{falls } n = 0 \\ c_1(p) & \text{falls } n = 1 \\ \ldots \\ c_{k-1}(p) & \text{falls } n = k - 1 \\ h(p,n,f(p,n - k_1), f(p,n - k_2), \ldots, f(p,n - k)) & \text{falls } n \geq k \end{cases}$$

Beispiele

– FIBONACCI-Zahlen

$$f(n) = \begin{cases} 1 & \text{falls } n = 0 \\ 1 & \text{falls } n = 1 \\ f(n - 1) + f(n - 2) & \text{falls } n \geq 2 \end{cases}$$

– *Vertauschte Briefe*, S. 137

Beim Sonderfall

$$f(p,n) = \begin{cases} c_0 & \text{falls } n = 0 \\ c_1 & \text{falls } n = 1 \\ \ldots \\ c_{k-1} & \text{falls } n = \\ & k - 1 \\ a_1 f(p,n - 1) + a_2 f(p,n - 2) + \ldots + a_k f(p,n - k) + b & \text{falls } n \geq k \end{cases}$$

wird der allgemeine Fall auch *lineare Differenzengleichung k-ter Ordnung* genannt. Diese läßt sich auch als äquidistante Rekursionen (Typ ÄQ) definieren, da sie ja wiederum in primitive Rekursionen transformierbar ist (vgl. 7.3). Allerdings hat man im Falle $k = 1$ keine Baumrekursion mehr.

• NWR: die Schrittfunktion enthält mindestens zwei Selbstaufrufe und alle haben das *gleiche* Argument

Beispiel (nicht-lineare Differenzengleichung 1. Ordnung)

– die logistische Folge

$$f(n) = \begin{cases} c_0 & \text{falls } n = 0 \\ (1 + k)f(n - 1) - \frac{k}{5}f^2(n - 1) & \text{falls } n > 0 \end{cases}$$

VR: Verschachtelte Rekursion

Ein Selbstaufruf enthält als Argument wiederum einen Selbstaufruf

$$f(x) = \begin{cases} c(x) & \text{falls } P(x) \\ h(x, f(f(\varphi(x)))) & \text{sonst} \end{cases}$$

Beispiele

- HOFSTADTERs G-Funktion

$$G(n) = \begin{cases} 0 & \text{falls } n = 0 \\ n - G(G(n-1)) & \text{falls } n > 0 \end{cases}$$

- HOFSTADTERs H-Funktion, HOFSTADTERs Q-Funktion $\rightsquigarrow$ [GEB]

- ACKERMANN-Funktion

ER: Endrekrusion (endständige Rekursion, iterierte Rekursion)

Hierbei handelt es sich um einen Sonderfall der linearen Rekursion. Man kann zwei Typen unterscheiden:

- Ausgehend vom beim *Standard-Rekursionsschema* gilt $h(x,z) = z$, also $h(x, f(\varphi(x))) = f(\varphi(x))$, d.h. die Schrittfunktion ist bereits ein Selbstaufruf. Im einfachsten Fall hat man

$$f(x) = \begin{cases} c(x) & \text{falls } P(x) \\ f(\varphi(x)) & \text{sonst} \end{cases}$$

Das bedeutet allerdings, daß bei der Auswertung durch Substitution $f(x) = f(\varphi(x)) = f(\varphi(\varphi(x))) = \dots\dots$ ein fortlaufender (iterierter) Selbstaufruf entsteht, je nach Prädikat $P(x)$ auch mit ungewissem Ausgang, vgl. Abschnitt 6.

- Eine kontrollierte Wiederholung von φ erreicht man durch primitive Endrekursion:

$$f(x,n) = \begin{cases} c(x) & \text{falls } n = 0 \\ f(\varphi(x), n-1) & \text{falls } n > 0 \end{cases}$$

Für $n = 3$ ergibt sich z.B.:

$$f(x,3) = f(\varphi(x),2) = f(\varphi(\varphi(x)),1) = f(\varphi(\varphi(\varphi(x))),0) = \varphi(\varphi(\varphi(x))) = \varphi^3(x)$$

Man sagt auch, daß „f die Funktion φ an der Stelle x n-fach iteriert". Dabei ist zu beachten, daß hier x nicht mehr Rekursionsvariable ist, sondern lediglich ein Parameter, der bei jedem Selbstaufruf verändert wird (Typ PE).

Bei der Programmierung sind solche Rekursionen von großer Bedeutung, s. Abschnitt
8. Daher stammt auch die Bezeichnung: bei der Verkettung $f(\varphi(x))$ bzw. $f(\varphi(x), n-1)$
wird der Selbstaufruf von f als äußere Funktion zuletzt ausgewertet, steht also „am
Ende", oder anders gesagt, für die Schrittfunktion gilt: $h \equiv id$.

Beispiele

- Erzeugung rekursiver grafischer Muster, s. 11.2

$$f(c,r) = \begin{cases} b(r) & \text{falls } r < c \\ f(c, \varphi(r)) & \text{sonst} \end{cases}$$

oder

$$g(r,n) = \begin{cases} b(r) & \text{falls } n = 0 \\ g(\varphi(r), n-1) & \text{falls } n > 0 \end{cases}$$

- COLLATZ-Rekursion, s. 9.1 und 10.1

7.2 Berechenbarkeit

Wer soll diesen Abschnitt lesen?

Solange bei den hier vorkommenden Beispielen keine Programmierung eingesetzt wird,
d.h. diese nur mit Tabellenkalkulation modelliert werden, ist der Inhalt dieses Abschnitts nicht Voraussetzung für das Weitere, kann aber durchaus interessant sein für
Mathematiklehrer,

- die sich bis jetzt noch nicht mit der theoretischen Informatik beschäftigt haben,
  insbesondere mit der Frage „Was ist theoretisch berechenbar?"

- die zwar gewisse Programmierkenntnisse haben, sich aber noch nicht mit der
  Frage „Was ist praktisch (durch Mensch oder Computer) berechenbar?", insbesondere durch rekursive Programme, beschäftigt haben

Ein erster Ansatz

Im letzten Abschnitt haben wir gesehen, welch ungeheure Vielfalt von rekursiven
Funktionen sich konstruieren bzw. definieren läßt. Allerdings bleibt die Frage, ob man
zu gegebenem Argument auch tatsächlich den Funktionswert ermitteln kann, egal mit
welchem Werkzeug: „im Kopf", „mit der Hand", mit dem Taschenrechner oder dem
Computer.
Für letzteren gibt es für zahllose Probleme auch zahllose Programme, und man könnte sich die Frage stellen „Was kann ein Computer (auf deutsch: „Rechner") überhaupt,
und was kann er nicht?". Die Beantwortung dieser Frage ist die Aufgabe der *Berechen-
barkeitstheorie*, und die wesentlichen Aussagen sind bereits vor über 70 Jahren gemacht
haben, interessanterweise bereits vor dem Bau des ersten Computers durch K. ZUSE
im Jahre 1941.

In den Schulbüchern für Informatik ist häufig folgende anschauliche Definition zu finden:

Definition: (berechenbare Funktion)   *Eine Funktion f heißt **berechenbar**, wenn es einen Algorithmus gibt, der zu beliebig vorgegebenem Argument x aus dem Definitionsbereich von f nach endlich vielen Schritten den Funktionswert f(x) liefert.*

Dabei verstehen wird unter einem *Algorithmus* ein Verfahren,

- dessen Beschreibung (der Text) *endlich* ist
- dessen Durchführung nach *endlich* vielen Schritten endet
- das ausführbar ist, d.h. jeder Schritt ist durchführbar
- das in dem Sinne allgemein ist, daß eine Klasse von Problemen damit gelöst werden kann

Beim Rechnen geht es bekanntlich um Zahlen, allerdings sollte man sich am Beispiel der irrationale Zahlen klar machen, daß ein Mensch sie in einem Stellenwertsystem weder hinschreiben kann noch eine Maschine sie verarbeiten oder ausgeben kann. Das heißt, wenn es im Folgenden ums Rechnen geht, kommen nur die rationalen Zahlen $\mathbb{Q}$ in Frage.

Nur natürliche Zahlen?

Die Theorie der Berechenbarkeit kann sich eine drastischere Einschränkung leisten: Es genügt, sich auf die natürlichen Zahlen $\mathbb{N}$ zu beschränken! ↝[He],[Sc]
Wir können z.B. jede rationale Zahl r als Bruch $r = \frac{p}{q}$, d.h. als geordnetes Paar $(p|q)$ ansehen und so mittels einer *Paarungsfunktion* in $\mathbb{N} \times \mathbb{N}^+ \to \mathbb{N}$ abbilden, z.B. durch

$$\tau : (p, q) \to \begin{cases} 2^p \cdot 3^q & \text{falls } p \geq 0 \\ 2^{|p|} \cdot 3^q \cdot 5 & \text{falls } p < 0 \end{cases}$$

wobei τ aufgrund der Primfaktorzerlegung umkehrbar ist.
Bedenkt man, daß eine digitale Rechenmaschine alle Daten in Bitfolgen codiert und verarbeitet, also z.B. die Wahrheitswerte in 0 und 1 (die beiden ersten natürlichen Zahlen), Zeichen samt Zeichenketten mittels ASCII oder Unicode in natürliche Zahlen usw., wird diese Beschränkung einleuchtend. Auch Fließkommazahlen sind aufgrund der beschränkten Repräsentationsmöglichkeiten rationale Zahlen, die wiederum als Paar zweier natürlicher Zahlen repräsentiert werden können.
Man kann zusammenfassend sagen, daß alle anderen Zahlen- und Datentypen lediglich der bequemen Programmierung dienen und nicht notwendig sind, um Aussagen über die Grenzen der Berechenbarkeit zu machen. *Theorie der rekursiven Funktionen* (KLEENE, PÉTER↝[Pe])

Wir verfolgen im Folgenden einen mathematischen Ansatz, bei dem ausgehend von offensichtlich berechenbaren Ausgangsfunktionen mit Hilfe weiterer Konstrukte Klassen von berechenbaren Funktionen gebildet werden, nämlich die Klasse der sog. *primitivrekursiven Funktionen* und die Klasse der sog. *μ-rekusiven Funktionen*. ↝ [He],[Pe],[Sm]
Wie oben bereits erwähnt, kann man sich auf die natürlichen Zahlen beschränken, also

auf *zahlentheoretische*[4] Funktionen $\mathbb{N}^r \to \mathbb{N}$ beschränken. Gemäß 7.1 genügt $r = 2$, also 2-stellige Funktionen $f(p, n)$ oder $f(n_1, n_2)$.

Den Anfang haben wir schon in den Abschnitten 1.1 und 2.2 gemacht: Mit Hilfe des primitiven Rekursionsschemas[5]

$$f(p, n) = \begin{cases} c_p & \text{falls } n = 0 \\ h(p, n, f(p, n-1)) & \text{falls } n > 0 \end{cases}$$

haben wir die Multiplikation

$$f(a, n) = \begin{cases} 0 & \text{falls } n = 0 \\ a + f(a, n-1)) & \text{falls } n > 0 \end{cases}$$

als neue Funktionen konstruiert, und zwar als Konsequenz aus dem DEDEKINDschen Rekursionssatz: Ist die Zuordnung $h : \mathbb{N} \times \mathbb{N} \times \mathbb{N} \to \mathbb{N}$ eine Funktion, dann existiert auch $f : \mathbb{N} \times \mathbb{N} \to \mathbb{N}$ und ist eindeutig.

Ist f auch berechenbar? An dieser Stelle kommt der eigentliche „Trick": Wenn h berechenbar ist, muß auch f berechenbar sein, denn das primitive Rekursionsschema heißt ja nur, daß wir h einfach nur $n - 1$-mal anwenden. Bei der Multiplikation f steht $h(a, f(a, n-1)) = a + f(a, n-1))$ für die Addition, also ist nach dem eben Gesagten die Multiplikation berechenbar, wenn die Addition berechenbar ist (Multiplikation als wiederholte Addition mit dem gleichen Summanden).

An dieser Stelle hat man zwei Möglichkeiten: Entweder ist die Addition h so elementar und offensichtlich berechenbar oder man führt sie wieder mit Hilfe der primitiven Rekursionsschemas auf eine noch „elementarere" und ebenso offensichtlich berechenbare Funktion zurück, etwa durch

$$f(a, n) = \begin{cases} a & \text{falls } n = 0 \\ S(f(a, n-1)) & \text{falls } n > 0 \end{cases}$$

mittels der Nachfolgerfunktion $S(n) = n + 1$, die über jeden Zweifel an der Berechenbarkeit erhaben ist.

Ebenso könnte man jetzt – wie in den Abschnitten 1.1 und 2.2 schon gezeigt – als die Potenz a^n aus der Multiplikation mit dem primitiven Rekursionsschema konstruieren usw.

Neben der Nachfolgerfunktion kann man auch noch mehr offensichtlich berechenbare Ausgangsfunktionen hinzunehmen, um möglichst viele berechenbare Funktionen konstruieren zu können.

Insgesamt kann man so an ein Klasse von Funktionen definieren, indem man von offensichtlich berechenbaren und totalen *Ausgangsfunktionen* ausgeht, und dann durch

---

[4]in der Literatur nicht eindeutig; es gibt auch $\mathbb{N}^r \to \mathbb{R}$ und $\mathbb{N}^r \to \mathbb{C}$

[5]in Abschnitt 7.3 wird gezeigt, daß das primitive Rekursionsschema auch auf $n \geq n_0 > 0$ erweiterbar ist

wiederholte Anwendung der folgenden Prozesse neue Funktionen konstruiert, die ebenfalls total und berechenbar sind. Ein Standard-Ansatz dafür ist folgender:

Definition: *[primitiv-rekursive Funktion]:*
*Eine Funktion f heißt **primitiv-rekursiv**, wenn sie*

(a) *eine der folgenden **Ausgangsfunktionen** ist:*

    (1) $C(n) = 0$ *Nullfunktion(Konstanzfunktion)*
    (2) $S(n) = n' = n + 1$ *Nachfolgerfunktion*
    (3) $I_r(n_1, n_2) = n_r$ *für* $1 \leq r \leq 2$ *Identitätsfunktion (Projektionsfunktion)*

(b) *durch **Einsetzung** (Komposition)*

$$f(p, n) = f_1(f_2(p, n))$$

    aus den primitiv-rekursiven Funktionen f_1 und f_2 entsteht; f ist dann offensichtlich auch total und berechenbar

(c) *durch das **primitive Rekursionsschema**[5], das sich aus dem Rekursionssatz (Satz 2.2) ergibt,*

$$f(p, n) = \begin{cases} c(p) & \text{falls } n = 0 \\ h(p, n, f(p, n-1)) & \text{falls } n > 0 \end{cases}$$

    mittels einer primitiv-rekursiven Funktion h entsteht; f ist dann offensichtlich auch total und berechenbar

■ **Die Klasse der *primitiv-rekursiven Funktionen* $\mathcal{P}$ ist die kleinste Klasse von Funktionen, die die Ausgangsfunktionen enthält und abgeschlossen ist gegenüber der Einsetzung und dem primitiven Rekursionsschema.**
Diese Funktionen sind total und berechenbar.

Diese Klasse umfaßt (fast) alle zahlentheoretischen Funktionen, so z.B. elementare Funktionen wie

- die *Vorgängerfunktion V*

$$V(0) = 0$$
$$V(S(n)) = n \qquad \text{sonst}$$

- die *modifizierte Differenz* $\dot{-}$

$$\dot{-}(m, n) = \begin{cases} 0 & \text{falls } n \leq m \\ S(\dot{-}(V(n), m)) & \text{sonst} \end{cases}$$

- der *Abstand* $||$

$$||(m, n) = |m - n| = (m \dot{-} n) + (n \dot{-} m)$$

oder praktisch alle in der Schule vorkommenden zahlentheoretischen Funktionen wie z.B.

- die *Summe* $+$

$$+(m,n) = \begin{cases} m & \text{falls } n = 0 \\ S(+(m, V(n))) & \text{sonst} \end{cases}$$

- das *Produkt* $\cdot$

$$\cdot(m,n) = \begin{cases} 0 & \text{falls } n = 0 \\ +(\cdot(m, V(n)), m) & \text{sonst} \end{cases}$$

- die *Potenz* $\wedge$

$$\wedge(m,n) = \begin{cases} 1 & \text{falls } n = 0 \\ \cdot(\wedge(m, V(n)), m) & \text{sonst} \end{cases}$$

- usw. $\rightsquigarrow$ [He], [Pe], [Sc], [Sm]

■ **Eigenschaften der primitiv-rekursiven Funktionen $\mathcal{P}$:**

1. **Es gibt abzählbar viele primitiv-rekursive Funktionen**
2. **Die Menge der primitiv-rekursiven Funktionen ist sogar aufzählbar, d.h. man kann diese Funktionen in eine Reihenfolge bringen und zu jedem $i \in \mathbb{N}$ die Funktion f_i bestimmen.**
3. **Es gibt überzählbar viele zahlentheoretische Funktionen (s. Diagonalisierungsverfahren), d.h. nicht alle zahlentheoretischen Funktionen sind primitiv-rekursiv**

■ WICHTIGER HINWEIS: Die Begriffe *primitiv-rekursiv* und *primitiv* sind nicht miteinander zu verwechseln: *primitiv-rekursiv* ist eine Eigenschaft von *Funktionen*, egal ob rekursiv oder explizit definiert, während *primitiv* nur einen speziellen Typ von *Rekursion* bezeichnet.

Aber nicht alle Funktionen sind primitiv-rekursiv! Wir erinnern uns an die *L-Rekursion* aus Kapitel 6: sie entspricht nicht der obigen Definition, da sie nicht mit Hilfe von (a), (b) und (c) definiert bzw. konstruiert werden kann und gehört somit nicht zu $\mathcal{P}$.

Ebenfalls nicht primitiv-rekursiv ist z. B. die ACKERMANN-Funktion, eine verschachtelte Rekursion (s. 7.1), die wir in 9.1 noch ausführlich besprechen, aber sie ist für alle n berechenbar. Wir definieren:

■ Eine Funktion f heißt *total* (berechenbar), wenn sie für alle $x \in D_f$ berechenbar ist, andernfalls *partiell* (berechenbar).

Insgesamt folgt daraus, daß wir das obige Schema zur Bildung von berechenbaren Funktionen erweitern müssen.
Dazu verallgemeinern wir (20) in einer leicht zu verstehenden „Pseudo"-Sprache und

stellen der rekursiven Formulierung eine gleichwertige imperative Formulierung mit dem Schlüsselwort *solange* (engl. *while*) gegenüber:

$$f(n):$$
$$\quad \textit{falls } P(n)$$
$$\qquad \textit{dann } n \qquad\qquad\qquad \Leftrightarrow$$
$$\qquad \textit{sonst } f(\varphi(n))$$
$$\quad \textit{ausgabe } n$$

$$f(n):$$
$$\quad \textit{solange } \neg P(n)$$
$$\qquad n \leftarrow \varphi(n)$$
$$\quad \textit{ausgabe } n$$

Anscheinend liegt die Problematik der totalen Berechenbarkeit und der primitiven Rekursivität im Zusammenspiel von Prädikat $P(x)$ und Schrittfunktion φ begründet: Bei der COLLATZ-Rekursion sind beide berechenbar und primitiv-rekursiv, aber die Funktion als ganzes nicht. In der *solange*-Darstellung erkennt man, daß das Eintreten des Prädikats $P(x)$ erreicht würde, wenn $\neg P(x)$ nur endlich oft zutrifft, mit anderen Worten, wenn es ein $m \in \mathbb{N}$ gibt, so daß $x \leftarrow \varphi(x)$ m-mal stattfindet.

Zur Verdeutlichung betrachten wir als Beispiel die Ganzzahldivision, s. auch Abschnitt 9.2

$$d(a,b) = \begin{cases} 0 & \text{für } a < b \\ d(a-b,b)+1 & \text{sonst} \end{cases} \qquad \Leftrightarrow$$

$$d(a,b):$$
$$\quad m \leftarrow 0$$
$$\quad \textit{solange } a - b \geq 0$$
$$\qquad m \leftarrow m+1$$
$$\qquad a \leftarrow a-b$$
$$\quad \textit{ausgabe } m$$

Die *solange*-Darstellung zeigt, daß ein Zähler m hochgezählt wird, bis $a - b < 0$. Bedenkt man, daß $d(a,b) = \lfloor \frac{a}{b} \rfloor$, heißt das, daß man b der Reihe nach mit $0, 1, 2, \ldots$ multipliziert, bis man eine Zahl m findet mit $a - b \cdot (m+1) \leq 0$.

Ausgehend von diesem Gedanken, nimmt man zu (a) bis (c) ein weiteres Konstruktionsverfahren hinzu, den sog. *μ-Operator*, mit dem man Funktionen erhalten kann, die über das primitive Rekursionsschema hinausgehen und somit nicht mehr primitiv-rekursiv sein müssen, also eine Oberklasse von $\mathcal{P}$ bilden:

(d) $f(n)$ entsteht aus der primitiv-rekursiven Funktion $h(n,m)$ mittels des *μ-Operators* (man sagt auch: *Minimalisierung* von h)

$$\Leftrightarrow$$

$f(n)$ ist das kleinste m mit $h(n,m) = 0$, wobei $h(n,z)$ für alle $z \leq m$ definiert ist. Kurz: $f(n) = \mu m[h(n,m)]$

Definition: (*μ-rekursive Funktion*)   *Eine Funktion f heißt* **μ-rekursiv**, *wenn sie*

- *durch (a), (b) und (c) (wie bei der Definition der primitiv-rekursiven Funktionen) und/oder zusätzlich*
- *durch (d)(*μ-Operator*)*

erzeugt werden kann.
Die Klasse $\mathcal{M}$ der μ-rekursiven Funktionen ist somit eine Oberklasse von $\mathcal{P}$.

Wir wollen den μ-*Operator* erläutern: Der einzige effektive Weg, eine solche durch Minimalisierung von h definierte Funktion f zu berechnen, geht so: Zuerst wird $h(n,0)$ berechnet, dann $h(n,1)$, usw., bis der gewünschte Wert m gefunden ist. Es kann allerdings zwei Umständen geben, daß dieser Fall nicht eintritt. Erstens: Es existiert kein Wert für m, so daß $h(n,m) = 0$. Zweitens: Es gibt zwar ein solches m, aber es gibt auch ein $z < m$, mit $h(n,z)$ ist nicht definiert.

Wenn für (mindestens) ein n ein solches m nicht existiert, also $f(n)$ nicht definiert ist, ist f *partiell* (berechenbar), andernfalls *total* (berechenbar)[6].

Für das obige Beispiel der Ganzzahldivision paßt als Minimalisierungsfunktion h

$$h(a,b,m) = a \overset{.}{-} b \cdot (m+1) \tag{21}$$

wobei wir die gewöhnliche Subtraktion durch die oben erwähnte *modifizierte Differenz* $\overset{.}{-}$ ersetzen, damit keine negativen Zahlen entstehen. (Nach (a) und (b) ist h primitiv-rekursiv)

Jetzt ergibt sich z.B. für $a = 11$ und $b = 4$ der Verlauf

m	$h(11,4,m)$	$d(11,4)$
0	7	nicht definiert
1	3	nicht definiert
2	0	2

Wir haben also durch Minimalisierung von $h(11,4,m)$ den Wert von $d(11,4) = 2$ bestimmt, d.h. $d(a,b) = \mu m[h(a,b,m)]$.

Dabei erkennt man an der Konstruktion von h in (21), daß sich in diesem Fall stets ein minimales m finden lässt, d.h. $d(a,b)$ ist total. Für die beiden oben angebenen *solange*-Konstrukte heißt das ganz einfach, daß das Prädikat $P(n)$ nach endlich vielen Schritten wahr wird: bei primitiv-rekursiven Funktionen wie der Ganzzahl-Division kann man n vorhersagen, bei nicht primitiv-rekursiven Rekursionen wie die COLLATZ-Rekursion ist das nicht möglich.

Diese Tatsache wird den aufmerksamen Leser nicht überraschen, denn wir haben zur Demonstration des μ-Operators paradoxerweise eine primitiv-rekursive Funktion benutzt[7]. Genau genommen hätte bei diesem Beispiel der sog. *beschränkte* μ-Operator genügt; näheres dazu überlassen wir der Fachliteratur, etwa $\leadsto$[He]. Ein Beispiel für eine „echt" μ-rekursiven Funktion, die nicht primitiv-rekursiv, aber berechenbar ist, ist etwa die ACKERMANN-Funktion., s. 9.1.

■ **Die Klasse der μ-*rekursiven Funktionen* $\mathcal{M}$ ist die kleinste Klasse von Funktionen, die die Ausgangsfunktionen enthält und abgeschlossen ist gegenüber der Einsetzung, dem primitiven Rekursionsschema und dem μ-Operator. Offensichtlich gilt: $\mathcal{P} \subset \mathcal{M}$.**

---

[6]Z. B. wäre die „gewöhnliche" Differenz $x - y$ über $\mathbb{N} \times \mathbb{N}$ nur partiell berechenbar
[7]vgl. [Pe], S. 13

Weitere Ansätze

Ebenfalls schon in den 1930er Jahren wurden weitere Zugänge zum Begriff der Berechenbarkeit von Funktionen entwickelt:

- *RM-berechenbar*: Dem Modell einer Registermaschine (RM) liegt ein realer Rechner zugrunde mit dem üblichen Befehlssatz (Kopieren, Addieren etc. von Speicherzellen) und Ablaufsteuerungen (Sprünge, Bedingungsabfragen, etc.), allerdings mit beliebig vielen Speicherzellen und einer beliebig großen Kapazität jeder Speicherzelle für natürliche Zahlen: Eine Funktion von (natürlichen) Zahlen, die auf einer solchen RM berechnet werden kann, heißt *RM-berechenbar*. ↝ [He],[Sc].

- *TM-berechenbar* (TURING): Eine TURING-Maschine ist ein besonderes Automatenmodell zur Zeichenverarbeitung. ↝ [He].

- *λ-definierbar* (CHURCH). Der λ-Kalkül ist eine formale Sprache zum Operieren mit Funktionen und bildet die Grundlage von funktionalen Programmiersprachen wie LISP oder SCHEME. ↝ [He]

Es hat sich herausgestellt, daß diese Definitionen äquivalent sind:

■ f ist RM-berechenbar $\Leftrightarrow$ f ist TM-berechenbar $\Leftrightarrow$ f ist μ-rekursiv $\Leftrightarrow$ f ist λ-definierbar

In diesem Abschnitt haben wir somit grundlegende Fragen zu (theoretischen) Berechenbarkeit geklärt und sind vorbereitet auf Kapitel 8, in dem es um die Praxis durch Programmierung geht und wir die hier gewonnenen Erkenntnisse gut gebrauchen können.

7.3 Transformationen und Werteäquivalenz

Ausgangspunkt für die im vorangegangenen Abschnitt gemachte Definition der Berechenbarkeit war das primitive Rekursionsschema mit dem Basisfall $n = 0$. Diese Aussagen gelten selbstverständlich auch für den allgemeinen Fall $n = n_0$ (↝ [He],[Sc],[Sm]) wie im bereits erwähnten erweiterten primitiven Rekursionsschema, was man mit Hilfe von Transformationen zwischen Rekursionen verdeutlichen kann:

Primitive Rekursion

Kommt es bei einer Modellierung mittels des primitiven Rekursionsschemas nur auf die *Werteliste*, vgl. Abschnitt 3.1, an, muß die Rekursion nicht bei einem bestimmten n_0 beginnen, wie wir an folgendem Beispiel sehen:
Sei

$$f(n) = \begin{cases} 3 & \text{falls } n = 0 \\ 2 \cdot f(n-1) + n & \text{falls } n \in \mathbb{N}^+ \end{cases}$$

mit z.B. $W_f(4) = (3, 7, 16, 35, 74)$.
Die gleiche Werteliste erzeugt g mit

$$g(m) = \begin{cases} 3 & \text{falls } m = 5 \\ 2 \cdot g(m-1) + m - 5 & \text{falls } m = 6, 7, 8, \ldots \end{cases}$$

mit $W_g(9) = (3, 7, 16, 35, 74)$.
Aus $W_f(4) = W_g(9)$ folgt zwar nicht $f = g$, aber anhand der Tatsache, daß die Selbstaufrufe einer Rekursion eine endliche Folge erzeugen, können wir zwischen zwei Rekursionen obigen Typs durch die Transformation

$$n \rightarrow m = n + (m_0 - n_0) \qquad (\text{o.B.d.A. } m > n)$$

eine Äquivalenz bezüglich der Wertelisten definieren:

Definition: *Zwei Rekursionen f und g nach dem primitiven Rekursionsschema heißen **werteäquivalent**, wenn es ein $k \in \mathbb{N}^+$ gibt, so daß*

$$W_f(n) = W_g(n+k) \text{ für alle } n \in D_f \text{ und } n + k = m \in D_g$$

Schreibweise: $f \mathrel{\hat{=}} g$

Daraus folgt allgemein

Für Rekursionen mit dem Schema

$$f_k(n) := f(n+k) = \begin{cases} c & \text{falls } n = k \\ h(f(n+k-1)) & \text{falls } n > k \end{cases} \qquad \text{mit } n, k \in \mathbb{N} \qquad (22)$$

gilt:

$$f_i \mathrel{\hat{=}} f_j$$

mit $W_{f_k}(n) = (a_0, a_1, \ldots, a_n)$ und $|W_{f_k}(n)| = n + 1$ für alle $i, j, k \in \mathbb{N}$

Das bedeutet: Nur bei Rekursionen vom Typ (22) für $k = 0$ stimmt der Wert der Rekursionsvariablen mit dem Index der Werteliste W_f überein.
So gilt z.B. auch für

$$(n, k)! = \begin{cases} 1 & \text{falls } n = k \\ (n - k) \cdot (n - 1, k)! & \text{falls } n > k \end{cases}$$

$W_{n!} = W_{(n,k)!}$

Äquidistante Rekursion ÄQ

Die im letzten Abschnitt definierte Werteäquivalenz läßt sich auch bei der in der Praxis häufig vorkommenden *äquidistanten* Rekursion (Typ ÄQ) anwenden:

$$f(x) = \begin{cases} c & \text{falls } x = x_0 \\ h(x, f(x - \Delta x)) & \text{falls } x = x_0 + m \cdot \Delta x \text{ mit } m \in \mathbb{N}^+ \end{cases} \tag{23}$$

Diese können durch die Transformation

$$x \to m = \frac{x - x_0}{\Delta x} \quad \text{bzw.} \quad x = x_0 + m \cdot \Delta x$$

leicht in die primitive Rekursion

$$g(m) = \begin{cases} c & \text{falls } m = 0 \\ h(x_0 + m \cdot \Delta x, g(m - 1)) & \text{falls } m \in \mathbb{N}^+ \end{cases}$$

überführt werden, und wir haben $f \simeq g$, womit u.a. auch die Frage nach der Berechenbarkeit von (23) geklärt ist.

Offensichtlich kann man allgemein sagen:

■ **Existiert für eine Rekursion $f : x \to y$ eine Transformation $x \to m = T(x)$, so daß die primitive Rekursion $g : m \to y'$ und f werteäquivalent sind, dann ist auch f primitiv rekursiv und somit berechenbar.**

Diese Transformationen existieren natürlich nicht für alle Rekursionen – sonst wären alle Funktionen primitiv-rekursiv, vgl. 7.2 – , geschweige denn, daß sie sich leicht finden bzw. konstruieren lassen, sofern sie existieren.

8 Praxis: Programmierung

Wir kommen zum essentiellen Unterschied zwischen rekursiver Programmierung und der mathematischen Definition einschließlich praktischer Auswertung durch Rechenhilfsmittel wie Taschenrechner oder Tabellenkalkulation: Die Terminierung bzw. das Erreichen des Basisfalles. Wird dieser nicht erreicht, hängt das Programm, im schlimmsten Fall der Rechner.

Sowohl für die praktische Problemlösung als auch aus didaktischer Sicht ist dabei die Wahl eines geeigneten Sprach-Paradigmas, nämlich des funktionalen Modells, von zentraler Bedeutung. Dies ist die Aufgabe dieses Kapitels, wobei auch ein besonders geeignetes Programmiersystem vorgestellt wird.

Für die praktische Auswertung einer rekursiv definierten Funktion durch ein Programm kommt in der Fachwissenschaft noch der Aspekt der Komplexität hinzu kommt, also der Betrachtung von Zeitaufwand und Speicherplatz. Dieses Thema ist aus Sicht der Didaktik, also etwa der Entwicklung des rekursiven Denkens, insbesondere des hier behandelten „Rekursiven Gedankens", eher sekundär, weshalb wir es in dieser Abhandlung nur am Rande behandeln und stattdessen der Hochschule überlassen.

8.1 Rekursive Programme und Sprachparadigmen

Wir steigen mit dem Vergleich zweier Sprach-Paradigmen ein:

Beim *imperativen* Programmierstil (z.B. PASCAL/DELPHI) kann man das primitive Rekursionsschema durch eine Wiederholungsanweisung mit fester Schrittzahl, z.B. `for 0≤i≤n` oder `loop 0≤i≤n` ersetzen und die μ-Rekursion durch eine Wiederholungsanweisung mit Vorbedingung `while <Vorbedingung>`, vgl. 7.2:

primitives Rekursionsschema loop/for-Schleife	μ-Rekursion while(*solange*)-Schleife
`input n, x`	`input x`
`y:=x`	`n:=0`
`for i:=1 to n`	`while f(n,x)≠0`
`do y:=f(y)`	`do n:=n+1`
`output y`	`output n`

In dieser Übersicht wird deutlich, wie wichtig die Unterscheidung zwischen primitiver Rekursion und μ-Rekursion für die Programmierung ist: Während eine `loop`-Schleife nach vorher feststehenden *n* Schritten terminiert, kann eine `while`-Schleife zur Endlosschleife geraten, wenn die Vorbedingung nicht erfüllt wird: d.h. in diesem Fall ist eine μ-rekursive Funktion nur partiell (berechenbar), und wir stehen vor dem sog. „Halteproblem": Wir können nicht sagen, ob die Berechnung so lange dauert, oder ob das Programm „hängt".

Bei einer *funktionalen* Sprache, etwa LISP oder SCHEME, was wir im Folgenden als Programmiersprache der Wahl benutzen, geht man anders vor. Zunächst erkennen wir, daß im obigen Diagramm *Zuweisungen* nötig sind, um `loop`/`for`-Schleife und `while`/*solange*-Schleife zu realisieren. Diese stehen in funktionalen Sprachen nicht zur Verfügung, weshalb eine Schleife grundsätzlich durch eine Rekursion erreicht wird. Auch haben wir früher schon bemerkt, daß eine Rekursion eine endliche Folge darstellt, also besteht eine enge Beziehung zwischen primitiver Rekursion und den natürlichen Zahlen, und zwar in dem Sinne, daß beide *induktiv* definiert sind. Dabei handelt es sich um eine konstruktive Definitionsmethode, die aus einem Spezialfall alle weiteren Objekte eines Typs *„induziert"* (inducere, lat. = veranlassen) erzeugt:

$$
\text{Eine } \textit{natürliche Zahl} \text{ ist}
\begin{cases}
0 \\
\text{oder} \\
\text{Nachfolger einer } \textit{natürlichen Zahl}
\end{cases}
\qquad
f(n) \text{ ist}
\begin{cases}
c_0 \\
\text{oder} \\
h(n, f(n\text{-}1))
\end{cases}
$$

Abb. 23: induktive Definition von Daten vs. rekursive Definition einer Funktion

Z. B. wird die Grammatik von Programmiersprachen häufig durch eine induktive (in diesem Zusammenhang auch rekursiv genannt) Syntax wie die BACKUS-NAUR-Form (BNF) beschrieben:

```
<expr> ::= <number>
        | (<expr> * <expr>)
        | (<expr> + <expr>)
```

Das Standardbeispiel für von einem *induktiven* Datentyp sind – wie wir in 2.2 gesehen haben – natürlichen Zahlen
Das Wichtige an Abb. 23 ist die *strukturelle* Gleichheit zwischen dem induktiven Datentyp „natürliche Zahl" und dem primitiven Rekursionsschema für $f(n)$, weshalb man in diesem Fall von *struktureller Rekursion* spricht.

Im Bereich der funktionalen Sprachen gibt es neben den natürlichen Zahlen weitere induktive Datentypen, wie z.B. die *Liste*:

$$
\text{Eine } \textit{natürliche Zahl} \text{ ist}
\begin{cases}
0 \\
\text{oder} \\
\text{Nachfolger einer } \textit{natürlichen Zahl}
\end{cases}
\qquad
\text{Eine } \textit{Liste} \text{ ist}
\begin{cases}
\textit{leer} \\
\text{oder} \\
(x \mid \textit{Liste})
\end{cases}
$$

also ein Paar, bestehend aus einem Element x und einer Liste

Abb. 24: induktive Datentypen

Grundsätzlich sind alle aufzählbaren Mengen induktiv, bei Listen sehen wir das an folgender Bijektion:

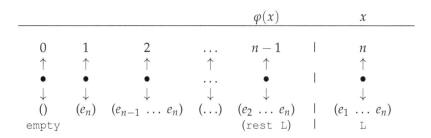

Das heißt also, wenn eine rekursive Funktion eine Liste verbraucht, „läuft sie über die Liste": dabei liefert die Vorgängerfunktion φ des Selbstaufrufes jeweils den Rest der Liste, bis diese leer (`empty`) ist. Entsprechend ergibt sich das primitive Rekursionsschema für Listen:

```
(define (f n)                        (define (f liste)
  (cond                                (cond
    ((zero? n) c0)                         ((empty? liste) c0)
    (else                                  (else
      (h n (f (- n 1))))))))                 (h liste (f (rest liste)))))))
```
Strukturelle Rekursion über $\mathbb{N}$ Strukturelle Rekursion über Listen

In beiden Fälle führt der Selbstaufruf zu einem „einfacheren" Problem derartig, daß sich die Rekursion in Richtung Basisfall bewegt und die Terminierung erreicht wird. Wird dagegen die Vorgängerfunktion dahingehend geändert, daß sie nicht mehr auf den Rest der Liste angewendet wird, entsteht ein neues Problem oder besser: wird *generiert*, so daß man evtl. nicht vorhersagen kann, ob und wann der Basisfall erreicht wird: Man spricht bei der Programmierung von einer sog. *generative Rekursion*.

■ Bei funktionaler Programmierung beschreibt

- eine *strukturelle Rekursion* eine primitiv-rekursive Funktion
- eine *generative Rekursion* eine μ-rekursive Funktion

Für die Programmierung kann man auch ein Standard-Rekursionsschema formulieren

```
(define (f problem)
  (cond
    ((trivial-lösbar? problem)
     (löse-einfach problem))
    (else
     (kombiniere-lösungen problem (f (erzeuge problem))))))
```
Standard-Rekursionsschema für Programmierung

und speziell für Listen:

```
(define (f liste)
  (cond
    ((P liste) (g liste))
```

```
(else
  (h liste (f (phi liste))))))
```
Standard-Rekursionsschema für Listen

Daraus ergibt sich mit den Spezialfällen `(P liste) = (empty? liste)` und
`(phi liste) = (rest liste)` das oben erwähnte primitive Rekursionsschema für
Listen.

8.2 Funktionale Programmierung

Das Programmiersystem DrRacket

Für die Programmierung der Rekursionen sollte ein Programmiersystem gewählt werden, das folgenden Anforderungen genügt

- *funktionales Sprachkonzept*
- altersgemäße Programmierumgebung
- didaktisches Konzept

Diese Eigenschaften hat z.B. DRRACKET oder RACKET[8] (vormals DRSCHEME)[9] in vor-
bildlicher Weise, ein kostenlos für alle gängigen Plattformen erhältliches Entwicklungs-
system für Lernende, Näheres s. MUPIS[10].

Es bietet

- ein skalierbares Lernsprachenkonzept (*HtDP*-Sprachen, basierend auf der Programmiersprache SCHEME
  – funktional $\to$ *hight order functions* $\to$ imperativ/zustandsorientiert $\to$ OOP
  – einfache, aber ausdrucksstarke Syntax

  Zur Verdeutlichung vergleichen wir den Quellcode für $n!$ eines JAVA-Programms

```
public class faku
{
    public static void main(String[] args)
    {
        System.out.print("n: ");
        int n = Console.in.readInt();
        System.out.println(fakhilfe(zahl));
    }
    private static long fakhilfe(int n)
    {
        if (n==0||n==1) return 1;
        else return n*fakhilfe(n-1);
```

---

[8]*http://racket-lang.org*
[9]*http://www.plt-scheme.org*
[10]*http://rz-home.de/ glorenz/MUPIS/Uberblick.html*

```
    }
}
```

mit einem entsprechenden *HtDP-Scheme*-Programm:

```
(define (fak n)
  (cond ((= n 0) 1)
        (else
         (*
          n
          (fak (- n 1))))))
```

Im Grunde ist dem nichts hinzuzufügen, vor allem unter dem Aspekt „schülergemäße" Lernsprache, dennoch soll erwähnt werden, daß im Gegensatz zum JAVA-Quellcode die Definition einer SCHEME-Funktion bereits ein lauffähiges Programm ist, das direkt durch z.B. (fak 7) aufgerufen werden kann und den Wert 5040 in der *REPL* ausgegeben wird.

• altersgemäße Programmierumgebung

Abb. 25: DRRACKET: Editor mit *REPL*

– direkter Rückmeldung durch ein Interaktionsfenster („Read-Evaluate-Print-Loop" (*REPL*))

– z.B. arbeiten die Schüler als Anfänger im Lernsprachenmodus *How to Design Programms (HtDP)* auf dem Level „Anfänger mit Listen-Abkürzung", in dem imperatives Programmieren ausgeschaltet ist, so daß durch Auschluß von Mutationen durch Zuweisung mögliche Nebeneffekte ausgeschlossen sind

– Ein didaktischer Pluspunkt sind die *Testfälle* , die die Lernenden bei der Konstruktion einer Funktion zu einer sorgfältigen Datenanalyse zwingt und bereits vor der vollständigen Codierung eingesetzt wird, s. Abb 25: die Option `check-expect` vergleicht den erwarteten Wert eines Funktionsaufrufs mit dem Ergebnis, so daß dieses entweder bestätigt oder falsifiziert wird

– Eine besondere Stärke dieses System ist der algebraische *Stepper*, mit dem die Abarbeitung eines Funktionsrufs einschließlich der Substitutionen beobachtet werden kann:

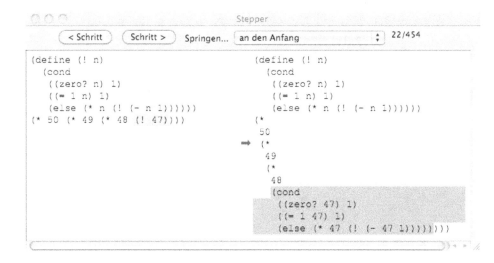

Hilfsprogramme für die Beispiele in Kap. 9

Bestimmte Routinen, die bei vielen Beispielen im folgenden Kapitel 9 im Sinne der Aufgabenstellung nicht unbedingt notwendig, aber hilfreich sind, werden hier vorab angegeben, damit sie nicht jedes mal vor Ort angegeben werden müssen:

• *Erzeugung von Tabellierungen*

Wie im Abschnitt 3.1 beschrieben, besteht die Lösung bzw. das Ergebnis einer Simulation häufig nicht oder nicht nur aus einem einzigen Funktionswert, sonder aus einer *Werteliste* oder *Wertetabelle*: Ein Rechenblatt liefert stets beides, da die Rekursionsvariable und die Funktionswerte tabelliert werden. Dagegen müssen bei der Programmierung für *Werteliste* und *Wertetabelle* eigene Programme konstruiert werden. Dazu bietet sich bei SCHEME der bereits erwähnte Datentyp

Liste an. Bei endrekursiven Funktionen vom Typ

$$f(x) = \begin{cases} c(x) & \text{falls } P(x) \\ f(\varphi(x)) & \text{sonst} \end{cases}$$

ist die Erzeugung einer *Werteliste* durch

```
(define (f-liste x)
  (cond
    ((P x) (list (c x)))
    (else
     (cons (phi x) (f-liste (phi x))))))
```

besonders einfach, wie man am Beispiel der COLLATZ-Rekursion in 9.1 sieht.

Bei nicht endrekursiven Funktionen kann man eine endrekursive Hilfsfunktion mit Zwischenspeicher `akku` konstruieren, z.B. hier für *n*!:

```
(define (!-liste-hilfe k akku n)
  (cond
    ((zero? n) akku)
    (else
     (!-liste-hilfe k
                    (cons (* (- k n -1) (first akku)) akku)
                    (- n 1)))))

(define (!-liste n)
  (reverse (!-liste-hilfe n (list 1) n)))
```

mit

```
> (!-liste 6)    -->    (list 1 1 2 6 24 120 720)
```

Benötigt man dagegen eine *Wertetabelle*, müssen auch die Werte der Rekursions-variablen berücksichtigt werden, und es bietet sich als Ausgabe eine Liste von Wertepaaren an, die ihrerseites wieder als 2-elementige Listen dargestellt werden:

```
(define (!-tabelle-hilfe k akku n)
  (cond
    ((zero? n) akku)
    (else
     (!-tabelle-hilfe
      k
      (cons
       (list
        (+ 1 (first (first akku)))
        (* (- k n -1) (second (first akku))))
       akku)
      (- n 1)))))

(define (!-tabelle n)
  (reverse (!-tabelle-hilfe n (list (list 0 1)) n)))
```

mit

```
> (!-tabelle 6) -->
(list
  (list 0 1) (list 1 1) (list 2 2)
  (list 3 6) (list 4 24) (list 5 120) (list 6 720))
```

* *Rundungen*

  Rechenoperationen mit rationalen Zahlen (Typ `rat`) werden von SCHEME je nach
  Bedarf mit unbegrenzter Stellenzahl durchgeführt oder führen zu inexakten Zahlen (Typ `inexact`). Zu Vermeidung von langen Rechenzeiten und/oder zur Darstellung in der gewünschten Dezimalstellenzahl benutzen wir öfters

```
(define (runden zahl stellen)
  (/ (round (* zahl (expt 10 stellen))) (expt 10 stellen)))
```

  Beispiel:
```
> (/ 1 97) -> 0.010309278350515463917525... 
> (runden (/ 1 97) 8) -> 0.01030927
```

8.3 Modellierung: Abstraktion und Beschreibung

Für die Programmierung ist das deskriptives Modellierungsprinzip von besondere Bedeutung, wie an einem Beispiel ausführlich aufgezeigt werden soll:

E07	**Schnapszahl & Schnapswort**	*R-Var:*	MNN
Anmerkung:	↝ [Wa3]	*Struktur:*	–

> *Eine Schnapszahl ist eine mehrstellige (natürliche) Zahl aus lauter gleichen Zif-*
> *fern. Konstruiere ein Programm, das eine Zahl auf diese Eigenschaft hin prüft.*

Gemäß 3.2 versuchen wir eine formale induktive Definition (vgl. 2.2, 8.1), dabei steht
z für eine bestimmte Ziffer und $\sqcup$ für das Hintereinanderschreiben zweier Ziffern:

$$\text{Eine } \textit{Schnapszahl} \text{ ist } \begin{cases} z \sqcup z \\ \text{oder} \\ (\text{eine } \textit{Schnapszahl}) \sqcup z \end{cases}$$

Wie schon aufgezeigt, ermöglicht eine induktive Definition die Konstruktion von In-
stanzen dieses Typs. Es ergibt sich unmittelbar die primitive Rekursion (wir verzichten
aus Gründen der Übersichtlichkeit auf das Zeichen $\sqcup$)

$$S(z, n) = \begin{cases} zz & \text{falls } n = 2 \\ S(z, n-1)z & \text{falls } n > 2 \end{cases} \tag{24}$$

mit z.B. $S(3,4) = 3333$.

Gesucht ist aber eine BOOLEscheFunktion S?, die umgekehrt prüft, ob eine beliebige Zahl $x = z_1 z_2 \ldots z_n$ eine Schnapszahl ist oder nicht, etwa

$$S?(x) = \begin{cases} ja & \text{falls } x \text{ Schnapszahl} \\ nein & \text{sonst} \end{cases}$$

Das induktive Prinzip in (24) läßt uns in der Darstellung

$$x = \underbrace{z_1 z_2 \ldots z_{n-1}}_{S?} z_n$$

die Lösung durch „Rückführung auf ein kleineres Problem" beschreiben:
Wenn wir wissen, daß $z_1 z_2 \ldots z_{n-1}$ eine Schnapszahl ist (was bedeutet, daß $z_1 = z_2 = \ldots = z_{n-1}$), bleibt nur noch zu prüfen, ob es sich bei z_n um die gleiche Ziffer handelt, wozu o.B.d.A. eine Vergleich mit z_{n-1} genügt, also

RG
Eine mehrstellige Zahl ist eine Schnapszahl, wenn die Zahl ohne die letzten Ziffer eine Schnapszahl ist und ihre letzten beiden Ziffern gleich sind.

Damit ist die Modellierung im Wesentlichen geschafft, ohne daß wir uns bis jetzt – wie in Abschnitt 3.2 empfohlen – Gedanken über die Implementierung gemacht haben. Deshalb oder trotzdem ist es dem Leser oder dem Schüler wahrscheinlich schon aufgefallen, daß die Aufgabenstellung gar kein arithmetische Problem beschreibt, weil mit der „Schnapszahl" nicht gerechnet wird, vielmehr handelt es sich um eine Folge gleicher Symbole, hier als Ziffern interpretiert.
Es bietet sich eine Gelegenheit, die „Macht der *Abstraktion*", $\rightsquigarrow$[KS2] anzuwenden: Für die Programmierung gehen wir zur Zeichenkette über und können jetzt prüfen, ob ein *Schnapswort* vorliegt:

RG′
Eine mehrstellige Zeichenkette ist ein Schnapswort, wenn die Zeichenkette ohne das letzte Zeichen ein Schnapswort ist und ihre letzten beiden Zeichen gleich sind.

Für die Implementierung ist noch der Basisfall zu klären. Aus der Aufgabenstellung folgt: *Eine zweistellige Zahl ist eine Schnapszahl, wenn beide Ziffern gleich sind.*
Sollen einstellige Zahlen nicht von vorn herein ausgeschlossen werden soll, ist noch ein zweiter Basisfall nötig.

Im Falle von RG wird die Eingabe x als Zahl aufgefaßt, demzufolge wird auf eine Ziffer als einziffrige Zahl mittels der Restfunktion `(modulo x 10)` und auf eine Zahl ohne die letzten Ziffer mittels `(quotient x 10)` zugegriffen:

```
(define (SZ? x)
  (cond
    ((< x 10) false)
    ((= (quotient x 10) (modulo x 10)) true)
    (else
     (and
      (SZ? (quotient x 10))
      (= (modulo x 10) (modulo (quotient x 10) 10)))))))
```

mit z.B.

```
(SZ? 3)           --> false
(SZ? 33)          --> true
(SZ? 43)          --> false
(SZ? 3333)        --> true
(SZ? 3433)        --> false
```

Bei RG' wird die Eingabe *x* als Zeichenkette aufgefaßt: Der geübte Informatikschüler weiß, daß er zur Bearbeitung von Einzelzeichen einer Zeichenkette diese am günstigsten in eine Liste von Zeichen umwandelt mittels (string->list ...).
Allerdings wird ihm jetzt auffallen, daß in RG' "letztes Zeichen" dann "letzte Element der Liste" und "Zeichenkette ohne letztes Zeichen" dann "Liste ohne letztes Element" bedeutet, was sehr ungünstig ist, da Listen "nach rechts" konstruiert werden und somit (first liste) und (rest liste) das jeweilige Gegenteil bewirken – was aber bei genauerem Hinsehen bedeutungslos ist, schließlich hätte man genauso gut

RG''   *Eine mehrstellige Zeichenkette ist ein Schnapswort, wenn die Zeichenkette ohne das erste Zeichen ein Schnapswort ist und ihre ersten beiden Zeichen gleich sind.*

formulieren können.

Somit ergibt sich aus dem induktiven Ansatz konsequenterweise die einfache strukturelle Rekursion

```
(define (SW? liste)
  (cond
    ((empty? (rest liste)) false)
    ((equal? (list (first liste)) (rest liste)) true)
    (else
     (and
      (SW? (rest liste))
      (equal? (first liste) (first (rest liste)))))))
```

mit z.B.

```
(SW? (string->list "A"))       --> false
(SW? (string->list "AA"))      --> true
(SW? (string->list "BA"))      --> false
(SW? (string->list "AAAA"))    --> true
(SW? (string->list "ABAA"))    --> false
```

und ebenso eine Lösung für die ursprüngliche Aufgabe:

```
(SW? (string->list "3"))       --> false
(SW? (string->list "33"))      --> true
(SW? (string->list "43"))      --> false
(SW? (string->list "3333"))    --> true
(SW? (string->list "3433"))    --> false
```

Anmerkung: Die Funktion *S*? (und damit auch SZ? und SW?) ist eine BOOLEsche Funktion. Wie wir im 7.2 schon gesehen haben, können wir die Wahrheitswerte *wahr* und *falsch* durch die Zahlen 1 und 0 ausdrücken und somit auch hier von Funktionen über Zahlen sprechen.   ◆

■   – **Induktives Beschreiben eines Problems**

>   – **erleichtert die Formulierung des „Rekursiven Gedankens"**

>   – **erleichtert die Implementierung in einer funktionalen Sprache, insbesondere in *HtDP-Scheme***

>   – **Deskriptives Modellieren in Verbindung mit *Abstraktion* führt zu einem allgemeineren Modell**

8.4 Rekursion in $\mathbb{Q}$

In Abschnitt 7.2 haben wir gesehen, daß man die Theorie der Berechenbarkeit aus guten Gründen auf den Bereich der natürlichen Zahlen beschränken kann.

Dennoch wollen wir einen Blick auf die Rekursion in Q werfen, zum einen, um ein Bindeglied zwischen den Abschnitten 7.1 und 7.2 zu erhalten, zum anderen, um ein Paar nützliche Anregungen für die Praxis, insbesondere zu den ausgearbeiteten Beispiele zu geben.

Dabei konzentrierenn wir uns auf zwei Rekursionstypen, die in der Praxis bei weitem am häufigsten zu Anwendung gelangen und beginnen mit dem einfacheren Fall:

Äquidistante Rekursion und variable Schrittweite

Für die Modellierung *dynamischer Prozesse*, Abschnitte 3.1 und 9.4 (Beispiele), ist die bereits in 7.3 vorgestellte äquidistante Rekursion

$$f(x) = \begin{cases} c & \text{falls } x = x_0 \\ h(x, f(x - \Delta x)) & \text{falls } x = k \cdot \Delta x \text{ mit } k \in \mathbb{N}^+ \end{cases}$$

ein ergiebiges Modell. Allerdings erweist es sich in der Praxis als Problem, daß wir mit f keine Zwischenwerte $x_0 + k \cdot \Delta x < x < x_0 + (k+1) \cdot \Delta x$ berechnen können.

Im Folgende wird eine Lösung dieses Problems vorgestellt, die eine Besonderheit von *HtDP*-SCHEME ausnutzt:

Um die interne Darstellung der rationalen Zahlen als gekürzte Brüche, also $x = \frac{p}{q}$ mit $p \in \mathbb{Z}, q \in \mathbb{N}$, ausnutzen zu können, stellt *HtDP*-SCHEME auch die Zugriffsfunktionen für den Zähler `(numerator x) -> p` und den Nenner `(denominator x) -> q` zu Verfügung:

```
> (numerator -3.4)       --> -17
> (denominator -3.4)     --> 5
> (numerator 14/6)       --> 7
> (denominator 14/6)     --> 3
```

Bei „inexakten" SCHEME-Zahlen ist das näherungsweise ebenfalls möglich:

```
> (numerator pi)                          --> #i884279719003555.0
> (numerator (inexact->exact pi))         --> 884279719003555
> (denominator pi)                        --> #i281474976710656.0
> (denominator (inexact->exact pi))       --> 281474976710656
```

Also wird π intern dargestellt als $\pi \approx \dfrac{p}{q} = \dfrac{884279719003555}{281474976710656}$.

Bei dem oben erwähnten Problem ist jetzt die Nenner-Funktion folgendermaßen hilfreich: Die Differenz $x - x_0$ kann man für beliebige x, x_0 als rationale Zahl darstellen

$$x - x_0 = \frac{p}{q} = p \cdot \frac{1}{q} \quad \text{mit } p \in \mathbb{Z}, \, q \in \mathbb{N}^+$$

Wählt man jetzt $m = p$ und $\Delta x = \frac{1}{q}$, ist die Rekursion für beliebige x definiert und terminiert nach p Schritten der Weite $\frac{1}{q}$!

Bedenkt man, daß bei jedem Selbstauf x durch $x - \Delta x$ ersetzt wird, ändert sich somit auch $x - x_0$, womit auch der Quotient $\frac{p}{q}$ zu $\frac{p-1}{q} = \frac{p'}{q'}$ mit $q' \leq q$ wird, so daß der Bruch ggfs. gekürzt wird und ein kleinerer Nenner q' entsteht, also eine größere Schrittweite $\Delta x' = \frac{1}{q'}$, was zur Verringerung der Rekursionstiefe und damit des Rechenaufwands führt.

Bei der Programmierung mit *HtDP*-SCHEME erreichen wir dies durch

$$\frac{1}{q} = \text{(/ 1 (denominator (- x x0)))} \tag{25}$$

Dazu ein Beispiel

```
(define (f x0 c0 k dx x)
  (cond
    ((= x x0) c0)
    (else
      (+ (f x0 c0 k dx (- x dx)) (* k dx)))))
```

Diese Rekursion stellt die diskrete lineare Funktion $f : x \to k(x - x_0) + c_0$ für $x = x_0 + n \cdot \Delta x$, $n \in \mathbb{N}^+$ dar.

Wenn wir jetzt für ein beliebiges $x \in \widehat{\mathbb{Q}}$ den Funktionswert berechnen wollen, müssen zuerst ein geeignetes Δx finden, um Terminierung zu erreichen. Für z.B. $x_0 = 0,7, c_0 = 8, k = 1$ und $x = 5$ wählen wir wegen $x - x_0 = 4,3$ eine Schrittweite von $\Delta x = 0,1$, damit eine ganzzahlige Schrittzahl, also $n = 43$ entsteht:

```
> (f  0.7 8 1 0.1 5)      --> 12.3
```

Der Aufruf zieht also 43 Selbstaufrufe nach sich.

Dagegen können wir jetzt mit Hilfe von (25) die Bestimmung einer geeigneten Schrittweite dem Programm überlassen: Wir behandeln dx nicht mehr als Funktionsparameter, sondern als die lokale Variable, an die bei jedem Selbstaufruf der neu berechnete Wert (/ 1 (denominator (- x x0))) gebunden wird:

```
(define (f x0 A0 k x)
  (local
    ((define dx (/ 1(denominator (- x x0)))))
    (cond
      ((= x x0) A0)
      (else
        (+ (f  x0 A0 k (- x dx)) (* k dx)))))))
```

Jetzt benötigt

```
>  (f  0.7 8 1 5)          --> 12.3
```

nur noch 6 Selbstaufe, wie man im Stepper beobachten kann:

```
(define dx_0 1/10)
(define dx_1 1/5)
(define dx_2 1)
(define dx_3 1)
(define dx_4 1)
(define dx_5 1)
(define dx_6 1)
(+
 (+
  (+
   (+
    (+
     (+
      (cond
        (true 8)
        (else
         (+
          (f 7/10 8 1 (- 7/10 dx_6))
          (* 1 dx_6))))
      (* 1 dx_5))
     (* 1 dx_4))
    (* 1 dx_3))
   (* 1 dx_2))
  (* 1 dx_1))
 (* 1 dx_0))
```

Außerdem können wir erkennen, wie sich die Schrittweite vergrößert von $\Delta x = 0,1$ über $0,2$ zu 1: weshalb wir sprechen von einer Rekursion mit *variabler Schrittweite*.

Damit kommen wir zu einer Erkenntnis, die scheinbar im Widerspruch zu einer diskreten Modellierung durch Rekursion steht:

■ Es gibt äquidistante Rekursionen, die mit der Methode der *variablen Schrittweite* eine in $\widehat{Q}$ *stetige* Modellierung ermöglichen.

oder ganz allgemein:

■ **In bestimmten Fällen können rekursive Programme stetige Phänome auch *stetig* in $\widehat{Q}$ modellieren!**

Weitere Beispiele dazu finden sich auf in den Abschnitten 8.5 (Fallschirmsprung mit Programmierung) und 9.4 mit den Beispielen B14, S. 150, B15, S. 155 und B16, S. 163.

Nicht-primitive Endrekursion und technische Terminierung

Neben den äquidistanten Rekursionen sind auch die nicht-primitiven Endrekursionen

$$f(x) = \begin{cases} c(x) & \text{falls } x = \varphi(x) \\ f(\varphi(x)) & \text{sonst} \end{cases}$$

für die hier vorgestellten Anwendungen 9.6 und 9.7 wichtig. Bei der Terminierung geht es im Wesentlichen um die Frage

Wie muß sich die Schrittfunktion $\varphi(x)$ verhalten, damit das Prädikat $P(x)$ zu-trifft?

Wir beschränken uns dabei auf drei typische Prädikate, die bei der praktischen Problemlösung eine Rolle spielen:

1. $P(x) : x = \varphi(x)$

2. $P(x) : |x - \varphi(x)| < \epsilon$

3. $P(x) : x < c$

Die ersten beiden Fälle können wir so auffassen, daß die Vorgängerunktion als Abbildung einen Fixpunkt hat, der irgendwann erreicht wird (1.) oder dem beliebig nahe kommt (2.).

Für diese Situationen ist folgender Satz hilfreich:

Satz 2 (Kontraktionssatz[11]). *Sei $\varphi : [a,b] \mapsto [a,b]$ differenzierbar mit*

$$|\varphi'(x)| < 1 \quad \text{für alle } x \in [a,b],$$

dann

- *hat die Abbildung $\varphi(x)$ genau einen Fixpunkt $\bar{x} = \varphi(\bar{x}) \in [a,b]$ „φ ist kontrahierend"*

  bzw.

- *konvergiert die Iterationsfolge $x_{n+1} = \varphi(x_n)$ für jeden Startwert $x_0 \in [a,b]$ gegen $\bar{x}$.*

Der Beweis ist auch im Leistungskurs Mathematik der Sek.-Stufe II nachvollziehbar:

Beweis. Wir definieren $L = \max\limits_{x \in [a,b]} \{|\varphi'(x)|\}$, also $L < 1$. Nach dem Mittelwertsatz existiert für alle $x, y \in [a,b]$ ein $\xi \in [a,b]$ mit $|\varphi(x) - \varphi(y)| = |\varphi'(\xi)| \cdot |x - y|$.

---

[11]Es handelt sich um einen Spezialfall des BANACHschen Fixpunktsatzes für den $\mathbb{R}^1$

Wegen $|\varphi'(\xi)| \leq L$ folgt daraus

$$|\varphi(x) - \varphi(y)| \leq L \cdot |x - y| \quad \text{für alle } x, y \in [a, b] \text{ und } L < 1$$

Hinweis: Die Differenzierbarkeit von φ auf $[a, b]$ ist hinreichend, aber nicht notwendig: Es genügt bereits LIPSCHITZ-Stetigkeit auf auf $[a, b]$. □

Im Falle 1. hieße das, daß bei Erfüllung der Voraussetzungen, also $|\varphi'(x)| < 1$, bei einer Endrekursion (Typ ER) mit $P(x) : x = \varphi(x)$

$$f(x) = \begin{cases} c(x) & \text{falls } x = \varphi(x) \\ f(\varphi(x)) & \text{sonst} \end{cases} \tag{26}$$

das Prädikat bzw. die Abbruchbedingung eintreten könnte, weil ein Fixpunkt $\bar{x} = \varphi(\bar{x})$ vorliegt. Dennoch erwarten wir nicht, daß das Programm

```
(define (f x)
  (cond
    ((= x (phi x)) x)
    (else
     (f (phi x)))))
```
Endrekursives Programm zum allgemeinen Näherungsverfahren

terminiert – selbst im Falle $x \in \widehat{\mathbb{Q}}$ – , wenn $x_n = \varphi(x_{n-1})$ eine unendliche Folge ist. Aber es könnte sein, daß die Differenz $x_n - x_{n-1}$ bzw. `(- x (phi x))` so klein wird, daß die jeweilige Zahlenimplementation aufeinanderfolgende Folgenglieder nicht mehr unterscheiden kann:

Definition: (Technische Terminierung) *Wenn bei einer Rekursion vom Typ (26) der Basisfall mit dem Prädikat $x = \varphi(x)$ dadurch eintritt, daß die Differenz $x - \varphi(x)$ so klein wird, daß die jeweilige Zahlenimplementation x und $\varphi(x)$ nicht mehr unterscheiden kann, spricht man von* **technischer Terminierung**.

Empirisch kann man für diesen Rekursionstyp feststellen: Bei *HtDP*-SCHEME tritt *technische Terminierung* dann ein, wenn

a) $0 < \varphi(x) < 1$

b) `x` bzw. `(phi x)` müssen vom Zahlentyp `inexact` sein, was dann der Fall ist, wenn $\varphi(x)$ keine rationale Funktion ist.
Ist $\varphi(x)$ rational, kann man eine Typumwandlung mittels `(exact->inexact (phi x))` erzwingen.

Diese Phänomen wird ausführlich an dem wichtigen Beispiel des *allgemeinen Näherungsverfahrens*, S. 187 ff, abgehandelt.

Im Falle 2. ist die Situation einfach: Wenn die Voraussetzungen des Kontraktionssatzes erfüllt sind, konvergiert die Folge $x_n = \varphi(x_{n-1})$, und nach endlich vielen Schritten ist die Abbruchbedingung $|x - \varphi(x)| < \epsilon$ erfüllt: das Programm terminiert.

```
(define (f x)
  (cond
    ((< (abs (- x (phi x))) eps) x)
    (else
     (f (phi x))))))
```

Der Fall 3. Offensichtlich ist diese Abbruchbedingung dann erfüllt, wenn $\varphi(x)$ streng monoton fallend und nach unten unbeschränkt ist, wie etwa bei äquidistanten Rekursionen mit $\varphi(x) = x - \Delta x$. Falls $\varphi(x)$ nach unten beschränkt ist, etwa durch $\bar{s} = \inf\{\varphi(x)\}$, wird die Abbruchbedingung ebenfalls erreicht, sofern $c > s$.

Diese Situation findet sich häufig bei Programmen zur Darstellung rekursiver Muster, bei denen die Rekursionsvariable x als Grafikparameter zur Größenänderung in Form einer geometrischen Folge auftritt: $\varphi(x) = \frac{x}{d}$ mit $d > 1$, also $s = 0$: Hier ist nicht nur $L < 1$ (wegen $\varphi'(x) = \frac{1}{d} < 1$), vielmehr können wir auch die Rekursionstiefe vorhersagen:

x wird solange durch $\varphi(x)$ ersetzt, bis die Bedingung erfüllt ist, d.h. bis

$$\underbrace{\varphi(\varphi(\varphi\ldots x))}_{n-mal} = \varphi^n(x) = \frac{x}{d^n} < c \quad \Rightarrow \quad n > \log_d \frac{x}{c}$$

Für z.B. $d = 2, x = 100, c = 10$ terminiert somit

```
(define (f c x)
  (cond
    ((< x c) x)
    (else
     (f c (phi x))))))

> (f 10 200)        --> 6.25
```

nach $n = \lceil \log_2 \frac{x}{c} \rceil + 1 = 5$ Schritten, ebenso wie die primitive Rekursion

```
(define (g x n)
  (cond
    ((zero? n) x)
    (else
     (g (phi x) (- n 1))))))

> (g 200 5)        --> 6.25
```

Insgesamt also: $f \triangleq g$

ANREGUNGEN:

1. Zeige: Ist $\varphi(x)$ kontrahierend, dann ist auch $\psi(x) = \frac{1}{n}(x + (n-1)\varphi(x))$ für $n \geq 2$ kontrahierend.

8.5 Unterrichtsbeispiel in SI/II, Teil 2

Es wird das Unterrichtsbeispiel zum Fallschirmsprung aus Abschnitt 5.3 mit den gleichen Fragestellungen aufgegriffen, allerdings sollen jetzt Lösungen durch Programmierung gesucht werden.
Dabei gehen wir zweiteilig vor: Zuerst versuchen wir Lösungen, die im Rahmen bescheidener Programmierkenntnisse in der Sekt.-Stufe I möglich sind, danach komplexere Lösungen für einen Informatikkurs der Sek.-Stufe II.

Kl. 8 bis 10

Es ist also eine Funktion gesucht, die zu jedem Zeitpunkt $t \geq 10$ angibt, in welcher Höhe h sich der Fallschirmspringer über dem Erdboden befindet. Ähnlich wie im vorigen Abschnitt verschieben wir die Frage nach dem Definitionsbereich auf später.:

Zu a) und b):

Damit lautet der Funktionsvertrag *h: Zeit –> Höhe* oder *h: Zahl -> Zahl* mit dem Gerüst

```
(define (h t)
  ...)
```

Aus der Aufgabenstellung ergeben sich zwei Fälle für den Funktionsrumpf, nämlich

1. die Rekursionsverankerung oder terminierender Zweig: die Höhe zum Zeitpunkt $t = 10$, nämlich $h(10) = 210$
2. die Vererbung oder nicht terminierender Zweig: $t > 10$, für dessen Berechnung wir „zurücklaufen" müssen auf einen anderen Zeit-Wert, in diesem Falle $t - 5$.

Damit ergibt sich als Schablone

```
(define (h t)
  (cond
    ((= t 10) 210)
    ((> t 10) ...)))
```

Die Information „alle 5s sinkt der Fallschirmspringer um 22,5m" bedeutet, daß wir von der Höhe vor 5s später jetzt 22,5m abziehen müssen, also `(- (h (- t 5)) 22.5)`, also

```
(define (h  t)
  (cond
    ((= t 10) 210)
    ((> t 10) (- (h (- t 5)) 22.5)))))
```

Variante 1

Damit werden auch die Teilaufgaben *a)* und *b)* beantwortet:

```
> (h 15)          --> 187.5
> (h 25)          --> 142.5
```

Zu d):

Der Aufruf (h 12) führt zu einem Endlos-Programm.
Die Ursache, daß ausgehend von $t = 12$ in 5er-Schritten niemals die Rekursionsverankerung $t_0 = 10$ getroffen werden kann, erkennen mehr oder weniger Schüler – je nach Altersstufe –, diese aber schlagen erfahrungsgemäß eine Abhilfe vor: nämlich eine Schrittweite von 1 mit der zugehörigen Streckendifferenz 4,5, die sie mit Hilfe von Proportionalitätsüberlegungen gewinnen:

```
(define (h t)
  (cond
    ((= t 10) 210)
    ((> t 10) (- (h (- t 1)) 4.5))
```
Variante 2

An diesem Programmcode sollte mit der Gruppe ausführlich erörtert werden, weshalb Variante 2 für alle ganzzahligen t und t_0 terminiert und somit einen Wert liefert.
Alternativ könnte man bereits früher die Aufgabenstellung so modifizieren, daß $t_0 =$ $12, 5$ ist, was etwa zur Folge hat, daß auch die Aufgabenteile *a)* und *b)* beim Testen mit Variante 2 nicht mehr lösbar sind.
Wenn eine Diskussion ergibt, daß der Erfolg von der geschickten Wahl der Schrittweite dt abhängt, wird man vermutlich zu einer verallgemeinerten Variante mit dt als zusätzlichem Parameter gelangen

```
(define (h dt t)
  (cond
    ((= t 10) 210)
    ((> t 10) (- (h dt (- t dt)) (* 4.5 dt)))
```
Variante 3

mit der der Arbeitsauftrag *d)* durch Versuch und Irrtum lösbar ist, wie

```
> (h 0.5 12.5)  --> 198.75
```

mit $dt = 0, 5$ zeigt. In einer anschließenden Diskussion könnte erarbeitet werden, daß die vorliegende Rekursion dann terminiert, wenn die Schrittweite Δt Teiler von t **und** t_0 oder $t = t_0 + k \cdot \Delta t$ mit $k \in \mathbb{N}$ ist.

Weitgehend ausgeklammert ist bis hierher die Frage nach dem sachbezogenen Definitionsbereich. Es liegt auf der Hand, daß negative Werte für t ausscheiden, da in diesem Fall nicht mehr das Schweben mit geöffnetem Fallschirm, sondern das Fallen mit geschlossenem Fallschirm, also eine andere Bewegung vorliegt.
Daß der sachbezogene Definitionsbereich nach oben beschränkt ist, wird dann offensichtlich, wenn die Frage „Wann landet der Springer auf der Erde?" gestellt wird oder wenn negative Funktionswerte auftauchen („Der Springer ist in die Erde gedonnert"), also ist bei $10 \leq t \leq t_{max}$ nach t_{max} zu fragen.
Jetzt ist die Zeit des Experimentierens gekommen: Durch Einschachtelung erhalten die Schüler $h(56) = 3 > -1.5 = h(57)$, also $56 < t_{max} < 57$. Da mit Variante 2 keine bessere Einschachtelung möglich ist, könnte als letztes Ergebnis die Frage nach einer beliebig genauen Einschachtelung mit der zugehörigen Rekursion erarbeitet werden. Diese Fragestellung soll im folgenden Abschnitt untersucht werden.

Kl. 11/12, Informatikunterricht

Für c) konnte bis jetzt keine Lösung gefunden werden, da wir eine Funktion $h : t \rightarrow h(t)$ und nicht $t : h \rightarrow t(h)$ haben, um etwa $t(0)$ zu berechnen, was eine neue Aufgabenstellung wäre.

Stattdessen können wir für den Auftreffzeitpunkt t_{max} eine Abschätzung erreichen, indem wir die Zwischenwerte für hinreichend großes t tabellieren. Wie bereits in 8.2, S. 90, erläutert, braucht man dazu eine Funktion $h_{tabelle} : t \rightarrow Liste$, die die Wertepaare $(t|h(t))$ als Liste liefert, wobei die Paare selbst ebenfalls als Liste, z.B. als (`list 10 210`) modelliert werden.

Wir konstruieren eine Hilfsfunktion `h-tabelle-hilfe`, die dann von h aufgerufen wird. Dabei dienen die Parameter `akku1` und `akku2` dazu, ausgehend von den Werten der Verankerung, nämlich $t_0 = 10$ und $h_0 = 210$ die weiteren Zwischenwerte für t und h zu speichern. Wir erwarten z.B.

```
> (h-tabelle-hilfe 20 10 210)
        --> (list (list 10 210) (list 15 187.5) (list 20 165))
```

Für den kompletten Quellcode ergibt sich

```
(define (h-tabelle-hilfe t akku1 akku2)
  (cond
    ((= t 10) (list (list akku1 akku2)))
    ((> t 10) (cons
                (list akku1 akku2)
                (h-tabelle-hilfe
                  (- t 5) (+ akku1 5) (- akku2 22.5))))))

(define (h-tabelle t)
  (h-tabelle-hilfe t 10 210))
```
                  Variante 1 mit Tabellierung

Mit Hilfe des Aufrufes

```
> (h-tabelle-hilfe 60 10 210)    -->
              (list
              (list 10 210)
              (list 15 187.5)
              (list 20 165)
              (list 25 142.5)
              (list 30 120)
              (list 35 97.5)
              (list 40 75)
              (list 45 52.5)
              (list 50 30)
              (list 55 7.5)
              (list 60 -15))
```

kann jetzt t_{max} abgeschätzt werden, wir erhalten $55 \leq t_{max} \leq 60$.

Zu *d), e)*:

Wie oben erwähnt, muss gemeinsam herausgearbeitet werden, daß die „Zeitdifferenz"
$t - 10$ ein ganzzahlig Vielfaches der Schrittweite sein muss, damit die Rekursion terminiert.

Bei der Suche nach einer Lösung greifen wir die Methode der variablen Schrittweite
aus Abschnitt 8.4 auf; dabei empfiehlt sich nochmals der Hinweis, daß ein Rechner nur
rationale Zahlen repräsentieren kann: das bedeutet, wenn

$$t - t_0 = \frac{p}{q} = p \cdot \frac{1}{q} \quad \text{mit } p \in \mathbb{Z},\ q \in \mathbb{N}^+,$$

dann terminiert die Rekursion nach p Schritten der Weite $\frac{1}{q}$!

Somit wird aus den Varianten 1 und 2

```
(define (h t)
  (cond
    ((= t 10) 210)
    ((> t 10)
     (- (h (- t (/ 1 (denominator (- t 10)))))
        <Wegdifferenz> ))))
```

Entsprechend der zeitlichen Schrittweite ändert sich auch die zugehörige Wegdiffe-
renz, und mit Hilfe des Dreisatz oder von Proportionalitätsüberlegungen ergibt sich
$\frac{22{,}5}{5} \cdot \frac{1}{q}$ oder (/ 22.5 5 (denominator (- t 10))), insgesamt also

```
(define (h t)
  (cond
    ((= t 10) 210)
    ((> t 10)
     (- (h (- t (/ 1 (denominator (- t 10)))))
        (/ 22.5 5 (denominator (- t 10))))))))
```
Variante 4

Bei den Testfällen

```
(check-expect (h 12) 201)
(check-expect (h 12.3) 199.65)
(check-expect (h 37/3) 199.5)
(check-within (h (inexact->exact (* 4 pi))) 198.5 1)
```

Es empfiehlt sich, den Ablauf im Stepper zu beobachten, z.B. für ergibt sich bei
> (h 12.3) -> 199.65:

```
(-
 (-
  (-
   (-
    (cond
      (true 210)
      ((> 10 10)
```

```
(-
  (h (- 10 (/ 1 (denominator (- 10 10)))))
  (/ 45/2 5 (denominator (- 10 10)))))
 ((< 10 10)
  (+
   (h (+ 10 (/ 1 (denominator (- 10 10)))))
   (/ 45/2 5 (denominator (- 10 10))))))
  (/ 45/2 5 (denominator (- 11 10))))
 (/ 45/2 5 (denominator (- 12 10))))
 (/ 45/2 5 (denominator (- 61/5 10))))
 (/ 45/2 5 (denominator (- 123/10 10))))
3993/20
```

Dabei fällt auf, daß sich die Schrittweite ändert, und zwar dahingehend, daß gelegentlich größer wird, was wiederum zu weniger Selbstaufrufen der Rekursion führt. Das ist darin begründet, daß sich bei jedem Selbstaufruf $t - 10$ ändert, womit auch der Quotient $\frac{p}{q}$ zu $\frac{p-1}{q} = \frac{p'}{q'}$ mit $q' < q$ wird, so daß der Bruch evtl. gekürzt wird und ein kleinerer Nenner q' entsteht, also eine größere Schrittweite $\frac{1}{q'} =$ (denominator ...)

Insgesamt kann man feststellen, daß mit Variante 4 auch die Fragen d) und e) beantwortet sind:

- Wir haben ein rekursives Programm entwickelt, daß zu jedem Zeitpunkt $t > 0$ mit $t \in \mathbb{Q}$ die Höhe des Fallschirmspringers ermittelt, d.h. ein stetiges Phänomen wird stetig modelliert. Letzteres ist mit einer Tabellenkalkulation nicht möglich.

Weitere Generalisierungen

Wir formulieren die ursprüngliche Aufgabenstellung so allgemein wie möglich:

> *Ein Fallschirmspringer zieht die Reißleine und nach t_0 befindet er sich in der Höhe h_0 über dem Erdboden. Mit dem geöffneten Fallschirm sinkt er so, daß sich seine Höhe im Zeitraum dt um dh verringert.*
> *Entwickle eine Funktionen, die zu jedem Zeitpunkt t die Höhe h des Springers ermittelt.*

Eine ausführliche Herleitung über eine Schablone können wir nach dem bisher Besprochenen überspringen und statt dessen in Variante 4 die konkreten Werte durch die dafür eingeführten Parameter ersetzen. Dabei ist zu beachten, daß stets $dh > 0$ gilt - obwohl es sich um eine monoton fallende Funktion handelt -, andernfalls wird ein Steigen und kein Sinken beschrieben.

```
(define (h t0 h0 dt dh t)
  (cond
    ((= t t0) h0)
    ((> t t0)
     (- (h t0 h0 dt dh (- t (/ 1 (denominator (- t t0)))))
        (/ (/ dh dt) (denominator (- t t0)))))))))
```

Variante 5

Fazit: Für alle $t \in \widehat{Q}$ mit $t > t_0$ und $h_0, dt, dh > 0$ kann das Sinken eines Fallschirm-springers beschrieben werden.

Mit geeigneten Funktionsaufrufen oder Testfällen kann jetzt auch sukzessive der Zeit-punkt des Auftreffens beliebig genau bestimmt werden:

```
> (h 10 210 5 22.5 56.5)          --> 0.75
...
...
> (h 10 210 5 22.5 170/3)         --> 0
```

Es bietet sich noch eine weitere Verallgemeinerung an, und zwar hin zur *allgemeinen linearen Funktion* (explizit: $f(x) = m \cdot (x - x_0) + y_0$).

Es werden also die Parameter x_0, y_0 und $m = \dfrac{dh}{dt}$ benötigt:

```
(define (f x0 y0 m x)
  (cond
    ((= x x0) y0)
    ((> x x0)
     (+ (f x0 y0 m (- x (/ 1 (denominator (- x x0)))))
        (/ m (denominator (- x x0)))))
    ((< x x0)
     (- (f x0 y0 m (+ x (/ 1 (denominator (- x x0)))))
        (/ m (denominator (- x x0))))))))
```

Variante 6

Damit ist f für beliebige $x \in \widehat{Q}$ einschließlich „pseudo-reeller" Zahlen wie (log 2), pi etc. berechenbar:

```
> (f 10 210 -4.5 -3.77)           --> 271.965
> (f 10 210 -4.5 (* 50 (log 2)))--> #i99.04188437401231
> (f 10 210 -4.5 (inexact->exact (sqrt 3)))
          --> 247.20577136594005263070528814...
> (f 10 210 -4.5 pi)              --> #i240.86283305884595
```

Löst man sich von der Programmierung, kann man auch sagen:

■ Eine lineare Funktion $f(x) = m \cdot (x - x_0) + y_0$ mit $m, x_0, y_0, x \in \widehat{Q}$ kann auch rekursiv mittels der Nennerfunktion N stetig (in $\widehat{Q}$) modelliert werden:

$$f(x) = \begin{cases} y_0 & \text{falls } x = x_0 \\ f(x - \frac{1}{N(x-x_0)}) + \frac{m}{N(x-x_0)} & \text{falls } x > x_0 \\ f(x + \frac{1}{N(x-x_0)}) - \frac{m}{N(x-x_0)} & \text{sonst} \end{cases}$$

In Abschnitt 9.4 werden wir sehen, daß dies auch für andere Funktionen in $\widehat{Q}$ möglich ist.

9 Beispiele, Beispiele

Im Folgenden – mit Ausnahme des ersten Abschnitts 9.1 – werden ausgearbeitete Beispiele vorgestellt, die nach Struktur bzw. Anwendungsgebiet aufgeteilt sind. Die Darstellung umfaßt i. A. die

- *Modellierung*
- *Formalisierung*
- *Implementierung durch Tabellenkalkulation und/oder Programm*

Die Vorstellung eines Beispiels wird durch eine Art „Info-Kasten" eingeleitet, der – wie in Abschnitt 1.2 vorgestellt – zur schnellen Orientierung der Lehrkraft Information über Art und Struktur (vgl. 7.1) enthält.

Der Schwierigkeitsgrad variiert sehr stark, sei es, daß bei der Modellierung komplexe Vorüberlegungen oder fortgeschrittene Programmierkenntnisse (z.B. Funktionen höherer Ordnung) notwendig sind, oder daß mathematische Kenntnisse der Sek.-Stufe II vorausgesetzt werden müssen. Insbesondere in Abschnitt 9.7 finden sich Beispiele speziell für den Informatikunterricht. Von daher bleibt es der Lehrkraft überlassen, in welchem didaktischem Kontext, in welcher Jahrgangsstufe und in welchem Fachgebiet das Beispiel eingesetzt wird.

9.1 Die Klassiker

Der Vollständigkeit halber werfen zunächst einen Blick auf die allseits bekannten „Klassiker":

In (fast) allen dem Autor bekannten Abhandlungen zum Thema Rekursion tauchen folgende Rekursionen auf, die auch hier nicht nicht fehlen sollen:

- die Fakultätsfunktion $n!$
- die FIBONACCI-Zahlen
- die Türme von HANOI
- die ACKERMANN-Funktion
- die COLLATZ-Rekursion

Die Popularität der drei letztgenannten ist auf die wachsende Bedeutung der Informatik zurückzuführen, und zwar als Musterbeispiele im Bereich der Programmierung oder in der theoretischen Informatik, wie wir in 6 und 7.2 schon gesehen haben.

n-Fakultät

Sie ist das Paradebeispiel für funktionale Rekursion schlechthin, auch außerhalb der Informatik. Sie ist uns schon in Abschnitt 1.1 über den Weg gelaufen und wird dies noch öfters tun.

Die Fibonacci-Zahlen

Auf die überaus zahlreichen Eigenschaften und Besonderheiten dieser Zahlen – woraus ihre Popularität offensichtlich herrührt – soll hier nicht näher eingegangen werden, dazu gibt es Publikationen wie Sand am Meer und sogar eine eigene Zeitschrift[12], eine umfassende Darstellung findet sich in ↝ [La].
Die Sachprobleme bzw. Phänomene, die man mit diesen Zahlen modellieren kann, sind zahlreich, u.a.

- die bekannte *Hasenvermehrung*
- das Problem des *Treppensteigens*, s.u.
- das Problem der *Züge* in MP3 s.u.
- die Form von Blütenständen (z.B. Sonnenblumen)

Wir verzichten auf die Behandlung des hinlänglich bekannten Originalproblems des LEONARDO VON PISA, nämlich der berühmten Hasenvermehrung, statt dessen verweisen wir auf die ausgearbeiteten Beispiele *Treppensteigen* (E3), S. 40 (s. auch ↝ [St]) und *Züge* (B7), S. 135.
Wie man an der Definition

$$F_n = \begin{cases} 1 & \text{für } n = 0 \\ 1 & \text{für } n = 1 \\ F_{n-1} + F_{n-2} & \text{für } n \geq 2 \end{cases}$$

sieht, sind die LUCAS-Zahlen, ↝[La] eng verwandt:

$$L_n = \begin{cases} 1 & \text{für } n = 0 \\ 3 & \text{für } n = 1 \\ L_{n-1} + L_{n-2} & \text{für } n \geq 2 \end{cases}$$

In der Informatik ist die rekursive Definition dieser Zahlen das Paradebeispiel für

- eine *Baumrekursion* (Typ BR), S. 71, insbesondere einer *Werteverlaufsrekursion* (Typ WR), S. 71
- die Modellierungsprinzipien *Teile und herrsche*, S. 25, und *Wunschdenken*, S. 25

Die Programmierung

```
(define (fibonacci n)
  (cond
    ((= 1 n) 1)
    ((= 2 n) 1)
    (else
     (+ (fibonacci (- n 1)) (fibonacci (- n 2))))))))
```

ergibt z.B.

---

[12]*http://www.fq.math.ca/*

```
> (fibonacci 20)          --> 6765
```

Aber was ist mit F_{100}?
Das Rechenblatt aus 5.2 ist offenbar mit der Ganzzahl-Darstellung überfordert,

	A	B
101	98	1,3530185234e+20
102	99	2,1892299583e+20
103	100	3,5422484818e+20

was schon ab $n = 55$ der Fall ist:

	A	B
57	54	86267571272
58	55	1,3958386244e+11
59	56	2,2585143372e+11

Vielleicht hilft das *HtDP*-SCHEME-Programm, das eine wesentlich größere Ganzzahldarstellung erlaubt. Aber den Aufruf

```
> (fibonacci 100)
```

hat der Autor nach rund einer Stunde abgebrochen! Offensichtlich wachsen durch den doppelten Selbstaufruf bei jedem Schritt sowohl Rechenzeit als auch Speicherbedarf exponentiell an.

Eine typische Abhilfe dieses Aufwandsproblems bietet die Umwandlung in eine Endrekursion (s. 7.1) mit Zwischenspeichern. Zunächst definieren wir mit den Zwischenspeichern akku1 und akku2 die Hilfsfunktion fibonacci-hilfe:

```
(define (fibonacci-hilfe n akku1 akku2)
  (cond
    ((= 1 n) akku1)
    ((= 2 n) akku2)
    (else
     (fibonacci-hilfe (- n 1)
            akku2 (+ akku1 akku2)))))
```

Damit liefert die verbesserte Version

```
(define (fibonacci-akku n)
  (fibonacci-hilfe n 1 1))
```

umgehend

```
> (fibonacci-akku  100) --> 354224848179261915075
```

oder – um den Kölner Dom zu besteigen, liegen 509 Stufen vor uns –

```
> (fibonacci-akku 509)
10597999265301490732599643671505003412515860435409421932560009
68014297434719548314029325439619576987612990
```

Um eine Werteliste zu erhalten, müssen wir eine Ausgabe als Liste einbauen (vgl. 8.2):

```
(define (fibonacci-liste-hilfe n akku1 akku2)
  (cond
    ((= 1 n) akku1)
    ((= 2 n) akku2)
    (else
     (fibonacci-liste-hilfe
      (- n 1)
      akku2
      (cons (+ (first akku1) (first akku2)) akku2)))))

(define (fibonacci-liste n)
  (reverse (fibonacci-liste-hilfe n (list 1) (list 1 1))))
```

mit

```
> (fibonacci-liste 18) -->
(list 1 1 2 3 5 8 13 21 34 55 89 144 233 377 610 987 1597 2584)
```

Die Türme von Hanoi

Es handelt sich um Puzzle-Spiel, das in den meisten (Holz-)Spielwarenläden erworben werden kann:
Ein Stapel von n Scheiben (im Beispiel $n = 4$) befindet sich auf einem Stift S_1 (Phase (1)) und soll durch Umlegen der Scheiben auf Stift S_2 umgeschichtet werden (Phase (4). Stift S_3 dient der Zwischenlagerung. Dabei gilt:

- Es darf nur eine Scheibe auf einmal bewegt werden

- Es darf nur eine kleinere Scheibe auf eine größere gelegt werden

(2) und (3) sind mögliche Zwischenphasen.

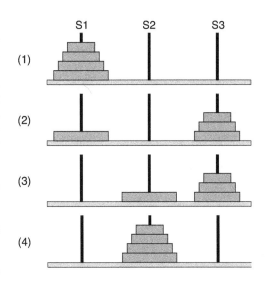

Abb. 26: Türme von HANOI

Bei wenigen Scheiben $n = 2, 3, 4$ kommt man noch mit Probieren zurecht, aber bei $n = 5$ wird man schon feststellen, daß man nicht unter 31 Umlegungen (Zügen) zurecht kommt. Das führt uns zu zwei Fragen im allgemeinen Fall von n Scheiben:

1. Wie groß die minimale Anzahl $M(n)$ der notwendigen Umlegungen (Züge)? (Diese Fragestellung führt zu einer einfachen strukturellen Rekursion und ist für die Einführungsphase geeignet)

2. Wie lautet eine optimale Strategie (Zugfolge)? (Diese schwere Aufgabe gehört in Informatikunterricht der Sek.-Stufe II)

Bevor wir uns der Beantwortung dieser Fragen widmen, wird dringend empfohlen, daß die Schüler sich praktisch mit dem Puzzle beschäftigen, um ein Gefühl für die Komplexität und eine Idee für ein allgemeines Lösungsverfahren zu entwickeln.

Zu Frage 1

Der folgende Ansatz beruht auf dem Prinzip „Wunschdenken" (s. 3.2): Wir nehmen in Abb. 26 an, daß wir die obersten 3 Scheiben erfolgreich auf Stapel S_3 umgelegt haben (ohne wirklich zu wissen, wie es geht!), und zwar nach $M(3)$ Zügen (Phase (2)). Jetzt wird die auf S_1 verbliebene Scheibe („Bodenplatte") mit einem Zug nach S_2 umgelegt (Phase (3). Als letztes wird der Reststapel von S_3 auf S_2 umgeschichtet, ebenfalls in $M(3)$ Zügen. Das ergibt insgesamt

$$M(4) = M(3) + 1 + M(3) = 2 \cdot M(3) + 1$$

Wir können jetzt sagen: Wir haben aus $M(3)$ – ohne es zu kennen – $M(4)$ konstruiert, wir sind „vorwärts" gelaufen. Oder: Wir haben für $M(4)$ auf $M(3)$ – ohne es zu kennen – zurückgegriffen, wir sind „zurück" gelaufen.
Mit der gleichen Strategie können wir $M(3)$ aus $M(2)$ berechnen:

$$M(3) = M(2) + 1 + M(2) = 2 \cdot M(2) + 1$$

usw. bis zu $M(1)$, wofür offensichtlich $M(1) = 1$ gilt.
Wir haben also für beliebiges $n > 1$:

$$M(n) = \begin{cases} 1 & \text{für } n = 1 \\ 2 \cdot M(n-1) + 1 & \text{für } n > 1 \end{cases}$$

Die Umsetzung sowohl im Rechenblatt als auch mit Programmierung ist einfach:

	A	B
1	Türme von HANOI	
2		
3	n	Mn
4	1	1
5	2	3
6	3	7
7	4	15
8	5	31
9	6	63
10	7	127
11	8	255
12	9	511
13	10	1023
14	11	2047
15	12	4095
16	13	8191
17	14	16383
18	15	32767

```
(define (hanoi-zugzahl n)
  (cond
    ((= n 1) 1)
    (else
      (+ (* 2 (hanoi-zugzahl (- n 1))) 1))))

> (hanoi-zugzahl 4) --> 15
> (hanoi-zugzahl 14) --> 16383
> (hanoi-zugzahl 64) --> 18446744073709551615
```

Zu Frage 2

Eine Antwort auf die Frage besteht bei funktionaler Modellierung aus der Ausgabe einer Liste der einzelnen Züge, d.h. eine geeignete Funktion (hanoi start ziel anzahl) müßte für das Beispiel in Abb. 26 die Folge der 15 Züge

```
> (hanoi 1 2 4) -->
(list
 (list 1 3) (list 1 2) (list 3 2) (list 1 3) (list 2 1)
 (list 2 3) (list 1 3) (list 1 2) (list 3 2) (list 3 1)
 (list 2 1) (list 3 2) (list 1 3) (list 1 2) (list 3 2))
```

liefern, wobei z.B. (list 1 3) bedeutet: „Lege die oberste Scheibe von Stapel S_1 auf Stapel S_3", usw.

Dieses Problem ist mit einem Rechenblatt nicht mehr lösbar, u.a. wegen der Nutzung zusammengesetzter Datentypen. Wir überlassen es dem Informatikunterricht, geben aber der Vollständigkeit halber eine Lösung an:

```
(define (hanoi start ziel anzahl)
  (cond
    ((zero? anzahl) empty)
    (else
     (append
      (hanoi start (zwischenlager start ziel) (- anzahl 1))
      (cons (list start ziel)
            (hanoi (zwischenlager start ziel)
                   ziel (- anzahl 1)))))))
```

mit der Hilfsfunktion

```
(define (zwischenlager stiftA stiftB)
  (cond
    ((> stiftA stiftB) (zwischenlager stiftB stiftA))
    ((and (= (- stiftB stiftA) 1) (= stiftA 1)) 3)
    ((and (= (- stiftB stiftA) 1) (= stiftA 2)) 1)
    (else 2)))
```

Die Ackermann-Funktion

Hierbei handelt es sich um das Standard-Beispiel für eine nicht-primitiv rekursive Funktion, die zu dem noch total ist. Ausgangspunkt war historisch die Frage, ob alle berechenbaren Funktion primitiv-rekursiv sind.

Um diese Vermutung zu widerlegen, gelang es ACKERMANN 1928, eine solche Funktion zu konstruieren. Sie lautet in einer modifizierten Version:

$$A(n,m) = \begin{cases} m+2 & \text{für } n = 1 \\ 2 & \text{für } m = 1 \\ A(n-1, A(n, m-1)) & \text{sonst} \end{cases} \tag{27}$$

Man spricht von einer *verschachtelten* Rekursion, vgl. 7.1 , d.h. im Vererbungszweig $A(n-1, A(n, m-1))$ ist der zweite Parameter des Selbstaufrufes selbst ein Selbstaufruf, was weder im primitven Rekursionsschema noch im Standard-Rekursionsschema vorgesehen ist und somit auf eine „künstliche" Konstruktion hindeutet.

Die Idee dahinter besteht darin, eine Funktion zu finden, die schneller wächst als alle primitiv-rekursiven Funktionen, indem die Folge der zunehmend stärker wachsenden Funktionen

$$Nachfolgerbildung \rightarrow Addition \rightarrow Multiplikation \rightarrow Potenzierung \rightarrow \ldots$$

fortgeführt wird und die so entstehende (unendliche) Folge von Funktionen in einer einzigen Funktion, nämlich in (27) untergebracht wird.

Man kann für $n > 1$ mit vollständiger Induktion jeweils beweisen, daß für festes n folgende Funktionen definiert werden:

$$A(1, m) = m + 2 \qquad \text{Addition von 2 zu } m$$
$$A(2, m) = 2 \cdot m \qquad \text{Multiplikation von 2 mit } m$$
$$A(3, m) = 2^m \qquad \text{Potenzierung von 2 mit } m$$
$$A(4, m) = \underbrace{2^{2^{\cdots^2}}}_{m-\text{mal}} \qquad \text{„Hyper-Potenzierung" von 2 mit } m$$
$$\ldots = \ldots$$

Man sieht sofort, daß ein Rechenblatt aufgrund des starken Anwachsens von $A(3, m)$ oder gar $A(4, m)$ der Ganzzahldarstellung nicht gewachsen ist. Dies wird in den entsprechenden Zellen durch #NUM! angezeigt, wobei in den meisten Zellen dieser Art diese Anzeige durch die Angabe des zutreffenden Aufrufs der Funktion ersetzt ist:

	A	B	C	D	E	F	G	H	I	J
1	ACKERMANN-Funktion									
2		m	1	2	3	4	5	6	7	...
3	n									...
4	1		2	4	5	6	7	8	9	...
5	2		2	**4**	6	8	10	12	14	...
6	3		2	4	**8**	16	32	64	128	...
7	4		2	4	16	**65536**	#NUM!	#NUM!	#NUM!	...
8	5		2	4	65536	#NUM!	**A(4, A(5,4))**	A(4,A(5,5))	A(4,A(5,6))	...
9	6		2	4	#NUM!	A(5,A(6,3))	A(5,A(6,4))	**A(5, A(6,5))**	A(5,A(6,6))	...
10	7		2	4	A(6,A(7,2))	A(6,A(7,3))	A(6,A(7,4))	A(6,A(7,5))	**A(6, A(7,6))**	...
11	...		...	...	...	...	...	...	...	...

Weiterhin kann man zeigen, daß für festes n die $A(n, m)$, also die Funktionen in (28) primitiv-rekursiv sind, aber auch diejenigen für festes m, aber nicht $A(n, m)$ allgemein. Insbesondere ist für $n = m$ auch $A(n, n)$ (die fett hervorgehobene Diagonale im Rechenblatt) nicht primitiv rekursiv.

Näheres zur ACKERMANN-Funktion einschließlich der Beweise für diese Eigenschaften findet man z.B. $\rightsquigarrow$ [Pe].

Für die Programmierung kann man (27) direkt in *HtDP*-SCHEME übernehmen

```
(define (A n m)
  (cond
    ((= n 1) (+ m 2))
    ((= m 1) 2)
    (else
      (A (- n 1) (A n (- m 1)))))))
```

und hat somit eine schöne Gelegenheit zu überprüfen, in welchen Fällen man die Zahlendarstellung im o.a. Rechenblatt übertreffen kann.

Die Einzelfunktionen in (28) ergeben sich dadurch, daß man $A(n, m)$ für festes n durch Rekursion auf $A(n-1, m)$ zurückführt: $A(n, m)$ ist dann $A_n(m)$, also hat man eine einfache Rekursion und keine doppelte mehr.
Die Additon von 2 mittels $A(1, m) = A_1(m)$ in (28) könnte man noch durch $A_0(m) = S(S(m))$ noch auf die zweifache Anwendung der Nachfolgerfunktion $S(m)$, vgl. Abschnitt 2.2 zurückführen mittels

```
(define (A1 m)
  (cond
    ((= m 1) 3)
    (else
      (A0 (A1 (- m 1)))))))
```

aber bei der Programmierung ist zu beachten, daß in *HtDP*-SCHEME keine Nachfolgerfunktion implementiert ist wie z.B. succ in PASCAL. Deshalb müssen wir mit der Addition nicht-rekursiv beginnen:

```
(define (A1 m)   ; Addition von m zu 2
  (+ m 2))

(define (A2 m)   ; Multiplikation von 2 mit m
  (cond
    ((= m 1) 2)
    (else
      (A1 (A2 (- m 1))))))

(define (A3 m)   ; Potenzierung von 2 mit m
  (cond
    ((= m 1) 2)
    (else
      (A2 (A3 (- m 1))))))

(define (A4 m)   ; „Hyper"-Potenzierung von 2 mit m
  (cond
    ((= m 1) 2)
    (else
      (A3 (A4 (- m 1))))))

(define (A5 m)   ; „Hyper-Hyper"-Potenzierung von 2 mit m
  (cond
    ((= m 1) 2)
    (else
      (A4 (A5 (- m 1))))))
```

Einige Aufrufe ergeben:

```
> (A2 2) --> 4          > (A3 2) --> 4          > (A4 2) --> 4
> (A2 3) --> 6          > (A3 3) --> 8          > (A4 3) --> 16
> (A2 4) --> 8          > (A3 4) --> 16         > (A4 4) --> 65536
> (A2 5) --> 10         > (A3 5) --> 32         > (A4 5) --> ; s.unten
```

Mit *HtDP*-SCHEME kann noch `(A4 5)` $= A(4,5) = 2^{2^{2^{2}}} = 2^{65536}$ berechnet werden; es ergibt eine Zahl mit 19729 Stellen!

Leider ist das zu viel für die *listing*-Option der hier benutzten LATEX-Version, deshalb werden hier uum Trost wenigstens die ersten 1000 Stellen angegeben:

```
(A4 5)   -->
200352993040684646497907235156025575044782547556975141926501697
371089405955631145308950613088093334810103823434290726318182294
938211881266886950636476154702916504187191635158796634721944293
092798208430910485599057015931895963952486337236720300291696959
215610876494888925409080591145703767520850020667156370236612635
974714480711177481588091413574272096719015183628256061809145885
269982614142503012339110827360384376787644904320596037912449090
570756031403507616256247603186379312648470374378295497561377098
160461441330869211810248595915238019533103029216280016056867010
565164675056803874152946384224484529253736144253361437372908830
379460127472495841486491593064725201515569392262818069165079638
106413227530726714399815850881129262890113423778270556742108007
006528396332215507783121428855167555407334510721311242739956298
271976915005488390522380435704584819795639315785351001899200002
414196370681355984046403947219401606951769015611972698233789001
764151719005113346630689814021938348143542638730653 9552........
```

Dagegen wird

$$A(5,4) = \ldots = A(4, A(4,4)) = A(4, 2^{2^{2^{2}}}) = A(4, 65536) = \underbrace{2^{2^{\cdot^{\cdot^{\cdot^{2}}}}}}_{65536\text{-mal}}$$

zur Zeit jedes Programmiersystem und jeden Rechner überfordern.

Die Collatz-Rekursion

Diese Rekursion ist ebenso wie die in 6.1 bereits untersuchte *L-Rekursion* eine spezielle *Reduzierungsfunktion*, s. Kapitel 10.1, und dient in der Literatur als Paradebeispiel für eine einfach zu formulierende nicht primitiv-rekursive Funktion, von der man bis heute nicht weiß, ob sie total oder partiell ist.

Betrachten wir zunächst die Funktion

$$\varphi(n) = \begin{cases} \dfrac{n}{2} & \text{falls } n \text{ gerade} \\ 3 \cdot n + 1 & \text{falls } n \text{ ungerade} \end{cases}$$

deren Besonderheit darin besteht, daß eine wiederholte Anwendung auf ein $n \in \mathbb{N}$ nach endlichen vielen Selbstaufrufen anscheinend stets zur Zahl 1 führt

$$\underbrace{\varphi(\varphi(\varphi(\ldots(n)))) = 1}_{k-mal}$$

wie z.B. für $n = 12 \to 6 \to 3 \to 10 \to 5 \to 16 \to 8 \to 4 \to 2 \to 1$.
Mit Hilfe von φ definiert man jetzt die die COLLATZsche Rekursion

$$C(n) = \begin{cases} 1 & \text{falls } n = 1 \\ C(\varphi(n)) & \text{sonst} \end{cases}$$

und es drängt sich die Vermutung

$$C(n) = 1 \text{ für alle (?) } n \in \mathbb{N} \qquad \text{(COLLATZsche Vermutung)}$$

auf, die auch als $3 \cdot n + 1 - Problem$ bekannt ist.
Sie ist rechnerisch bis $\approx 3 \cdot 2^{61}$ (Stand 2008) bestätigt, aber ein Beweis fehlt bis heute.

Diese Rekursion taucht auch unter dem Namen *Wundersame Zahlen* in dem einzigartigen Werk ⤳[GEB] auf und hat dadurch in den 80er Jahren einen Popularitätsschub erhalten. „Wundersam" heißt hier eine Zahl $n \in \mathbb{N}^+$, falls $C(n) = 1$. Damit wird die COLLATZsche Vermutung zur Frage „Sind alle natürlichen Zahlen $n > 1$ wundersam?"

Ein Vergleich mit den FIBONACCI-Zahlen ist bemerkenswert:

n	1	2	3	4	5	6	7	8	...
$C(n)$	1	1	1	1	1	1	1	1	...

n	1	2	3	4	5	6	7	8	...
$F(n)$	1	1	2	3	5	8	13	21	...

Bei den Wundersamen Zahlen bezieht sich „Zahlen" auf die Argumente n, bei den FIBONACCI-Zahlen auf die Funktionswerte $F(n)$. Also Vorsicht, wenn von „xxxxxx-Zahlen" gesprochen wird!

Sie stellt viele Fragen, z.B.

- Wenn die Vermutung falsch ist, muss es $m \in \mathbb{N}$ geben, für die $C(m)$
  - in eine Endlos-Schleife gerät (Periode?)
    oder
  - über alle Grenzen wächst
- Wie hängt $z(n)$ = Anzahl der Schritte, also der Selbstaufrufe $C(n)$, bis 1 erreicht wird, von n ab?
- usw.

	A	B	C	D
1	COLLATZ-Rekursion			
2	n	37		
3			C(n)	z(n)
4			37	0
5			112	1
6			56	2
7			28	3
8			14	4
9			7	5
10			22	6
11			11	7
12			34	8
13			17	9
14			52	10
15			26	11
16			13	12
17			40	13
18			20	14
19			10	15
20			5	16
21			16	17
22			8	18
23			4	19
24			2	20
25			1	21

Als eher spielerisches Experimentierfeld unter dem Motto „Auf Entdeckungsreise mit dem Computer" für die Sekundarstufe I kann man das Thema auch mit Tabellenkalkulation angehen, allerdings werden die Rechenblätter für größere n schnell zu lang. Im Beispiel lautet der Term für die $C(n)$ in Spalte C, also z.B. für C5:

=WENN(C4=1;1;WENN(REST(C4;2)=0;C4/2;3*C4+1))

Zusätzlich ist in Spalte D ein Zähler für $z(n)$ eingebaut, und zwar z.B. für D5: =WENN(C4=1;" ";D4+1) so daß in Spalte D nur noch leere Zellen bleiben, sobald in Spalte C eine 1 erscheint.

Im Beispiel heißt das, daß $z(37) = 21$ ist, also nach 21 Schritten die 1 erreicht ist.

Weiteres dazu findet man in Abschnitt 10.1 und ⤳[Lo1].

Für eine Programmierung ist *HtDP*-SCHEME aufgrund der extensiven Ganzzahldarstellung besonders geeignet:

```
(define (phi n)
  (cond
    ((= (remainder n 2) 0) (quotient n 2))
       (else
         (+ (* 3 n) 1)))))

(define (C n)
  (cond
    ((= n 1) 1)
    (else
       (C (phi n))))))
```

Jetzt sind neben

```
> (C 37) --> 1
```

auch Aufrufe wie

```
> (C 7778889545565451115333312217) --> 1
```

möglich, die natürlich für das Beobachten dieser „chaotischen" Rekursion wenig hilfreich sind. Deshalb gehen wir zu einer Ausgabe der kompletten Folge als Liste mittels

```
(define (C-liste n)
  (cond
```

```
((= n 1) (list 1))
(else
  (cons n (C-liste (phi n))))))))
```

und erhalten z.B.

```
> (C-liste 37)  -->
  (list 37 112 56 28 14 7 22 11 34 17 52 26 13 40 20 10 5 16 8
     4 2 1 1)
```

■ Sowohl aus Sicht der Berechenbarkeit als auch von der praktischen Ergiebigkeit her sind zu $C(n)$ verwandten Funktionen aus der Klasse der Reduzierungsfunktionen wie z.B. die *L-Rekursion*, die in 6, S. 61 bereits angesprochen und in 10.1 ausführlich vorgestellt werden, wesentlich ergiebiger.

9.2 Arithmetik und Kombinatorik

Teilbarkeit und Verwandtes

Wir beginnen mit der bekannten *Ganzzahldivision* oder *Division mit Rest*, die aus der Grundschulzeit oder später aus dem Informatikunterricht her bekannt ist, s. auch Abschnitt 7.2, und kleiden sie eine praktische Aufgabe ein:

B01	**Fliesenlegen**	*R-Var:*	MNN
Anmerkung:	Division mit Rest, Subtraktion	*Struktur:*	(ER)

Eine Wand soll gefliest werden. Wieviel quadratische Fliesen von 38 cm Kantenlänge passen in eine waagrechte Reihe?

Der zugrunde liegende

Satz 3 (Division mit Rest). *Seien* $a \in \mathbb{Z}, b \in \mathbb{N}^+$. *Dann existieren eindeutig bestimmte Zahlen* $q \in \mathbb{Z}, r \in \mathbb{N}$ *mit*

$$a = q \cdot b + r \quad mit\ 0 \leq r < b$$

beschreibt aber kein praktikables Rechenverfahren. Wir beschreiben deshalb das Fliesen einer waagrechten Reihe als Prozeß und stellen umgehend fest:

RG   *Die Anzahl der verlegten Fliesen ist um 1 größer als für eine um 38 cm kürzere Reihe.*

Der Grundgedanke ist somit die wiederholte Subtraktion der Kantenlänge b: der Quotient q wird um so größer, je öfter wir den Divisor b vom Dividenden a subtrahieren können, bis der Rest r kleiner b ist. Ist insbesondere $a < b$, dann ist $q = 0$, womit die Verankerung vorliegt.

Wir zählen also, wie oft man b von a subtrahieren kann, bis die Verankerung erreicht ist, also bei jedem Selbstaufruf den Wert 1 addieren:

Im Rechenblatt heißt das: Angenommen in Zelle D6 steht die Anzahl der schon verlegten Fliesen, dann wird in Zelle D7 eine 1 oder eine 0 addiert, je nach dem, ob die restliche Länge noch für eine weitere Fliese reicht oder nicht; dies wird also durch die Fallunterscheidung WENN(Rest<a;0;1)+D6 erreicht, wobei deren Funktionscharakter deutlich wird. Zusätzlich muß man noch den Rest kennen, der sich bei jedem Schritt um $b=38$ cm verringert.

Deshalb empfiehlt es sich, den Rest parallel in einer Spalte E zu tabellieren: Wenn also in E6 der letzte Rest steht, wird in der nächsten Zeile in E7 entschieden, ob er mittels WENN(E6<b;E6;E6-b) um b vermindert wird oder nicht. Anders formuliert: Wir subtrahieren solange b von a bis $a < b$:

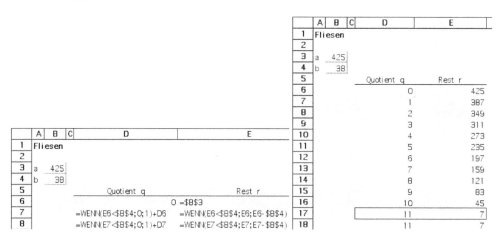

Abb. 27: Verfliesen als Ganzzahldivision

Daß die Abbruchbedingung $a - b < b$ tritt hier in Zeile 17 in Kraft tritt, erkennen wir daran, daß sich die Werte in folgenden Zeilen nicht mehr ändern. Es passen also 11 Fliesen in eine Reihe. Aus dem bisherigen ergeben sich auch die Formalisierungen

$$q(a,b) = \begin{cases} 0 & \text{falls } a < b \\ q(a-b,b)+1 & \text{sonst} \end{cases} \tag{28}$$

$$r(a,b) = \begin{cases} a & \text{falls } a < b \\ r(a-b,b) & \text{sonst} \end{cases} \tag{29}$$

Verallgemeinerung: $a \in \mathbb{Z}$

Diese Situation ist deutlich schwieriger und nicht mehr für Anfänger geeignet, aus mehreren Gründen. Betrachten wir zunächst

$$-17 = -5 \cdot 3 - 2 \tag{30}$$

$$-17 = -6 \cdot 3 + 1 \tag{31}$$

Die Variante (30) erscheint irgendwie „natürlicher", obwohl sie der Bedingung $0 \leq r$

aus Satz 3 widerspricht, während (31) diese Bedingung erfüllt, aber daß mit $|-6 \cdot 3| = 18 > 17$ das Produkt $|q| \cdot b$ größer als der Dividend ist, wirkt gewöhnungsbedürftig. Näheres dazu s. u. („Der Fall $a, b \in \mathbb{Z}$").

Wir widmen uns Variante (30): Aus negativen Dividenden resultieren negative Quotienten, das bedeutet, daß eine Fallunterscheidung notwendig wird, die bei negativem Dividenden „negativ" hochzählt, also 1 subtrahiert, bis der Rest (betragsmäßig) kleiner als der Divisor wird.

Die Abbruchbedingung lautet jetzt $a \pm b < b$, also =WENN(ABS(D11)<\$B\$4;E10.......
(z.B. in Zeile 11) und bewirkt, daß in Spalte E der Quotient nicht weiter hoch- oder runtergezählt wird:

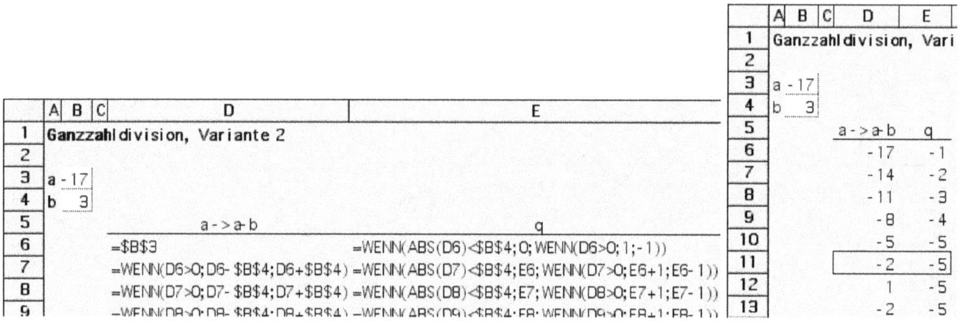

Abb. 28: Ganzzahldivision mit $a \in \mathbb{Z}$

Bei der Programmierung beginnen wir mit $a \in \mathbb{N}$ und erhalten umgehend aus (28)

```
(define (q a b)
  (cond
    ((< a b ) 0)
    (else
     (+ 1 (q (- a b) b))))))

> (q 17 3)        -->       5
```

bzw. für (29)

```
(define (r a b)
  (cond
    ((>= a b) (r (- a b) b))
    (else a)))

> (r 17 3)        -->       2
```

und für $a \in \mathbb{Z}$:

```
(define (q a b)
  (cond
    ((< (abs a) b ) 0)
    ((> a 0) (+ 1 (q (- a b) b)))
```

```
(else
  (- (q (+ a b) b) 1))))
> (q -17 3)      -->      -5
```

Verallgemeinerung: $a, b \in \mathbb{Z} \setminus \{0\}$

Ganzzahldivision mit negativem Divisor ist nur für Informatik interessant, genauer gesagt für den Compiler der Programmiersprachen, sowohl aus innermathematischen als praktischen Gründen, und hat zu verschiedenen Interpretationen geführt:

	q		r
„trunc" (WIRTH)	$\begin{cases} \left[\dfrac{a}{b}\right] & b > 0 \\[2mm] \left[\dfrac{a}{b}+1\right] & b < 0 \end{cases}$	a div b (PASCAL), (quotient a b) (SCHEME), ABSCHNEIDEN(a/b)[13]	$\|r\| < \|b\|$: a mod b (PASCAL), (remainder a b) (SCHEME), REST(a;b) [13]
„floor" (KNUTH)	$\left[\dfrac{a}{b}\right]$	(floor (/ a b)) (SCHEME), GANZZAHL(a/b)[13]	$a - b \cdot \left[\dfrac{a}{b}\right]$: (modulo a b) (SCHEME)
EUKLID (BOUTE)	$\begin{cases} \left[\dfrac{a}{b}\right] & b > 0 \\[2mm] \left[\dfrac{a}{b}+1\right] & b < 0 \end{cases}$		$0 \le r < \|b\|$

Tab. 2: Varianten der Ganzzahldivsion für $b \in \mathbb{Z} \setminus \{0\}$

Dieses Thema kann im Informatikunterricht angesprochen werden, daher hier nur ein Programm nach der gängigen „trunc"-Version, die dem `div` in Pascal entspricht (ohne Erläuterungen):

```
(define (div a b)
  (cond
    ((< (abs a) (abs b)) 0)
    ((> (* a b) 0) (+ 1 (div (- a b) b)))
    (else
      (- (div (+ a b) b) 1))))

> (div 28 12)    -->     2)
> (div -28 12)   -->     -2)
```

---

[13]Funktionsnamen bei der hier benutzten Tabellenkalkulation (APPLEWORKS)

```
> (div -28 -12)  -->     2)
> (div 28 -12)   -->    -2)
```

Bemerkungen: Je nach Klassenstufe können bei dieser Gelegenheit auch die Schreibweisen $\left[\frac{a}{b}\right]$ für $d(a,b)$ und *a modulo b* für $r(a,b)$ eingeführt werden. ◆

B02	**Quersumme**	*R-Var:*	MNN
Anmerkung:	–	*Struktur:*	–

Verfahren zur Berechnung der Quersumme, insbesondere für große Zahlen

Die Aufsummierung der Ziffern erinnert an die Aufsummierung von Folgenglieder, S. 2, also versuchen wir eine *induktive Beschreibung* (vgl. Abschnitt 3.2, S. 22):

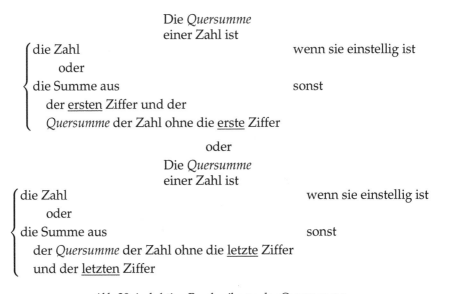

Abb. 29: induktive Beschreibung der Quersumme

Beide Ansätze liefern uns nicht den Basisfall, sondern auch den „rekursiven Gedanken" bzw. die Vererbung, wobei wir uns für die zweite Variante

RG   *Die Quersumme einer Zahl ist die Summe aus der Quersumme der Zahl ohne die letzte Ziffer und der letzten Ziffer*

da uns für eine Implementation mittels Tabellenkalkulation oder Programmierung die Ganzzahldivision und die Restfunktion zu Verfügung stehen: Für „die letzte Ziffer" nehmen wir die aus Beispiel B1 in (29) bereits bekannte Restfunktion $r(z,10)$ zu Verfügung und für die „die Zahl ohne die letzte Ziffer" haben wir in (28) $d(z,10) = \left[\frac{z}{10}\right]$, also

$$qs(z) = \begin{cases} z & \text{falls } z < 10 \\ r(z,10) + qs\left(\left[\frac{z}{10}\right]\right) & \text{sonst} \end{cases}$$

Im Rechenblatt tabellieren wir $\left[\frac{z}{10}\right]$ mittels ABSCHNEIDEN(z;10), wofür man gemäß Tab. 28 auch GANZZAHL(z/10) nehmen könnte. In einer benachbarten Spalte wird die Summe aus dem daraus resultierenden Rest – mittels REST(GANZZAHL(z/10);10) – und den bisherigen Resten tabelliert, bis $\left[\frac{z}{10}\right] = 0$ ist, wofür ab dann zur Verdeutlichung ein besonderes Zeichen, etwa •, angezeigt wird:

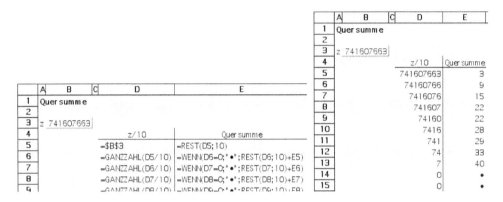

Abb. 30: Quersumme

Es bleibt noch die wieder besonders einfache Implementierung durch *HtDP*-SCHEME:

```
(define (quersumme z)
  (cond
    ((< z 10) z)
    (else
     (+ (remainder z 10) (quersumme (quotient z 10))))))

> (quersumme 741607663) -->    40
```

♦

Auch für unser nächstes Beispiel, das wir bereits als historischen Vorläufer der Rekursion in Abschnitt 2.1 kennengelernt haben, sind die Vorkenntnisse aus Beispiel B1 nützlich:

B03	**ggT**	*R-Var:*	MNN
Anmerkung:	–	*Struktur:*	DO, MZ

> *Verfahren zur Berechnung des* größten gemeinsamen Teilers (ggT) *zweier Zahlen*

Historischer Ansatz (EUKLID)

In Abschnitt 2.1 haben wir die Idee schon vorgestellt: *wechselnde Wegnahme* der kleineren Zahl von der größeren mit dem Wissen, daß kein Teiler verloren geht, bis Gleichheit entsteht.
Als Beispiel für die Einstiegs- und Übungsphase in Kl. 8 beschränken wir uns auf natürliche Zahlen. Bei einer Wiederholungsphase des Themas, das üblicherweise in Kl. 5

oder 6 behandelt wird, sollten auch die Eigenschaften

$$ggT(a,b) = ggT(b,a)$$
$$ggT(a,-b) = ggT(a,b)$$
$$ggT(a-b,b) = ggT(a,b) \qquad \text{falls } a > b$$

verdeutlicht werden, insbesondere die Tatsache, daß beim Ersetzen von a durch $a - b$ keine gemeinsamer Teiler verloren geht, z.B. $ggT(94,28) = ggT(66,28) = \ldots = ggT(2,2) = 2$.

Es wird also jeweils die kleiner Zahl von der größeren subtrahiert, bis Gleichheit erreicht ist. Damit ergeben sich neben der Verankerung $ggT(a,b) = a$ falls $a = b$ auch die beiden Fallunterscheidungen $a > b$ und $a < b$ mit $ggT(a,b) = ggT(a-b,b)$ und $ggT(a,b) = ggT(a,b-a)$:

$$ggT(a,b) = \begin{cases} a & \text{falls } a = b \\ ggT(a-b,b) & \text{falls } a > b \\ ggT(a,b-a) & \text{sonst} \end{cases} \qquad (32)$$

	A	B	C	D	E		A	B	C	D	E
1	ggT	für a,b ≥ 0 mit Rest				1	ggT	für a,b ≥ 0 mit Rest			
2						2					
3	a	94				3	a	94			
4	b	28				4	b	28			
5				a	b	5				a	b
6				=$B$3	=$B$4	6				94	28
7				=WENN(D6>E6;D6-E6;D6)	=WENN(E6>D6;E6-D6;E6)	7				66	28
8				=WENN(D7>E7;D7-E7;D7)	=WENN(E7>D7;E7-D7;E7)	8				38	28
9				=WENN(D8>E8;D8-E8;D8)	=WENN(E8>D8;E8-D8;E8)	9				10	28
10				=WENN(D9>E9;D9-E9;D9)	=WENN(E9>D9;E9-D9;E9)	10				10	18
11				=WENN(D10>E10;D10-E10;D10)	=WENN(E10>D10;E10-D10;E10)	11				10	8
12				=WENN(D11>E11;D11-E11;D11)	=WENN(E11>D11;E11-D11;E11)	12				2	8
13				=WENN(D12>E12;D12-E12;D12)	=WENN(E12>D12;E12-D12;E12)	13				2	6
14				=WENN(D13>E13;D13-E13;D13)	=WENN(E13>D13;E13-D13;E13)	14				2	4
15				=WENN(D14>E14;D14-E14;D14)	=WENN(E14>D14;E14-D14;E14)	15				2	2
16				=WENN(D15>E15;D15-E15;D15)	=WENN(E15>D15;E15-D15;E15)	16				2	2

Abb. 31: ggT für $a,b \in \mathbb{N}$, historisch

Man sieht jetzt, daß man $ggT(94,28)$ durch $ggT(94 - 3 \cdot 28,28) = ggT(94 - 84,28) = ggT(10,28)$ ersetzen kann, also allgemein

$$ggT(a,b) = ggT(a - q \cdot b, b) = ggT(r,b) = ggT(b,r)$$

wodurch wodurch der Aufwand, d.h. die Selbstaufrufe bzw. Tabellierungszeilen deutlich reduziert werden.

Moderner Ansatz

$$ggT(a,b) = \begin{cases} a & \text{falls } b = 0 \\ ggT(b, rest(a,b)) & \text{sonst} \end{cases} \tag{33}$$

wobei es keine Rolle spielt, welche der Rest-Funktionen aus Tab. 2 man benutzt, da $a, b \in \mathbb{N}^+$.

Mit der eingebauten Funktion REST(a;b) kommen wir zu folgendem Rechenblatt:

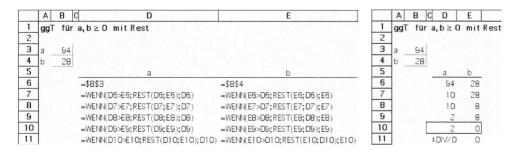

Abb. 32: ggT für $a, b \in \mathbb{N}$ mit Rest

Programmierung

```
(define (ggT a b)
  (cond
    ((= a b) a)
    ((> a b) (ggT (- a b) b))
    (else
      (ggT a (- b a)))))

> (ggT 94 28)    -->    2
> (ggT 28 94)    -->    2

        historischer Ansatz
```

oder

```
(define (ggT a b)
  (cond
    ((zero? b) a)
    (else
      (ggT b (remainder a b)))))

> (ggT 94 28)    -->    2
> (ggT 28 94)    -->    2

        moderner Ansatz
```

Bemerkung: Damit der EUKLIDISCHE *(Divisions-) Algorithmus* auch für beliebige ganze Zahlen korrekt funktioniert, muss die Ganzzahldivision samt Restberechnung nach Definition von BOUTE in Tab. 2, S. 121, benutzt werden. Alternativ kann man einfacher zu den Beträgen übergehen, so daß

$$ggT(a,b) = ggT(|a|, |b|) \in \mathbb{N}$$

◆

B04	**EULER-Funktion**	*R-Var:*	ÜNN
Anmerkung:	–	*Struktur:*	MZ

Die EULERsche Funktion φ gibt die Anzahl der zur natürlichen Zahl n teilerfremden Zahlen an

Teilerfremd heißt z.B., daß $ggT(n,k) = 1$. Also müssen die Zahlen $1 \le k \le n-1$ nacheinander überprüft werden, ob $ggT(n,k) = 1$, und die Anzahl der Treffer muß addiert werden:

$$e(n,k) = \begin{cases} 1 & \text{falls } k = 1 \\ 1 + e(n,k-1) & \text{falls } ggT(n,k) = 1 \\ e(n,k-1) & \text{sonst} \end{cases}$$

Zwar stehen uns für den ggT schon Funktionen aus (32) und (33) zu Verfügung, aber die Umsetzung dieser Rekursion in einem Rechenblatt ist nur äußerst aufwendig und umständlich lösbar, weil für vorgegebenes n der $ggT(n,k)$ für alle $1 \le k \le n-1$ tabelliert und ausgewertet werden muß (der Leser möge sich versuchen!).

Bei der Programmierung hingegen brauchen nur das Einsetzungsverfahren (vgl. 7.2) für den ggT aus unserem letzten Beispiel B03 anzuwenden:

```
(define (euler-funktion n k)
       (cond
        ((= k 1) 1)
        ((= (ggT n k) 1)
         (+ 1 (euler-funktion n (- k 1))))
        (else
         (euler-funktion n (- k 1)))))
```

Allerdings hat diese Funktion die unschöne Eigenschaft, daß sie stets mit zwei Parametern in Form (euler-funktion n (- n 1)) augerufen werden muß, was man elegant umgehen kann durch die neue Funktion

```
(define (euler n)
  (euler-funktion n (- n 1)))
```

```
> (euler 11)    --> 10
> (euler 12)    --> 4
> (euler 30000) --> 8000
```

◆

B05	**Primzahlen**		INN
		R-Var:	
Anmerkung:	–	*Struktur:*	PE

Wir suchen rekursive Funktionen als Antworten auf folgende Fragen:

1. *Ist n eine Primzahl?*
2. *Wieviel Primzahlen $\le n$ gibt es?*
3. *Welche sind die Primzahlen $\le n$?*

Bei der rekursiven Modellierung einer Funktion *prim*, die feststellt, ob eine natürliche Zahl prim ist oder nicht, wollen wir das Prinzip *Wunschdenken*, s. S. 25, verdeutlichen, d.h. wir lösen zuerst die einfachen Teilprobleme und schieben das schwierige nach hinten:

Der Ansatz

- Eine Zahl kleiner als zwei ist keine Primzahl

- 2 ist per definitionem prim

- Alle geraden natürlichen Zahlen sind keine Primzahlen, da sie durch zwei teilbar sind

- „Wunsch": Untersuchung aller natürlichen Zahlen größer als drei

führt zu

$$prim(n) = \begin{cases} nicht\ prim & \text{falls } n < 2 \\ prim & \text{falls } n = 2 \\ nicht\ prim & \text{falls } n \text{ gerade} \\ < Wunschdenken > & \text{für sonstige ungerade natürliche Zahlen} \end{cases}$$

Für die Realisierung des Wunsches machen wir folgende Überlegung:
Ist eine Zahl n nicht prim, kann sie als Produkt $n = t_1 \cdot t_2$ von zwei Teilern mit $1 < t_1, t_2 < n$ dargestellt werden. Davon muss für mindestens einen Teiler, o.B.d.A. t_1 gelten: $1 < t_1 \leq \sqrt{n}$, andernfalls wäre $t_1 \cdot t_2 > n$. Also: Hat n keinen Teiler t mit $1 < t \leq \sqrt{n}$ (oder: $1 < t^2 \leq n$), dann ist n prim. Oder: Gilt für alle ungeraden (die geraden sind schon vorher ausgeschlossen) Zahlen t mit $1 < t \leq \sqrt{n}$, daß $t^2 > n$, ist n prim, was für $t = 3, 5, \ldots, \sqrt{n}$ überprüft werden muss. Wenn z.B. für $t = 3$ festgestellt wird, daß $t^2 < n$, bedeutet das umgekehrt nicht, daß n nicht prim ist, sondern bevor t den Wert 5 annimmt, muss festgestellt werden, ob n durch t teilbar ist. Wenn ja, ist n nicht prim, und wir sind fertig, andernfalls wird der Test mit $t \to t + 2 = 5$ fortgeführt. Also hat $prim$ zwei Parameter, nämlich n und t:

$$prim(n,t) = \begin{cases} nein & \text{falls } n < 2 \\ ja & \text{falls } n = 2 \\ nein & \text{falls } n \text{ gerade} \\ ja & \text{falls } t^2 > n \\ nein & \text{falls } n \text{ durch } t \text{ teilbar} \\ prim(n, t+2) & \text{sonst} \end{cases} \tag{34}$$

wobei $prim$ für jedes n mit $prim(n, 3)$ aufgerufen wird.

(34) ist als Rekursion mit Tabellenkalkulation nicht umsetzbar, weil $prim$ eine interne Schleife enthält. Allerdings gibt es nicht-rekursive Lösungen mit Tabellenkalkulation.

Programmierung

Zu 1:

Der Ansatz (34) kann mehr oder weniger direkt als BOOLEsche Funktion in *HtDP*-SCHEME umgesetzt werden. Allerdings wird `prim` zunächst als lokale Hilfsfunktion `prim-hilfe` definiert, damit die eigentliche Funktion `prim` nur einen Parameter hat:

```
(define (prim n)
   (local
      ((define (prim-hilfe n t)
         (cond
            ((< n 2) false)
            ((= n 2) true)
            ((= (remainder n 2) 0) false)
            ((> (* t t) n) true)
            ((= (remainder n t) 0) false)
            (else
               (prim-hilfe n (+ t 2))))))
      (prim-hilfe n 3)))
```

```
> (prim 1)          -->        false
> (prim 72)         -->        false
> (prim 71 )        -->        true
```

Zu 2:

```
(define (prim-anzahl m)
   (cond
      ((< m 2) 0)
      ((prim m) (+ 1 (prim-anzahl (- m 1))))
      (else
         (prim-anzahl (- m 1)))))
```

```
> (prim-anzahl 100)       -->        25
> (prim-anzahl 1000)      -->        168
> (prim-anzahl 10000)     -->        1229
> (prim-anzahl 100000)    -->        9592
> (prim-anzahl 1000000)   -->        78498
```

Zu 3:

```
(define (prim-liste m)
   (cond
      ((< m 2) empty)
      ((prim m) (reverse (cons m (reverse (prim-liste (- m 1))))))
      (else
         (prim-liste (- m 1)))))
```

```
> (prim-liste 10) --> (list 2 3 5 7)
> (prim-liste 50) --> (list 2 3 5 7 11 13 17 19 23 29 31 37 41 43 47)
```

◆

Auf wieviel Arten kann man ..... ?

Viele dieser Fragen führen in den Bereich der Kombinatorik. Dabei steht ein kombinatorische Modelle für zahllose Sachprobleme, wie z.B. das bereits behandelte Beispiel MP1, S. 23 oder als Einstiegsbeispiel E01, S. 39: *Auf wieviel Arten kann man n verschiedene Spielkarten (auf die Hand nebeneinander) stecken?*

Beispiele und Aufgaben dazu finden sich wie Sand am Meer in den einschlägigen Lehrbüchern zur Wahrscheinlichkeitsrechung bzw. Stochastik.

B06	**Händeschütteln oder Anstoßen?**	*R-Var:*	ÜNN
Anmerkung:	–	*Struktur:*	–

> *Am Anfang einer Geburtstagsfeier begrüßt jeder Gast die anderen Gäste per Handschlag. Wie oft werden Hände geschüttelt?*

Im Sinne der Rückführung auf eine kleineres Problem hilft der Impuls, daß die Gäste nicht alle gleichzeitig erscheinen, sondern nacheinander. Dann ist klar, daß ein ankommender Gast jedem der schon anwesenden die Hand schüttelt.
Jetzt hilf der Ansatz: „Wenn ich wüßte, wie oft schon Hände geschüttelt wurden, müßte ich nur noch die Anzahl der bisherigen Gäste addieren", also

RG
> *Kommt ein weiterer Gast hinzu, erhöht sich die Anzahl der geschüttelten Händepaar um die Anzahl der schon vorhandenen Gäste*

Als Basisfall (Verankerung) kann man wahlweise $n = 1$ oder $n = 2$ wählen und erhält damit die Formalisierung

$$H_n = \begin{cases} 1 & \text{falls } n = 2 \\ H_{n-1} + n - 1 & \text{sonst} \end{cases}$$

Auf das simple Rechenblatt und die Programmierung verzichten wir.

Die gleichwertige Aufgabenstellung

> *Bei einer Geburtstagsfeier stößt jeder Gast mit seinem Sektglas mit jedem anderen an. Wie oft klingen die Gläser?*

gibt Anlaß, die Methode der Abstraktion anzuwenden, mit der man zu

RG′
> *Die Anzahl der Paare, die man aus n Objekten bilden kann, ist die Summe aus der Anzahl der Objekte und der Anzahl der Paare, die man aus n − 1 Objekten bilden kann.*

◆

Damit eng verwandt ist das Beispiel

B07	**Diagonalen im Vieleck**	*R-Var:*	MNN
Anmerkung:	–	*Struktur:*	–

> *Wieviel Diagonalen hat ein (konvexes) Vieleck?*

Jeder weiß: Ein Dreieck hat keine, ein Viereck hat zwei Diagonalen.
Ein Fünfeck führen wir auf ein „kleineres" Problem, das Viereck zurück, also ergänzen wir einen fünften Eckpunkt so, daß sich ein (konvexes) Fünfeck ergibt. Dabei hilft – wie so oft – die Visualisierung durch eine Skizze:

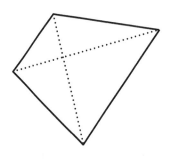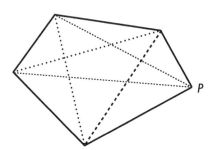

– die gegenüberliegende Vierecksseite wird offensichtlich zu einer Diagonalen
– die Verbindungen des neuen Punktes zu seinen Nachbarpunkten ergeben die beiden neuen Seiten, während die Verbindungen zu den restlichen Viereckspunkten weitere Diagonalen ergeben, in diesem Falle zwei.

Damit sind insgesamt $1 + 2 = 3$ Diagonalen hinzugekommen, das Fünfeck hat somit 5 Diagonalen.

Wenn wir jetzt wiederum einen Eckpunkt hinzufügen, gibt es für diesen 3 nicht benachbarte Eckpunkte, also kommen $1 + 3 = 4$ Diagonalen hinzu, somit hat ein Sechseck 9 Diagonalen.

Es ist offensichtlich, daß die obige Rückführung allgemeingültig ist, aber eine Verbalisierung wie etwa „Erweitert man ein Vieleck um ein Eck, erhöht sich die Anzahl der Diagonalen um die um 1 vergrößerte Anzahl der Eckpunkte, die keine Nachbarn des neuen Eckpunktes sind" klingt schon recht holprig.

An dieser Stelle können die Schüler erkennen, welche Vorteile die Einführung einer Variablen n bringt: In einem n-Eck hat ein Eckpunkt $n - 2$ nicht benachbarte Eckpunkte. Also kommen bei Erweiterung eines $n - 1$-Eckes $n - 3 + 1 = n - 2$ Diagonalen hinzu. Damit wird die Formulierung des allgemeinen Falles bzw. der Vererbung einfacher

RG
Die Anzahl der Diagonalen in einem n-Eck ist um $n - 2$ größer als die Anzahl der Diagonalen eines $n - 1$-Ecks

und liefert unter Berücksichtigung des Basisfalles $n = 3$ die Formalisierung

$$D_n = \begin{cases} 0 & \text{falls } n = 3 \\ D_{n-1} + n - 2 & \text{sonst} \end{cases}$$

♦

B08	**PASCALsches Dreieck & Binomialkoeffizient**	*R-Var:*	ÜNN
Anmerkung:	vgl. $\binom{n}{k}$	*Struktur:*	WR, PE

1. *Wie kann man die* PASCAL*schen Zahlen (*PASCAL*sches Dreieck) berechnen?*

2. *Wie kann man den* Binomialkoeffizienten $\binom{n}{k}$ *anhand des Einstiegsbeispiels Gitterwege* E06 *in 5.2 berechnen?*

Wir wollen uns der Modellierung der beiden Aufgaben, die schließlich zu einer gemeinsamen Lösung führen, auf zwei Wegen nähern:

Weg 1:

Wir greifen auf das Einstiegsbeipiel *Gitterwege* E06 in 5.2 zurück und drehen die Abb. 14 auf Seite 49 um 45°: Die so erhaltene Darstellung der Wegezahlen in Dreiecksform nennt man PASCAL*sches Dreieck*

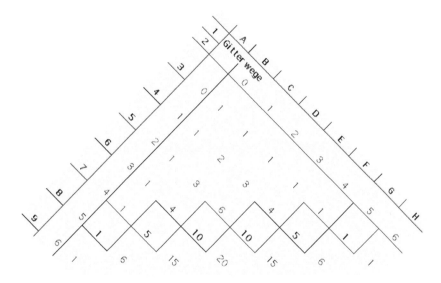

Abb. 33: PASCAL*sches Dreieck*

Für die Wegezahlen, die auf einer Horizontalen liegen, gilt

$$x + y = n = konstant$$

z.B. ergibt sich für $n = 5$ von links nach rechts

$$W(0,5) = 1, W(1,4) = 5, W(2,3) = 10, W(3,2) = 10, W(4,1) = 5, W(5,0) = 1$$

Setzen wir $k := x$, dann ergibt sich daraus die Transformation

$$W(x,y) \quad \rightarrow \quad P(x+y,x) = P(n,k) \quad \text{für } 0 \le k \le n$$

Das Vererbungsgesetz bzw. der Rückgriff ergibt sich damit aus Abb. 33:

$$P(n,k) = P(n-1,k-1) + P(n-1,k)$$

Diese Zahlen, die bis auf die Indizierung identisch sind mit den Wegezahlen, können wir PASCAL*sche Zahlen* nennen. Berücksichtigen wir noch Ränder $P(n,0) = P(n,n) = 1$, ergibt sich (35).
Bekannter sind diese Zahlen unter dem Begriff *Binomialkoeffizient*, s.u. und (36):

$$P(n,k) = \begin{cases} 1 & \text{falls } k = 0 \quad \text{oder } k = n \\ P(n-1,k-1) + P(n-1,k) & \text{falls } 0 < k < n \end{cases} \tag{35}$$

Weg 2:

Wir gehen von der üblichen Definition

$$\binom{n}{k} := \frac{n!}{k!(n-k)!} \text{ mit } n, k \in \mathbb{N} \text{ und } k \leq n$$

aus. Die Vererbung

$$\binom{n}{k} = \binom{n-1}{k-1} + \binom{n-1}{k}$$

kann man durch Studium des PASCALschen Dreiecks gewinnen und erhält insgesamt (36):

$$\binom{n}{k} = \begin{cases} 1 & \text{falls } k = 0 \quad \text{oder } k = n \\ \binom{n-1}{k-1} + \binom{n-1}{k} & \text{falls } 0 < k < n \end{cases} \tag{36}$$

Ein Vergleich von (35) und (36) macht klar: $P(n,k) = \binom{n}{k}$

Eine Lösung mit Rechenblatt findet sich in 5.2 bzw. Abb. 33

Programmierung

Für die Wegezahlen $W(x,y)$ der Gitterwege ergibt sich aus 5.2

```
(define (W n m)
  (cond
    ((zero? n) 1)
    ((zero? m) 1)
    (else
      (+ (W (- n 1) m) (W n (- m 1))))))))

> (W 8 7)          --> 6435
```

Die Aufgabenteile 1. und 2. führen zur gleichen Funktion, so daß wir (36) direkt in *HtDP*-SCHEMEübernehmen können:

```
(define (n-ueber-k n k)
  (cond
    ((or (zero? k) (= n k)) 1)
    ((< 0 k n) (+ (n-ueber-k (- n 1) (- k 1)) (n-ueber-k (- n 1) k))))))
```

mit z.B.

```
(n-ueber-k 5 2)              --> 10
(n-ueber-k 25 10)            --> 3268760
```

Allerdings wird der letzte Aufruf erwartungsgemäß schon zeitkritisch, da es sich bei (36) um eine Baumrekursion handelt.
Stattdessen kann man leicht zeigen, daß

$$\binom{n-1}{k-1} + \binom{n-1}{k} = \binom{n-1}{k-1} \cdot \frac{n}{k} \quad \text{für } 1 \leq k \leq n$$

was in Verbindung mit (36) zu

$$\binom{n}{k} = \begin{cases} 1 & \text{für } k = 0 \text{ oder } k = n \\ \binom{n-1}{k-1} \cdot \frac{n}{k} & \text{für } 0 < k \leq n \end{cases}$$

führt. Daraus ergibt sich die verbesserte Programmversion

```
(define (n-ueber-k-neu n k)
  (cond
  ((or (= n k) (zero? k)) 1)
     (else
        (* (n-ueber-k-neu  (- n 1) (- k 1)) (/ n k)))))
```

mit erträglichen Laufzeiten für

```
> (n-ueber-k-neu 5 2)             --> 10
> (n-ueber-k-neu 25 10)           --> 3268760
> (n-ueber-k-neu 50 25)           --> 126410606437752
> (n-ueber-k-neu 100 50)          --> 100891344545564193334812497256
> (n-ueber-k-neu 200 100)
 --> 90548514656103281165404177077484163874504589675413336841320
```

Zurück zum PASCALschen Dreieck: Die n-te Zeile besteht aus $n + 1$ Werten, deshalb bietet es sich an, daß die gesuchte Funktion `pascal-zeile` die Werte als Liste ausgibt, etwa:

```
(pascal-zeile 5)             --> (list 1 5 10 10 5 1)
```

Um eine Funktion mit zwei Parametern zu vermeiden, wird zuerst die Hilfsfunktion `pascal-zeile-hilfe` definiert, da dann von der eigentlichen Funktion `pascal-zeile` mit n als einzigem Parameter aufgerufen wird:

```
(define (pascal-zeile-hilfe n s)
  (cond
    ((zero? s) (list 1))
    (else
      (cons (n-ueber-k n s) (pascal-zeile-hilfe n (- s 1))))))

(define (pascal-zeile n)
  (pascal-zeile-hilfe n n))
```

Mithilfe von `pascal-zeile-hilfe` kann man direkt `pascal-dreieck` konstruieren:

```
(define (pascal-dreieck n)
  (cond
    ((zero? n) (list (list 1)))
    (else
      (reverse (cons (pascal-zeile-hilfe n n)
                     (reverse (pascal-dreieck (- n 1)))))))))
```

und erhalten z.B.

```
> (pascal-dreieck 5)     -->
                (list
                  (list 1)
                  (list 1 1)
                  (list 1 2 1)
                  (list 1 3 3 1)
                  (list 1 4 6 4 1)
                  (list 1 5 10 10 5 1)))
```

Alternative für Informatikunterricht

Wenn die Schüler mit Funktionen *höherer Ordnung* (higher order functions) vertraut sind, bietet sich eine elegante Alternative für `pascal-zeile`: Wir repräsentieren die Koeffizienten einer Zeile (also für festes n) als Liste, ergänzen sie einmal links mit 0 und einmal rechts mit 0 und addieren die beiden so erhaltenen gleichlangen Listen zur neuen Koeffizientenliste für $n + 1$:

$$
\begin{array}{rccccc}
 & 0 & 1 & 3 & 3 & 1 \\
+ & 1 & 3 & 3 & 1 & 0 \\
= & 1 & 4 & 6 & 4 & 1
\end{array}
\quad
\begin{array}{l}
\text{(cons 0 liste)} \\
\text{(append liste (list 0))} \\
\text{-> neue Liste}
\end{array}
$$

Da wir zwei gleichlange Listen haben, können wir die Addition mit der higher-order-Funktion *map* erledigen: `(map + (cons 0 liste) (append liste (list 0)))`. Als Terminierung der Rekursion beginnen wir mit `(define liste (list 0))` für $n = 0$:

```
(define (pascal-zeile2 n)
  (if (zero? n)
      (list 1)
      (local
          ((define liste (pascal-zeile2 (- n 1))))
        (map + (cons 0 liste) (append liste (list 0)))))))
```

Aufrufe:

```
> (pascal-zeile2 5)     --> (list 1 5 10 10 5 1)
> (pascal-zeile2 10)    --> (list 1 10 45 120 210 252 210 120 45 10 1)
```

◆

Bemerkungen: Ein weiterer problemorientierter Zugang über „Lottozahlen" findet sich in [St].

Man kann Züge zusammenstellen aus Waggons der Länge 1 und der Länge 2

zusammenstellen, dargestellt durch die Symbole ▭ *und* ▭ *.*

Ein Zug der Länge 4 ist z.B. ▭ *oder* ▭

Auf wieviel Arten Z_n kann man einen Zug der Länge n zusammenstellen?

„In Schritten denken" bedeutet hier offensichtlich, einen Waggon an einen Zug anzu-hängen. Zunächst verschaffen wir uns einen Überblick mittels einer Tabelle der mög-lichen Züge bis $n = 4$:

1-er Züge	2-er Züge	3-er Züge	4-er Züge

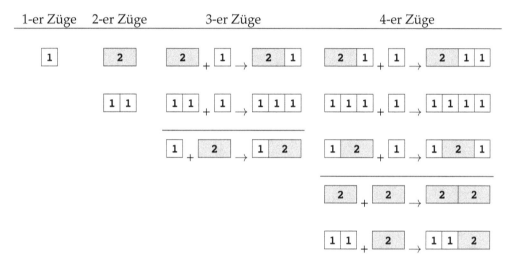

Tab. 3: Rekursives Muster der Zugbildung

Grundsätzlich kann man an einen Zug entweder einen 1-er-Waggon oder einen 2-er Waggon anhängen, also gibt es für die Zusammenstellung aller 3-er Züge zwei Mög-lichkeiten

- an *alle* 2-er Züge hängt man einen 1-er Waggon
- an den 1-er Zug hängt man einen 2-er Waggon

und ebenso für die 4-er Züge

- an *alle* 3-er Züge hängt man einen 1-er Waggon ⇒ Es entstehen Z_3 4-er Züge
- an *alle* 2-er Züge hängt man einen 2-er Waggon ⇒ Es entstehen Z_2 4-er Züge

also $Z_4 = Z_3 + Z_2 = Z_2 + Z_3$.

„In Schritten denken" heißt bei diesem Beispiel also nicht „Wie komme ich von Z_{n-1} zu Z_n?", sondern, da auch noch Z_{n-2} zu berücksichtigen ist, „Woraus entsteht Z_n?", also eine Art „Rückwärts denken".

Offensichtlich ist dieses „Rückwärts denken" immer dann angebracht, wenn man auf mindestens zwei „frühere Werte" zurückgreifen muß (sog. *Werteverlaufsrekursion*, Typ WR, s. Abschnitt 7.1). In vorliegenden Fall gibt es entsprechend auch zwei Basisfälle. Insgesamt erhalten wir:

$$Z_1 = 1$$
$$Z_2 = 2$$
$$Z_n = Z_{n-1} + Z_{n-2} \quad \text{für } n > 2$$

Damit sind wir wieder bei den FIBONACCI-Zahlen, s. Abschnitt 9.1 gelandet.   ◆

Überblick Kombinatorik

Aufgabenmaterial zu klassischen Kombinatorik findet sich in den Unterrichtswerken zur Stochastik in Hülle und Fülle. An dieser Stelle sollen zur besseren Übersicht die gängigsten rekursiven Modelle aufgezählt werden:

	k	Lottozahlen aus n, Händeschütteln ($n = 2$)
Kombinationen ohne Wdh. $\binom{n}{k}$	1	$f_1(n) = \begin{cases} 1 & \text{falls } n = 1 \\ f_1(n-1) + 1 & \text{falls } n > 1 \end{cases}$
	2	$f_2(n) = \begin{cases} 0 & \text{falls } n = 1 \\ f_2(n-1) + n - 1 & \text{falls } n > 1 \end{cases}$
	3	$f_3(n) = \begin{cases} 0 & \text{f. } n = 1, 2 \\ f_3(n-1) + \frac{(n-1)(n-2)}{2} & \text{f. } n > 2 \end{cases}$
	$\ldots$	
	k	$f_k(n) = \begin{cases} 0 & \text{f. } n = 1 \leq n < k \\ f_k(n-1) + \binom{n-1}{k-1} & \text{f. } n \geq k \end{cases}$

	k	Zigarettenschachteln aus n (Automat)
Kombinationen mit Wdh. $\binom{n+k-1}{k}$	1	$F_1(n) = \begin{cases} 1 & \text{falls } n = 1 \\ F_1(n-1) + 1 & \text{falls } n > 1 \end{cases}$
	2	$F_2(n) = \begin{cases} 1 & \text{falls } n = 1 \\ F_2(n-1) + n & \text{falls } n > 1 \end{cases}$
	3	$F_3(n) = \begin{cases} 1 & \text{falls } n = 1 \\ F_3(n-1) + \frac{n(n-1)}{2} & \text{falls } n > 1 \end{cases}$
	$\ldots$	
	k	$F_k(n) = \begin{cases} 1 & \text{f. } n = 1 \\ F_k(n-1) + \binom{n+k-2}{k-1} & \text{f. } n > 1 \end{cases}$

	k	Medaillen (Gold, Silber, Bronze) aus n
	1	$v_1(n) = \begin{cases} 1 & \text{falls } n = 1 \\ v_1(n-1) + 1 & \text{falls } n > 1 \end{cases}$
Variationen ohne Wdh. $\dfrac{n!}{(n-k)!}$	2	$v_2(n) = \begin{cases} 1 & \text{falls } n = 1 \\ v_2(n-1) + 2n - 2 & \text{falls } n > 1 \end{cases}$
	3	$v_3(n) = \begin{cases} 1 & \text{falls } n = 1 \\ v_3(n-1) + \frac{3(n-1)!}{(n-3)!} & \text{falls } n > 1 \end{cases}$
	...	
	k	$v_k(n) = \begin{cases} 1 & \text{f. } n = 1 \\ v_k(n-1) + \frac{k(n-1)!}{(n-k)!} & \text{f. } n > 1 \end{cases}$

	k	Zahlenschloß
	1	$V_1(n) = \begin{cases} 1 & \text{falls } n = 1 \\ V_1(n-1) + 1 & \text{falls } n > 1 \end{cases}$
Variationen mit Wdh. n^k	2	$V_2(n) = \begin{cases} 1 & \text{falls } n = 1 \\ V_2(n-1) + 2n - 1 & \text{falls } n > 1 \end{cases}$
	3	$V_3(n) = \begin{cases} 1 & \text{falls } n = 1 \\ V_3(n-1) + 3(n^2 - n) + 1 & \text{falls } n > 1 \end{cases}$
	...	
	k	$V_k(n) = \begin{cases} 1 & \text{f. } n = 1 \\ V_k(n-1) + n^k - (n-1)^k & \text{f. } n > 1 \end{cases}$

Permutationen
$n!$

Entspricht den Variationen ohne Wiederholung für $k = n$,

d.h. $p(n) = \dfrac{n!}{(n-n)!} = \dfrac{n!}{0!} = n!$, also

$$p(n) = \begin{cases} 1 & \text{f. } n = 1 \\ p(n-1) \cdot n & \text{falls } n > 1 \end{cases}$$

Anspruchsvolle Beispiele

B10	**Vertauschte Briefe**	*R-Var:*	ÜNN
Anmerkung:	Näheres, auch Historisches ⤳ [St]	*Struktur:*	WR

Jemand schreibt n Briefe an verschiedene Personen und adressiert die zugehöri-gen Umschläge. Auf wieviel Arten kann man jeden der Briefe in einen falschen Umschlag stecken? („Totalvertauschung")

Die Anzahl der Vertauschungen nennen wir V_n. Wir wissen nicht, wieviel Verankerungen notwendig sind, da wir die Vererbungsregel noch nicht kennen, aber die Fälle $n = 1$ und $n = 2$ sind schnell behandelt:

$n = 1$: Offensichtlich kann man hier nichts falsch machen, also $V_1 = 0$.

$n = 2$: Die einzige Möglichkeit ist 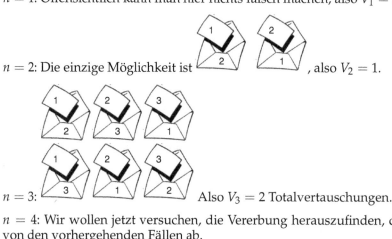, also $V_2 = 1$.

$n = 3$: Also $V_3 = 2$ Totalvertauschungen.

$n = 4$: Wir wollen jetzt versuchen, die Vererbung herauszufinden, d.h. wie hängt V_4 von den vorhergehenden Fällen ab.

Dazu gehen wir von 3 total vertauschten Briefen aus, z.B.

und nehmen den vierten Brief hinzu , und zwar so, daß wir diesen Brief in einen Umschlag der drei vertauschten Briefe stecken

und dessen Brief in den vierten Umschlag: , was auf $n = 3$ Arten möglich ist. Das Gleiche können wir auch mit der anderen Totalvertauschung der drei Briefe machen, also zusammen auf $3 \cdot 2 = 3 \cdot V_3$) Arten.

Es gibt aber noch weitere Möglichkeiten:
Unter den drei vertauschten Brief kann ein richtig einsortierter Brief sein, den wir

mit dem vierten vertauschen, 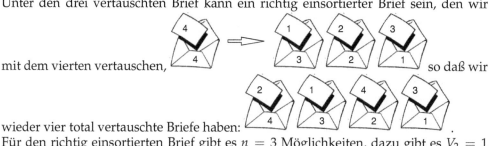 so daß wir

wieder vier total vertauschte Briefe haben: .
Für den richtig einsortierten Brief gibt es $n = 3$ Möglichkeiten, dazu gibt es $V_2 = 1$

Möglichkeiten für die beiden falsch einsortierten Briefe, also zusammen $3 \cdot 1 = 3 \cdot V_2$ Arten. Die falsche Einsortierung des vierten Briefes in drei falsch sortierte Briefe, unter den zwei richtig einsortierte sind, brauchen wir nicht zu berücksichtigen (warum?).

Zusammen ergibt sich $V_4 = 3 \cdot V_3 + 3 \cdot V_2$. Mit der gleichen Argumentation können wir einen fünften Brief einsortieren und erhalten $V_5 = 4 \cdot V_4 + 4 \cdot V_3 = 4 \cdot (V_4 + V_3)$ usw., was zur Verallgemeinerung führt:

$$V_n = (n - 1) \cdot (V_{n-1} + V_{n-2})$$

In Übereinstimmung mit unserem Modellierungsprinzip hätte man an dieser Stelle vor einer Formalisierung die Formulierung des Rekursiven Gedankens RG erwartet. Allerdings bliebe in diesem Beispiel – wie bei vielen Aufgaben zur Kombinatorik – nicht mehr als die Verbalisierung des Terms für V_n übrig, was weder anschaulich noch elegant wäre, weshalb wir darauf verzichten.

Mit den bereits bestimmten Basisfällen ergeben sich die Werteverlaufsrekursion

$$V_n = \begin{cases} 0 & \text{falls } n = 1 \\ 1 & \text{falls } n = 2 \\ (n - 1) \cdot (V_{n-1} + V_{n-2}) & \text{sonst} \end{cases}$$

Rechenblatt und Programm ergeben sich unmittelbar:

	A	B			A	B
1	Vertauschte Briefe			1	Vertauschte Briefe	
2				2		
3	n	V(n)		3	n	V(n)
4	1	0		4	1	0
5	=A4+1	1		5	2	1
6	=A5+1	=A5*(B5+B4)		6	3	2
7	=A6+1	=A6*(B6+B5)		7	4	9
8	=A7+1	=A7*(B7+B6)		8	5	44
9	=A8+1	=A8*(B8+B7)		9	6	265
10	=A9+1	=A9*(B9+B8)		10	7	1854
11	=A10+1	=A10*(B10+B9)		11	8	14833
12	=A11+1	=A11*(B11+B10)		12	9	133496
13	=A12+1	=A12*(B12+B11)		13	10	1334961

```
(define (V n)
  (cond
    ((= n 1) 0)
    ((= n 2) 1)
    (else
      (* (- n 1) (+ (V (- n 1)) (V (- n 2)))))))

> (V 4)  --> 9
> (V 10) --> 1334961
> (V 30) --> 30015845844447569332151892622131671590677046 9041
```

B11	**Geldwechseln**	*R-Var:*	MNN
Anmerkung:	–	*Struktur:*	WR, PE

Wer an einer Kasse sitzt, wo mit Bargeld bezahlt wird, ist bemüht, den Rückgabebetrag mit möglichst wenig Münzen zu gestalten, damit der Vorrat an Münzen möglichst groß bleibt.

1. *Auf wieviel Arten z kann man einen bestimmten Betrag n in Münzen auszahlen?*

2. *Wie sieht die optimale Lösung (möglichst wenig Münzen) aus?*

Zu 1.:

Bei der EURO-Währung stehen uns die Münzen 1 Ct, 2 Ct, 5 Ct, 10 Ct, 20 Ct, 50 Ct, 1 € und 2 € zur Verfügung, wobei wir annehmen, daß von jeder Sorte hinreichend viel vorhanden sind.

Zur besseren Übersicht behandeln wir die €-Münzen als Ct-Beträge, also 1 € = 100 Ct, 2 € = 200 Ct und fassen die Münzbeträge in einer Liste

$$M_k = \{m_1, m_2, \ldots, m_k\}$$

zusammen. Im Falle des EURO kann also k maximal den Wert 8 annehmen:

$$M_8 = \{1, 2, 5, 10, 20, 50, 100, 200\}$$

Zunächst ist klar, daß wir mit 1 Ct Münzen jeden Betrag auszahlen können, und zwar auf genau eine Art. Nennen wir $z(n, k)$ die Anzahl der Möglichkeiten, den Betrag n mit k Münzen auszahlen zu können, dann erhält man für $k = 1$:

$$z(n, 1) = 1$$

Nehmen wir noch die 2 Ct Münze hinzu, dann können wir $z(n, 2)$ in zwei Bereiche aufteilen („Teile und herrsche"), falls der Betrag mindestens $n \geq 2$ beträgt:

– Ohne 2 Ct Münzen, also nur mit 1 Ct Münzen: $z(n, 1) = 1$

– Mit 2 Ct Münzen, was bedeutet, daß mindestens eine 2 Ct-Münze benutzt wird. Dann können wir aber feststellen, daß Betrag $n - 2$ Ct auf genauso viele Arten ausgezahlt werden kann, nämlich $z(n - 2, 2)$, falls $n > 0$.

Es ergibt sich zusammen: $z(n, 2) = z(n, 1) + z(n - 2, 2)$

Wir betrachten ein Paar Beispiele

$$z(2, 2) = z(2, 1) + z(0, 2) = 1 + 1 = 2$$
$$z(3, 2) = z(3, 1) + z(1, 2) = 1 + 1 = 2$$
$$z(4, 2) = z(4, 1) + z(2, 2) = 1 + 2 = 3$$

und erkennen, daß wir noch $z(0,2) = z(1,2) = 1$ vereinbaren müssen:

$$z(n,k) = \begin{cases} 0 & \text{falls } n < 0 \\ 1 & \text{falls } n = 1 \\ z(n,k-1) + z(n - m_k, k) & \text{sonst} \end{cases} \tag{37}$$

Genau genommen müßte man hier noch die Währung mit den Münzbeträgen M_k als Parameter berücksichtigen: In folgenden Rechenblattgerüst werden die m_k zusätzlich zu k als Spaltenparameter vorgesehen, der Geldbetrag n als Zeilenparameter:

	A	B	C	D	E	F	G	H	I
1	Geldwechseln								
2									
3		Münz-Nr.:		k	1		2	3	4	5
4	Münz-Betrag:			ml	1		2	5	10	20
5	Betrag:			n					
6				0	1	=E6	=F6	=G6	=H6
7			=C6+1	1	=E7	=F7	=G7	=H7
8			=C7+1	1	=E8+F6	...	...	...
9			=C8+1	1	=E9+F7	...	...	...
10			=C9+1	1	=E10+F8	...	...	...
11			=C10+1	1	=E11+F9	...	...	...
12			=C11+1	1	=E12+F10	...	...	...

	A	B	C	D	E	F	G	H	I
1	Geldwechseln								
2									
3		Münz-Nr.:		k	1		2	3	4	5
4	Münz-Betrag:			ml	1		2	5	10	20
5	Betrag:			n					
6				0	1	1	1	1	1
7				1	1	1	1	1	1
8				2	1	2	...	...	...
9				3	1	2	...	...	...
10				4	1	3	...	...	...
11				5	1	3	...	...	...
12				6	1	4	...	...	...

Der Fall $n < 0$, der in (37) zu $z(n,k) = 0$ führt, tritt dann im selbstaufrufenden Zweig von (37) auf, wenn $n - m_k < 0$ ist, was im Rechenblatt im Falle $k = 2$ in Spalte F für $n - m_2 = n - 2 < 0$ zu $n \leq 1$ führt, weshalb $z(1,2) = z(1,1) + 0 = 1$ und $z(0,2) = z(0,1) + 0 = 1$ die Zellinhalte =E7 für Zelle F7 und =E6 für Zelle F6 nach sich ziehen, d.h. erst ab $n \geq 2$ wird ein von Null verschiedener Wert addiert, und somit die Summe =E8+F6 in F8 gebildet.

Im Falle $k = 3$ und damit $m_3 = 5$, also $z(n,3) = z(n,2) + z(n - m_3,3) = z(n,2) + z(n - 5,2)$ wird entsprechend erst ab $n \geq 5$, d.h. ab Zelle G11 ein Wert $\neq 0$ addiert, nämlich der Inhalt von Zelle G0.

Verfährt man für die restlichen Münzbeträge $m_4 = 10,\ldots,m_8 = 200$ entsprechend, ergibt sich insgesamt:

	A	B	C	D	E	F	G	H	I	J	K	L
1	Geldwechseln											
2												
3		Münz-Nr.:		k	1	2	3	4	5	6	7	8
4	Münz-Betrag:			dk	1	2	5	10	20	50	100	200
5	Betrag:			n								
6				0	1	1	1	1	1	1	1	1
7				1	1	1	1	1	1	1	1	1
8				2	1	2	2	2	2	2	2	2
9				3	1	2	2	2	2	2	2	2
10				4	1	3	3	3	3	3	3	3
11				5	1	3	4	4	4	4	4	4
12				6	1	4	5	5	5	5	5	5
13				7	1	4	6	6	6	6	6	6
14				8	1	5	7	7	7	7	7	7
15				9	1	5	8	8	8	8	8	8
16				10	1	6	10	11	11	11	11	11
17				11	1	6	11	12	12	12	12	12
18				12	1	7	13	15	15	15	15	15
19				13	1	7	14	16	16	16	16	16
20				14	1	8	16	19	19	19	19	19
21				15	1	8	18	22	22	22	22	22
22				16	1	9	20	25	25	25	25	25
23				17	1	9	22	28	28	28	28	28
24				18	1	10	24	31	31	31	31	31
25				19	1	10	26	34	34	34	34	34
26				20	1	11	29	40	41	41	41	41
27				21	1	11	31	43	44	44	44	44
28				22	1	12	34	46	51	51	51	51

Man sieht, daß der Preis für die Übersichtlichkeit des Rechenblattes die unhandliche Länge ist.

Zu 2.:

Naheliegend ist der Gedanke, möglichst viel Münzen n_k mit dem höchsten Nennwert m_k zu verwenden, also

$$n_k = \left[\frac{n}{m_k} \right]$$

Entsprechend wird für den Rest $n - n_k \cdot m_k$ festgestellt, wieviel davon mit den n_{k-1} Münzen des zweitgrößten Nennwertes m_{k-1} beglichen werden können:

$$n_{k-1} = \left[\frac{n - n_k \cdot m_k}{m_{k-1}} \right]$$

Insgesamt ist also das k-Tupel $(n_1, n_2, \ldots, n_k)$ gesucht mit

$$n_i = \begin{cases} \left[\dfrac{n}{m_i} \right] & \text{für } i = k \\ \left[\dfrac{n - n_{i+1} \cdot m_{i+1}}{m_i} \right] & \text{für } 1 \leq i \leq k-1 \end{cases}$$

oder als Funktion

$$f(n, m_i) = \begin{cases} \left[\dfrac{n}{m_i} \right] & \text{für } i = k \\ \left[\dfrac{n - f(n, m_{i+1}) \cdot m_{i+1}}{m_i} \right] & \text{für } 1 \leq i \leq k-1 \end{cases} \tag{38}$$

mit der Rekursionsvariablen m_i, die wir im Rechenblatt zusammen mit den n_i horizontal anordnen (Zeile 6 bzw. Zeile 7 ab Spalte D), und nehmen den Wechselbetrag n in Zelle B3 als Kalkulationsfeld:

	A	B	C	D	E	F	G
1	Geldwechseln		– optimale Lösung –				
2							
3	Betrag:	74					
4							
5			k	8 =D5-1	=E5-1	=F5-1	
6	EURO	Münzen	mk	200	100	50	20
7		Anzahl:	nk	=GANZZAHL($B$3/D6)	=GANZZAHL(D8/E6)	=GANZZAHL(E8/F6)	=GANZZAHL(F8/G6)
8		Rest:		=$B$3-D6*D7	=D8-E6*E7	=E8-F6*F7	=F8-G6*G7
9							

Abb. 34: Geldwechsel, optimale Lösung: Ansatz

Zum Vergleich können wir auch die Lösung für andere Währungen einbauen:

	A	B	C	D	E	F	G	H	I	J	K	L	M
1	Geldwechseln		– optimale Lösung –										
2													
3	Betrag:		74										
4													
5			k	8	7	6	5	4	3	2	1		
6	EURO	Münzen	mk	200	100	50	20	10	5	2	1		Σ
7		Anzahl:	nk	0	0	1	1	0	0	2	0		4
8		Rest:		74	74	24	4	4	4	0	0		
9													
10													
11	DM	Münzen	mk	500	200	100	50	10	5	2	1		Σ
12		Anzahl:	nk	0	0	0	1	2	0	2	0		5
13		Rest:		74	74	74	24	4	4	0	0		
14													
15													
16	Dollar	Münzen	mk	25	10	5	1						Σ
17		Anzahl:	nk	2	2	0	4						8
18		Rest:		24	4	4	0						

Abb. 35: Geldwechsel, optimale Lösung: Übersicht

Es sein an dieser Stelle darauf hingewiesen, daß das Verfahren (38) bzw. in Abb. 35 nicht bei allen Währungen, genauer gesagt Münzsortierungen die optimale Lösung findet! Mehr dazu in den Übungen, s.u.

Programmierung

Zu 1.

Für eine programmierte Version können wir die Struktur von (37) übernehmen, allerdings müssen wir die Münzliste M_k als Parameter berücksichtigen und können somit auf den Index k verzichten, indem die Münzliste als Rekursionsparameter einsetzen. Im Gegensatz zum Rechenblatt, das „prokursiv", also vorwärtslaufend, aufgebaut wird, läuft die gesuchte Funktion rekursiv, also rückwärts, d.h. wir benötigen die Münzliste in umgekehrter Reihenfolge und definieren sie daher als euro :

```
(define euro (reverse (list 1 2 5 10 20 50 100 200)))
```

In Übereinstimmung mit dem Rechenblatt erhalten wir z.B.

```
> (z 20 euro)    -->     41)
> (z 100 euro)   -->     4563)
```

durch

```
(define (z n muenzliste)
  (cond
    ((empty? (rest muenzliste)) 1)
    ((< n 0) 0)
    (else
     (+
      (z n (rest  muenzliste))
      (z (- n (first muenzliste)) muenzliste)))))
```

Bei > `(z 500 euro)` -> `6295434` wird der Zeitaufwand schon spürbar (Baumrekursion).

Zu 2.

Bei der Programmierung dieses Problems gehen wir so vor, daß wir eine Funktion

$$\textit{wechseldgeld} : n \; \textit{muenzliste} \rightarrow \textit{ergebnisliste}$$

suchen, die den Wechselbetrag n und die Liste der Nennwerte M_k verbraucht und als Ergebnis eine Liste von Paaren liefert, wobei jedes Paar (m_k, n_k) – das selbst wieder als Liste modelliert werden kann – aus dem Nennwert m_k und der zugehörigen Anzahl n_k der benötigten Münzen liefert, also z.B.

```
> (wechselgeld 74 euro)
      --> (list (list 50 1) (list 20 1) (list 2 2) (list 1 0))
```

in Übereinstimmung mit Abb. 35.

```
(define (wechselgeld n muenzliste)
  (local
      ((define mk (first muenzliste))
       (define zk (quotient n (first muenzliste)))))
    (cond
      ((empty? (rest muenzliste)) (list (list mk (quotient n mk))))
      (else
       (cons
        (list mk zk)
        (wechselgeld (- n (* mk zk)) (rest muenzliste)))))))
```

◆

ANREGUNGEN:

1. Einfaches KO-System: Bei einem Turnier scheidet im Zweikampf der Verlierer aus, der Sieger kommt eine Runde weiter: Bei z. B. 84 Teilnehmern finden in der 1. Runde 42 Zweikämpfe statt und 42 Sieger gelangen in die 2. Runde, wo 21 Zweikämpfe stattfinden. Jetzt gibt es 21 Sieger, also eine ungerade Zahl: Ein Sieger erhält ein Freilos für die 4. Runde, die restlichen 20 Sieger bestreiten in 10 Zweikämpfen die 3. Runde, usw. Wieviel Zweikämpfe $Z(n)$ sind bei einem KO-Turnier mit n Teilnehmern notwendig, um den Sieger zu ermitteln?

    a) Finde eine rekursive Lösung $Z(n)$ (RG, Formalisierung, Rechenblatt/Programm)

    b) Finde durch geeignete (nicht prozeßorientierte) Überlegung, daß es die explizite Lösung $Z(n) = n - 1$ gibt

2. Modelliere die Primfaktorzerlegung einer Zahl $n \in \mathbb{N}$ durch eine Funktion (`pz-liste n`) mit z.B.

    ```
    > (pz-liste 72) --> (list 2 2 2 3 3)
    ```

9.3 Nicht-zahlentheoretische Rekursionen über $\mathbb{N}$

B12	**Binomialverteilung**	R-Var:	ÜN
Anmerkung:	–	*Struktur:*	PE, WR

Praktische Berechnung der Binomialverteilung $B_{n,p;k}$

Aus dem allgemeinen binomischen Ausdruck

$$(a+b)^n = \sum_{k=0}^{n} \binom{n}{k} a^{n-k} b^k \text{ mit } n \in \mathbf{N}$$

ergibt sich mit $p = b$ und $1 - p = a$ und Vertauschen von p^k mit $(1-p)^{k-1}$ die *Binomialverteilung* (k = Trefferzahl) in expliziter Darstellung

$$B_{n,p;k} = \binom{n}{k} p^k (1-p)^{n-k} \text{ mit } 0 \le k \le n \in \mathbf{N} \text{ und } 0 \le p \le 1 \qquad (39)$$

Das dazu äquivalente rekursive Modell können wir genauso wie den Binomialkoeffizienten aus der gedrehten Tabelle 33 gewinnen

$$B_{n,p;k} = \begin{cases} (1-p)^n & \text{für } k = 0 \\ p^n & \text{für } k = n \\ p \cdot B_{n-1,p;k-1} + (1-p) \cdot B_{n-1,p;k} & \text{für } 1 \le k \le n - 1 \end{cases} \qquad (40)$$

Diese Definition eignet sich im Gegensatz zu (39) aufgrund der Abwesenheit von des Binomialkoeffizienten für Tabellenkalkulation.

Dazu wollen wir im Rechenblatt die Wahrscheinlichkeitswerte eines um 45° gedrehten Baumdiagramms erzeugen, so daß in den Diagonalen jeweils für festes n die Wahrscheinlichkeiten für $0 \le k \le n$ stehen:

Für $n = 1$ die Diagonale von 1 bis 1, also von Zelle E6 bis F5 mit $0,4$; $0,6$
Für $n = 2$ die Diagonale von 2 bis 2, also von Zelle E7 bis G5 mit $0,16$; $0,48$; $0,36$
usw.

	A	B	C	D	E	F	G	H
1	Binomialverteilung							
2								
3	p	0,6						
4	q	0,4						
5								
6				n	0	1	2	3
7				0	1	0,6000	**0,3600**	0,2160
8				1	0,4000	**0,4800**	0,4320	0,3456
9				2	**0,1600**	0,2880	0,3456	0,3456
10				3	0,0640	0,1536	0,2304	0,2765
11				4	0,0256	0,0768	0,1382	0,1935

Die Zeile 6 und Spalte D sind zur besseren Orientierung mit den laufenden Werten von n gefüllt und bilden somit die Ränder des gedrehten Baumdiagramms.

Die restlichen Zellen der Tabelle werden mit selbstaufrufenden Zweig von (40) gefüllt, also z.B. die Zelle F8 mit =E8*\$B\$3+F7*\$B\$4 usw.

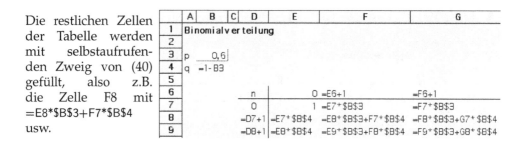

Programmierung

```
(define (bnpk n p k)
  (cond
    ((zero? k) (expt (- 1 p) n))
    ((= n k) (expt p n))
    (else
      (+
        (* p (bnpk (- n 1) p (- k 1)))
        (* (- 1 p) (bnpk (- n 1) p k)))))))
```

mit z.B.

```
> (bnpk 3 0.6 0)      -->     0.064
> (bnpk 3 0.6 1)      -->     0.288)
> (bnpk 3 0.6 2)      -->     0.432
> (bnpk 10 0.6 5)     -->     0.2006581248
> (bnpk 20 0.6 5)     -->     0.00129449352228765696
```

wobei – wie erwartet – die Aufrufe für $n \gtrsim 40$ zeitkritisch werden, da es sich um eine Baumrekursion handelt. ◆

B13	**DIN-A-Formate**	*R-Var:*	ÜN
Anmerkung:	–	*Struktur:*	(IR)

Wie kann man die DIN-A-Formate berechnen?

Wir gehen nach dem Modellierungsprinzip „Problem als Prozeß" (vgl. 3.2) vor: Die Papierblätter vom bekannten DIN-A-Format sind eine Folge von Rechtecken der Höhe h_n und der Breite b_n, wobei man das nächst kleinere Format durch Falten oder Halbieren längs der Symmetrieachse senkrecht zu h_n erhält, so daß

$$h_n = b_{n-1}$$
$$b_n = \tfrac{1}{2}h_{n-1}$$

Damit liegt das rekursive Modell auf der Hand, man könnte sogar sagen, daß die Vererbung oder das Zurücklaufen auf den letzten Werte bzw. rekurrieren mittels Falten oder Halbieren durch eine manuelle Tätigkeit erfolgt!

Wir müssen noch die Besonderheit der entstehenden Folge einbringen: das Seitenverhältnis ist so gewählt, daß die entstehenden Blätter geometrisch ähnlich sind, d.h.

$$\frac{h_n}{b_n} = \frac{h_{n-1}}{b_{n-1}} \quad\Rightarrow\quad \frac{h_n}{h_{n-1}} = \frac{b_n}{b_{n-1}}$$

Insgesamt also

$$h_n = b_{n-1} = \frac{h_{n-1}}{\sqrt{2}} \quad \text{mit} \quad b_0 = \frac{h_0}{\sqrt{2}}$$

Gesucht sind also Paare $((h_0, b_0), (h_1, b_1), (h_2, b_2), \ldots)$, wobei ein Paar (*Höhe*, *Breite*) die Abmessungen des Formats DIN-A-n angibt.

Fassen wir obiges zusammen, wird eine Besonderheit dieses Beispiel deutlich: Wir können entweder zwei direkte Rekursionen

$$h(n) = \begin{cases} h_0 & \text{falls } n = 0 \\ \dfrac{h(n-1)}{\sqrt{2}} & \text{falls } n > 0 \end{cases} \quad \text{und} \quad b(n) = \begin{cases} \dfrac{h_0}{\sqrt{2}} & \text{falls } n = 0 \\ \dfrac{b(n-1)}{\sqrt{2}} & \text{falls } n > 0 \end{cases}$$

definieren oder eine indirekte Rekursion:

$$h(n) = \begin{cases} h_0 & \text{falls } n = 0 \\ b(n-1) & \text{falls } n > 0 \end{cases} \quad \text{und} \quad b(n) = \begin{cases} \dfrac{h_0}{\sqrt{2}} & \text{falls } n = 0 \\ \dfrac{h(n)}{\sqrt{2}} & \text{falls } n > 0 \end{cases} \quad (41)$$

Ausgangsgröße für die beiden Basisfälle h_0 und b_0 ist der sog. Doppelbogen von $1 \ m^2 = 1000000 \ mm^2$ Fläche, also (ohne Einheiten)

$$h_0 \cdot b_0 = 1000000 \quad \text{oder} \quad b_0 = \frac{1000000}{h_0}$$

Damit erhalten wir

$$\frac{h_0}{b_0} = \frac{b_0}{\frac{h_0}{2}} \quad\Rightarrow\quad h_0^2 = 2 \cdot b_0^2 = 2 \cdot \left(\frac{1000000}{h_0}\right)^2 \quad\Rightarrow\quad h_0 = \sqrt[4]{2} \cdot 1000 = 1189,2071\ldots$$

Für die Praxis setzt man $h_0 := 1189$, $b_0 := 841$ (statt $b_0 = \dfrac{h_0}{\sqrt{2}} = 840,89641\ldots$).

Die Tabellierung von (41) ergibt (wobei die Zahlenformatierung für die b_n-Werte in Spalte E auf 0 Hinterkommastellen eingestellt wird):

	A	B	C	D	E
1	DIN-A Papierformate				
2					
3	h0 =2^0,25*1000				
4					
5			DIN-A	hn	bn
6			0	=$B$3	=D6/WURZEL(2)
7			=C6+1	=E6	=D7/WURZEL(2)
8			=C7+1	=E7	=D8/WURZEL(2)
9			=C8+1	=E8	=D9/WURZEL(2)
10			=C9+1	=E9	=D10/WURZEL(2)
11			=C10+1	=E10	=D11/WURZEL(2)
12			=C11+1	=E11	=D12/WURZEL(2)
13			=C12+1	=E12	=D13/WURZEL(2)
14			=C13+1	=E13	=D14/WURZEL(2)
15			=C14+1	=E14	=D15/WURZEL(2)
16			=C15+1	=E15	=D16/WURZEL(2)

	A	B	C	D	E
1	DIN-A Papierformate				
2					
3	h0 1189,2				
4					
5			DIN-A	hn	bn
6			0	1189	841
7			1	841	595
8			2	595	420
9			3	420	297
10			4	297	210
11			5	210	149
12			6	149	105
13			7	105	74
14			8	74	53
15			9	53	37
16			10	37	26

Abb. 36: DIN-A-Formate

Programmierung

Wir suchen eine Funktion

$DIN\text{-}A\text{-}n\text{:}$ *Zahl –> Paar (von Höhe und Breite)*

In SCHEME bietet sich der Einfachheit halber wieder der Datentyp *Liste* an, und man erwartet z.B.

```
> (DIN-A 4)        -->        (list 297 210)
> (DIN-A 5)        -->        (list 210 148)
```

Zunächst können wir uns die Konstante (define DIN-A0 1189) für die Verankerung definieren.
Im Falle $n = 0$ besteht das Paar aus DIN-A0 als h_0 und (round (inexact->exact (/ DIN-A0 (sqrt 2)))) (Operationen mit sqrt erzeugen nicht-exakte Zahlen). Im selbstaufrufenden Fall $n > 0$ ist somit mindestens ein Paar vorhanden, auf dessen beiden Elemente DIN-A n zugreifen kann:

```
(define DIN-A0 (round (inexact->exact (* (exp (/ (log 2) 4)) 1000))))

(define (DIN-A n)
  (cond
    ((zero? n)
     (list DIN-A0 (round (inexact->exact (/ DIN-A0 (sqrt 2))))))
    (else
     (list
       (round (second (DIN-A (- n 1))))
       (round (/ (first (DIN-A (- n 1))) 2))))))
```

mit z.B.

```
> (DIN-A 4)      --> (list 297 210)
```

Für eine Tabellierung suchen wir eine Funktion

DIN-A-Tabelle: Zahl –> Liste von Tripel (Zahl, Höhe, Breite)

Dazu konstruieren wir zunächst eine endrekursive Hilfsfunktion

```
(define (DIN-A-hilfe n k akku)
  (cond
    ((zero? k) akku)
    (else
     (DIN-A-hilfe n (- k 1)
                  (cons
                   (list (- (+ n 1) k)
                    (round (third (first akku)))
                    (round (/ (second (first akku)) 2)))
                   akku)))))
```

mit Zwischenspeicher, auf die die eigentliche Funktion

```
(define (DIN-A-Tabelle n)
  (reverse
   (DIN-A-hilfe
    n n
    (list
     (list
      0
      DIN-A0
      (round (inexact->exact (/ DIN-A0 (sqrt 2)))))))))
```

zugreift und erhalten z.B.

```
> (DIN-A-Tabelle 3)      -->
(list (list 0 1189 841) (list 1 841 594) (list 2 594 420)
      (list 3 420 297))
```

◆

ANREGUNGEN:

1. Konstruiere eine Funktion (f r n), die einen „Hinterkomma-Rest" r zu einer quasipe-
   riodischen Zahl aus n Wiederholungen macht, z.B.

   ```
   > (f 0.16 2)    --> 0.1616
   > (f 0.16 7)    --> 0.16161616161616
   ```

9.4 Dynamische Prozesse: Deskriptive Modelle

Wie in 3.1 ausführlich dargelegt, betrachten wir zunächst nur Vorgänge, deren „rekursiver Gedanke" zu einer linearen Differenzengleichungen 1. Ordnung führt und somit
zusammen mit dem Basisfall $A(x_0) = A_0$ zu einer *äquidistanten* Rekursion (Typ ÄQ,
vgl. 7.1) führt:

$$A(x) = \begin{cases} A_0 & \text{falls } x = x_0 \\ A(x - \Delta x) + a \cdot A(x - \Delta x) + b & \text{sonst} \end{cases} \tag{42}$$

Wir werden im ersten Abschnitt sehen, daß damit lineares, exponentielles und beschränktes Wachstum modelliert werden können, die wir nach $\leadsto$[Bü] als *gut modellierbare* Wachstumsformen bezeichnen.
Genauere Untersuchungen werden zeigen, daß eine Modellierung von exponentiel-
lem und beschränktem Wachstum von realen Phänomen anhand von Meßwerten recht
komplex sein kann und häufig von Fehlinterpretation begleitet wird. Im anschließenden Abschnitt werden die Ergebnisse zusammengefaßt und interpretiert, bevor wir
komplexere Wachstumsformen betrachten.

„Gut modellierbare" Wachstumsformen

*Lineares Wachstum liegt vor, wenn eine Größe A in gleichen Zeitabständen Δx um die gleiche
Änderungsrate ΔA zunimmt, ausgedrückt als Differenzengleichung*

$$A(x) = A(x - \Delta x) + \Delta A \quad mit \ \Delta A = konst. \tag{43}$$

Aus (42) ergibt sich wegen $\Delta A \sim \Delta x$ für (43): $H(A(x - \Delta x)) = \Delta A = m \cdot \Delta x = konst.$
Mit $A(x_0) = A_0$ und $x, x_0, A_0 \in \widehat{Q}$ erhalten wir die äquidistante Rekursion

$$A(x) = \begin{cases} A_0 & \text{falls } x = x_0 \\ A(x - \Delta x) + m \cdot \Delta x & \text{falls } x = x_0 + n \cdot \Delta x \text{ mit } n \in \mathbb{N}^+. \end{cases} \tag{44}$$

als diskretes Modell.
Für den Sonderfall $x \in \mathbb{N}, \Delta x = 1$ ergibt sich

$$A(n) = \begin{cases} A_0 & \text{falls } n = 0 \\ A(n - 1) + m & \text{falls } n > 0 \end{cases}$$

An dieser Stelle sei nochmal daraufhin gewiesen, daß man mit (44) nur Funktionswer-
te für $x \in \mathbb{Q}$ mit $x = x_0 + n \cdot \Delta x$, $n \in \mathbb{N}$ berechnen kann. Dieses Problem wollen im
folgenden Beispiel genauer betrachten.

| B14 | **Adventskerze** | *R-Var:* | ÄQ |
| *Anmerkung:* | lineares Wachstum (Abnahme) | *Struktur:* | – |

*Eine Adventskerze von 11,5 cm Länge wird angezündet und beim Abbrennen
ihre Länge bzw. Höhe h mit einer Schieblehre halbstündlich gemessen:*

t [h]	0	0,5	1	1,5	2	2,5	3	3,5	4	4,5	5	5,5
$h(t)$ [cm]	11,5	10,78	9,08	8,23	7,03	6,06	5,67	4,72	3,15	2,34	1,93	0,80

Welche Höhe hat die Kerze nach 2 Stunden (t Stunden)?

Modellierung

Die Messpunktwolke legt einen linearen Zusammenhang zwischen t und $h(t)$ nahe,
einen Ansatz gemäß (44).

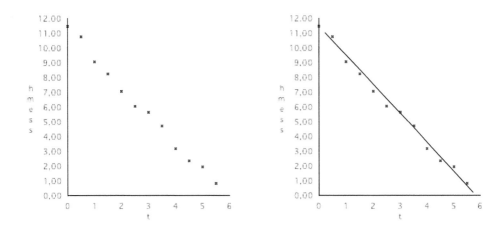

Abb. 37: Messpunktwolke und Regressionsgerade

Dazu ermitteln wir die Steigung der Regressionsgeraden zu $m \approx -1,94$ und machen noch die Annahmen, daß der Messpunkt $(0|11,5)$ sowie die äquidistanten Zeitpunkte $t_0 = 0, t_1 = 0,5,\ldots$ exakt sind. Damit ergibt sich

$$h(t) = \begin{cases} 11,5 & \text{falls } t = 0 \\ h(t - 0,5) - 1,94 \cdot 0,5 & \text{falls } t = k \cdot 0,5 \text{ mit } k \in \mathbb{N}^+ \end{cases}$$

Diese Funktion liefert die idealisierten Meßwertpunkte auf der Regressionsgeraden. Der Zweck einer Simulation ist aber Berechnung von weiteren Werten mit $t \in](k-1) \cdot 0,5; k \cdot 0,5[$, also Zwischenwerten, für die keine Messung vorliegt. Zu diesem Zweck nehmen wir eine Verfeinerung der Schrittweite vor und führen den Parameter Δt ein:

$$h(t, \Delta t) = \begin{cases} 11,5 & \text{falls } t = 0 \\ h(t - \Delta t) - 1,94 \cdot \Delta t & \text{falls } t = k \cdot \Delta t \text{ mit } k \in \mathbb{N}^+ \end{cases} \tag{45}$$

Wir gestalten das Standard-Rechenblatt möglichst flexibel und führen neben dem Kalkulationsparameter Δt noch t_0, h_0, m ein:

	A	B	C	D	E
1	Lineares Wachstum: Adventskerze				
2					
3	t0 [h]	0			
4	h0 [cm]	11,5			
5	m	-1,94			
6	Δt [h]	0,5			
7					
8				t	h
9				=$B$3	=$B$4
10				=D9+$B$6	=E9+$B$5*$B$6

und erhalten z.B.

	A	B	C	D	E
1	Lineares Wachstum: Adventskerze				
2					
3	t0 [h]	0			
4	h0 [cm]	11,5			
5	m	-1,94			
6	Δt [h]	0,5			
7					
8				t	h
9				0	11,50
10				0,5	10,53
11				1	9,56
12				1,5	8,59
13				2	7,62
14				2,5	6,65
15				3	5,68
16				3,5	4,71
17				4	3,74
18				4,5	2,77
19				5	1,80
20				5,5	0,83

	A	B	C	D	E
1	Lineares Wachstum: Adventskerze				
2					
3	t0 [h]	0			
4	h0 [cm]	11,5			
5	m	-1,94			
6	Δt [h]	0,05			
7					
8				t	h
9				0	11,50
10				0,05	11,40
11				0,1	11,31
12				0,15	11,21
13				0,2	11,11
113				5,2	1,41
114				5,25	1,31
115				5,3	1,22
116				5,35	1,12
117				5,4	1,02
118				5,45	0,93
119				5,5	0,83

mit den Diagrammen

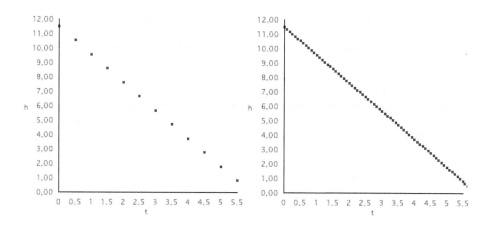

Abb. 38: Simulationen mit $\Delta t = $ 30min, 3min

An dieser Stelle ist unbedingt eine Diskussion der Kalkulationsparameter in den Zellen B3, B4, B5, B6 angebracht:

- eine Verkleinerung von Δt bewirkt zwar die gewünschte Verfeinerung der Tabellierung – wie man auch an den Diagrammen erkennt –, aber zum Preis viel längerer Rechenblätter
  Aber das Wichtigste: es wird immer noch der gleiche Abbrennvorgang modelliert.

- eine Wert-Änderung des Kalkulationsparameters

    - t_0 kann man als verfrühtes oder verspätetes Starten der Zeitmessung interpretieren

    - h_0 kann man als Abbrennen einer längeren oder kürzeren Kerze mit gleichen Brenneigenschaften interpretieren, d.h. wir haben einen anderen Abbrennvorgang

    - m bedeutet das Abbrennen einer dickeren oder dünneren Kerze oder allgemeinen mit anderen Brenneigenschaften

Das bedeutet:

■ Die Kalkulationsparameter eines Rechenblattes können sich prinzipiell unterscheiden.
Eine Wert-Änderung kann

- zu einer Simulation eines anderen, aber qualitativ gleichen Phänomens führen

- zu einem verfeinerten Modell des gleichen Phänomens führen

In diesem Zusammenhang kann man an Abb. 38 erkennen:

■ Beim linearen Wachstum kann man den Parameter Δt variieren, ohne daß sich die Aufgabenstellung ändert! Dies wird bei den nachfolgend vorgestellten Wachstumsformen nicht mehr der Fall sein.

Zweck der Modellierung ist es, zu einem beliebigen Wert $t \in \mathbb{Q}$ die Höhe $h(t)$ berechnen zu können, d.h.

Wie muß Δt zu einem gegebenen t gewählt werden, damit $t = t_0 + k \cdot \Delta t$ mit $k \in \mathbb{N}^+$ und k möglichst klein ist?

Wir verallgemeinern (45) möglichst weitgehend, damit wir das Abbrennen beliebiger Kerzen modellieren können:

$$h(\Delta t, t) = \begin{cases} h_0 & \text{falls } t = t_0 \\ h(t - \Delta t) + m \cdot \Delta t & \text{falls } t = t_0 + k \cdot \Delta t \text{ mit } k \in \mathbb{N}^+ \end{cases} \tag{46}$$

Es ist $t - t_0 \in \mathbb{Q}$, also existieren $p \in \mathbb{Z}, q \in \mathbb{N}^+$ mit $t - t_0 = \frac{p}{q} = p \cdot \frac{1}{q}$, wobei $\frac{p}{q}$ ein gekürzter Bruch ist: somit können wir z.B. p als k und $\frac{1}{q}$ als Δt auffassen.

Dazu ein Beispiel:

Seien $t_0 = 0,3, t = 0,54$, dann erhalten wir $t - t_0 = 0,24 = \frac{6}{25}$, also $k = 6$ und $\Delta t = \frac{1}{25} = 0,04$:

	A	B	C	D	E
1	Lineares Wachstum: Adventskerze				
2					
3	t0	0,3			
4	h0	11,5			
5	m	-1,94			
6	Δx	0,04			
7					
8				t	h
9				0,3	11,50
10				0,34	11,42
11				0,38	11,34
12				0,42	11,27
13				0,46	11,19
14				0,5	11,11
15				0,54	11,03
16				0,58	10,96
17				0,62	10,88

Das Rechenblatt liefert also zu jedem t die Höhe $h(t)$, aber die Bestimmung eines geeigneten Δt bleibt uns überlassen. Daher fragen wir uns, ob wir diese Aufgabe bei einer Lösung durch Programmierung überlassen können. Zunächst erhalten wir aus (46):

```
(define (h t0 h0 m dt t)
  (cond
    ((= t t0) h0)
    (else
      (+ (h t0 h0 m dt (- t dt)) (* m dt)))))
```

Auch hier nehmen wir den oben ermittelten Wert für $\Delta t = 0,04$ und erhalten

```
> (h 0.3 11.5 -1.94 0.04 0.54)    --> 11.0344
```

Jetzt greifen wir die Methode der *variablen Schrittweite*, S. 95, zurück, bei der das Programm mittels `(define dt (/ 1(denominator (- t t0)))` bei jedem Selbstaufruf ein geeignetes Δt berechnet und wir so auf Δt als Funktionsparameter verzichten können:

```
(define (h' t0 h0 m t)
  (local
    ((define dt (/ 1(denominator (- t t0)))))
    (cond
      ((= t t0) h0)
      (else
        (+ (h' t0 h0 m (- t dt)) (* m dt)))))))
```

```
> (h' 0.3 11.5 -1.94 0.54)        --> 11.0344
```

◆

Beispiele für lineares Wachstum gibt es wie Sand am Meer, und da sie zu den „leichten" Rekursionen zählen, d.h. sie sind im Kontext leicht erkennbar und formulierbar. Sie dienen sie hier (vgl. 5.1) im wesentlichen als didaktisches Mittel bei der Einführung in die Rekursion in Kl. 8.

Beim exponentielle Wachstum gehen wir von der üblichen Definition aus Kl. 10 aus:

Exponentielles Wachstum *liegt vor, wenn eine Größe A in gleichen Zeitabständen Δx um den gleichen Faktor $q > 1$ zunimmt (für $0 < q < 1$ exponentielle Abnahme)*

$$A(x + \Delta x) = q \cdot A(x) \tag{47}$$

Für (42) als diskretes Modell ergibt sich daraus:

$$
\begin{aligned}
A(x) &= & A(x - \Delta x) + \Delta A = & \quad A(x - \Delta x) + k \cdot A(x - \Delta x) \\
&= & (1 + k) \cdot A(x - \Delta x) = & \quad q \cdot A(x - \Delta x)
\end{aligned} \tag{48}
$$

Mit $A(x_0) = A_0$ und $k > -1$, $k \neq 0$ (Wachstumskonstante) erhält man die äquidistante Rekursion

$$A(x) = \begin{cases} A_0 & \text{falls } x = x_0 \\ (1 + k) \cdot A(x - \Delta x) = q \cdot A(x - \Delta x) & \text{falls } x = x_0 + n \cdot \Delta x \end{cases} \tag{49}$$

die wir mittels $x \to n = \frac{x - x_0}{\Delta x}$ in die werteäquivalente Rekursion

$$A(n) = \begin{cases} A_0 & \text{falls } n = 0 \\ (1 + k) \cdot A(n - 1) = q \cdot A(n - 1) & \text{falls } n \in \mathbb{N}^+ \end{cases} \tag{50}$$

transformieren können (s. 7.3).

B15	γ-**Strahlung**	R-Var:	ÄQ
Anmerkung:	-	*Struktur:*	–

Die γ-Strahlung eines radioaktiven Präparates soll durch eine Anzahl n von Bleiplatten der Dicke 2 mm abgeschwächt werden. Ziel ist die Bestimmung der verbleibenden relativen Strahlungsintensität nach dem Durchgang durch eine beliebig dicke Bleischicht. Dazu mißt man jeweils die Impulse pro Minute mit einem Zählrohr und nimmt diese als Maß für die verbleibende Intensität. Man erhält folgende Messdaten für 0 bis 25 Platten:

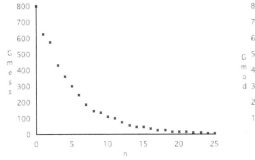
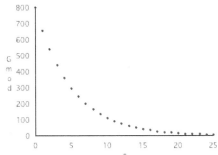

Diskrete Modelle

Die Annahme, daß pro Bleiplatte ein fester Anteil k der Strahlung absorbiert wird, kann durch eine Auswertung der Messdaten mittels des Quotienten aufeinanderfolgender Meßwerte G_i durch $\bar{k} = 1 - \frac{1}{n}\sum_{i=1}^{n} q_i$ mit $q_i = \frac{G_i}{G_{i-1}}$ bestätigt werden und legt zusammen mit der obigen Messkurve einen exponentielle Abnahme nahe.
Die Messdaten ergeben $k := -\bar{k} \approx -0,18$ (Abnahme), und mit $G_0 = 800$ liefert (50)

$$G(n) = \begin{cases} 800 & \text{falls } n = 0 \\ G(n-1) - 0,18 \cdot G(n-1) = 0,82 \cdot G(n-1) & \text{falls } n \in \mathbb{N}^+ \end{cases} \tag{51}$$

Aber was können wir mit diesem „Modell" anfangen? Genau genommen nichts anderes, als die Meßwerte zu idealisieren und ggf. Werte für $n > 25$ berechnen!
Das Experiment selbst hat diskreten Charakter, da die Anzahl der Bleiplatten ganzzahlig variiert wird, aber das Phänomen der Strahlungsabsorption in einem bestimmten Medium ist in Abhängigkeit von der Entfernung als stetiger Prozess anzusehen, zumindest makroskopisch.
Wir können also mit diesem diskreten Modell nicht die Intensität

- für beliebige Plattendicken Δx
  bzw.
- in einem beliebigen Abstand x von der Strahlungsquelle

berechnen, was aber der Zweck der Anwendung einer Simulation wäre!

■ **Die Aufgabe einer *Simulation* ist es, Werte zu berechnen, bei denen eine Messung nicht möglich, zu aufwendig, zu teuer usw. ist.**

Die Aufgabenstellung geht weit darüber hinaus: „.... *relativen Strahlungsintensität nach dem Durchgang durch eine beliebig dicke Bleischicht ...*", d.h. wir suchen ein neues Modell A, das in Abhängigkeit von $x_0, A_0, k, \Delta x$ die relative Strahlungsintensität $A(x)$ für $x \in \hat{\mathbb{Q}}$, insbesondere für Zwischenwerte $n-1 < x < n$, berechnen kann. Dafür nehmen wir folgende Änderungen vor:

- wir betrachten keine einzelnen Platten mehr, sondern einzige Bleischicht der Dicke x, die einen Abstand x_0 von der Strahlungsquelle hat und innerhalb derer die Werte im Abstand Δx (bei den Messungen 2 mm) interessieren

- wir berechnen nicht die Zählrate G, sondern die verbleibende relative Intensität A in Abhängigkeit vom Abstand x der Strahlungsquelle, d.h. x ist Rekursionsvariable, und für den Anfangswert gilt: $A(0) = A_0 = 100$ (in Prozent).

Damit ergibt sich mit $x_0 = 0$ aus (49) die äquidistante Rekursion:

$$A(x) = \begin{cases} 100 & \text{falls } x = 0 \\ A(x-\Delta x) - 0,18 \cdot A(x-\Delta x) = 0,82 \cdot A(x-\Delta x) & \text{falls } x > 0 \end{cases} \tag{52}$$

Ein Rechenblatt

	A	B	C	D	E	F
1	Gamma-Strahlung					
2						
3	x0	0				
4	A0	100				
5	k	-0,18				
6	Δx	2				
7				n	x	A
8				0	=$B$3	=$B$4
9				=D8+1	=E8+$B$6	=F8+$B$5*F8
10				=D9+1	=E9+$B$6	=F9+$B$5*F9
11				=D10+1	=E10+$B$6	=F10+$B$5*F1

liefert für $\Delta x = 2$

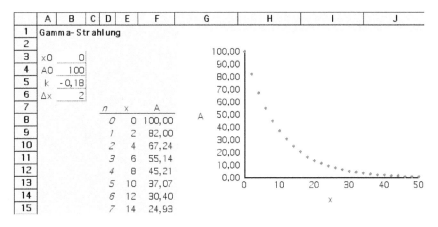

	A	B	C	D	E	F
1	Gamma-Strahlung					
2						
3	x0	0				
4	A0	100				
5	k	-0,18				
6	Δx	2				
7				n	x	A
8				0	0	100,00
9				1	2	82,00
10				2	4	67,24
11				3	6	55,14
12				4	8	45,21
13				5	10	37,07
14				6	12	30,40
15				7	14	24,93

Abb. 39: γ-Strahlung, einfaches Modell

Aber Vorsicht! Auch dieses Modell bringt nicht mehr als die primitive Rekursion (51): Wer jetzt glaubt, durch Verkleinerung von Δx zusätzlich zu den gemessenen Werten Zwischenwerte berechnen zu können, irrt sich gewaltig! Z.B. führt $\Delta x = 1$ zur Beschreibung eines anderen Phänomens, nämlich einer „schnelleren" exponentiellen Abnahme, da die Ausgangsgröße im halben Zeitraum um den gleichen Faktor abnimmt, was im Gegensatz zur Definition des exponentiellen Wachstums/Abnahme (s. (47)) steht.

Verfeinerung

Wenn sich also Δx ändert, muß auch k geändert werden, damit die gleiche exponentielle Abnahme beschrieben wird: exponentielles Wachstum/Abnahme ist bis auf die Anfangswerte x_0, A_0 qualitativ durch das Paar $(\Delta x, \ k)$ gekennzeichnet (Stichworte: Generationszeit, Halbwertszeit).

Wenn also für eine Stelle $x \in \widehat{Q}$ der Wert $A(x)$ der Ausgangsrekursion

$$A(x) = \begin{cases} A_0 & \text{falls } x = x_0 \\ (1+k)A(x - \Delta x) & \text{falls } x > x_0 \end{cases}$$

auch Wert der Verfeinerung mit $(\Delta x', \, k')$ sein soll, muß gelten

$$\left. \begin{array}{l} \exists \, n \text{ mit } x = x_0 + n \cdot \Delta x \\ \exists \, m \text{ mit } x = x_0 + m \cdot \Delta x' \end{array} \right\} \Rightarrow n \cdot \Delta x = m \cdot \Delta x' \tag{53}$$

$\Rightarrow$

$$\begin{aligned} A(x) &= (1+k)A(x - \Delta x) = (1+k)(1+k)A(x - 2\Delta x) = \ldots = (1+k)^n \cdot A_0 \\ &= (1+k')A(x - \Delta x') = (1+k')(1+k')A^*(x - 2\Delta x') = \ldots = (1+k')^m \cdot A_0 \end{aligned}$$

$\Rightarrow$

$$(1+k)^n = (1+k')^m \Rightarrow k' = (1+k)^{\frac{n}{m}} - 1$$

Und wegen (53)

$$k' = (1+k)^{\frac{\Delta x'}{\Delta x}} - 1$$

Für unser Beispiel ($\Delta x = 2, k = -0,18$) ergibt sich somit

$$A(x) = \begin{cases} 100 & \text{falls } x = 0 \\ (1 - 0,18)^{\frac{\Delta x'}{2}} A(x - \Delta x') & \text{falls } x > 0 \end{cases} \tag{54}$$

Im zugehörigen Rechenblatt brauchen wir ein zusätzliches Kalkulationsfeld für $\Delta x'$. Dabei wird k' mit der Rechenblattformel für $\ln(1 + k)^{\frac{\Delta x'}{\Delta x}} - 1$ berechnet und in B7 angezeigt, d.h. B7 ist kein Eingabefeld.
Die Tabellierung erfolgt in den Spalten G und H, und aus Vergleichsgründen ist auch das bisherige Modell (52) in den Spalten E und F tabelliert:

	A	B	C	D	E	F	G	H
1	Gamma-Strahlung (mit Verfeinerung von Δx)							
2								
3	x0	0						
4	A0	100						
5	k	-0,18						
6	Δx	1						
7	k'	=(1+$B$5)^($B$8/$B$6)-1						
8	$\Delta x'$	0,5			n	x	A	x	A'
9				0	=$B$3	=$B$4	=$B$3	=$B$4
10				=D9+1	=E9+$B$6	=F9+$B$5*F9	=G9+$B$8	=H9+$B$7*H9
11				=D10+1	=E10+$B$6	=F10+$B$5*F10	=G10+$B$8	=H10+$B$7*H10

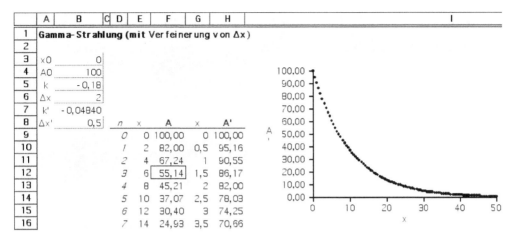

Abb. 40: γ-Strahlung, variables Modell

Sowohl der Vergleich der Graphen der Abb. 39 und 40 als auch die Tabellierungen lassen deutlich die Verfeinerung beim Übergang von $\Delta x = 2$ zu $\Delta x = 0,5$ erkennen.

Somit gilt:

■ Eine durch das Paar $(\Delta x, k)$ gekennzeichnete äquidistante Rekursion für exponentielles Wachstum/Abnahme mit den Anfangswerten x_0, A_0 kann für $\Delta x' < \Delta x$ durch

$$A(x) = \begin{cases} A_0 & \text{falls } x = x_0 \\ (1+k)^{\frac{\Delta x'}{\Delta x}} A(x - \Delta x') & \text{falls } x > x_0 \end{cases}$$

verfeinert werden, ohne daß ein anderes Phänomen beschrieben wird.

Oder, wenn das Paar $(\Delta x, k)$ durch die Zeiteinheit $\Delta x = 1$ normiert als $(1, k)$ vorliegt und wir das verbleibende $\Delta x'$ als freie Variable einfach durch Δx ersetzen:

$$A(x) = \begin{cases} A_0 & \text{falls } x = x_0 \\ (1+k)^{\Delta x} A(x - \Delta x) & \text{falls } x > x_0 \end{cases} \tag{55}$$

Damit können wir also eine beliebig verfeinerte Tabellierung bei der Simulation erreichen.

Allerdings bleibt anzumerken, daß $A(x)$ nur für diejenigen $x \in \widehat{Q}$ berechnet werden kann, für die wir ein Δx vorgeben, so daß $x = x_0 + n \cdot \Delta x$ mit $n \in \mathbb{N}$.

Bevor wir uns einer Abhilfe mittels Programmierung widmen, noch ein kleiner Ausflug:

Stetige Modelle?

Bei einer stetigen Modellierung fällt dem geneigten Leser sicherlich der Ansatz

$$A_s(x) = A_0 e^{k(x - x_0)} \tag{56}$$

als Lösung der Differentialgleichung $A'_s(x) = k \cdot A_s(x)$ ein, und man könnte A_s als eine „stetige Fortsetzung" für A auffassen, in der Art, daß die Punkte $(x|A(x))$ Bestandteile des Graphen von A_s sind. Wir wollen das nachprüfen:

$$A'(x) = \lim_{\Delta x \to 0} \frac{A(x + \Delta x) - A(x)}{\Delta x} \qquad \text{ergibt mit (55)}$$

$$= \lim_{\Delta x \to 0} \frac{(1+k)^{\Delta x} \cdot A(x) - A(x)}{\Delta x} = \lim_{\Delta x \to 0} A(x) \frac{(1+k)^{\Delta x} - 1}{\Delta x}$$

Dabei führt $\displaystyle\lim_{\Delta x \to 0} \frac{(1+k)^{\Delta x} - 1}{\Delta x}$ zu einer $\frac{0}{0}$-Situation. Mit L'HOSPITALs Regel erhalten wir

$$\lim_{\Delta x \to 0} \frac{(1+k)^{\Delta x} - 1}{\Delta x} = \lim_{\Delta x \to 0} \frac{\left((1+k)^{\Delta x} - 1\right)'}{(\Delta x)'} = \lim_{\Delta x \to 0} \frac{\ln(1+k) \cdot (1+k)^{\Delta x}}{1} = \ln(1+k)$$

Insgesamt ergibt sich

$$A(x)' = \lim_{\Delta x \to 0} A(x) \ln(1+k) = \ln(1+k) A(x)$$

Die Lösung der Differentialgleichung führt mit der Anfangsbedingung $A(x_0) = A_0$ zu

$$A(x) = A_0 e^{\ln(1+k)(x-x_0)} = A_0 (1+k)^{x-x_0} \tag{57}$$

Das bedeutet: nicht A_s aus (56), wie man evtl. vermutet, sondern (57) ist die stetige Forsetzung der Rekursion (55)!

Wir wollen das an unserem Beispiel ($A_0 = 100$, $x_0 = 0$, $k = -0,18$) veranschaulichen:

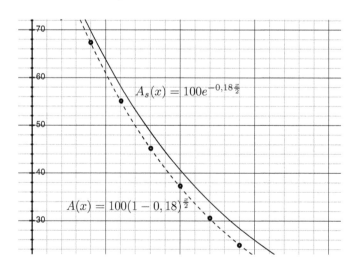

Bekanntlich gilt für $-1 < k < 0$ und $0 < k$

$$\ln(1+k) < k \Rightarrow 1+k < e^k \Rightarrow (1+k)^x < e^{kx} \text{ für } x > 0$$

und somit auch $A(x) < A_s(x)$ für $x > 0$ in Übereinstimmung mit der Graphik.

Die Begründung für diesen Unterschied liegt darin, daß k bei A_s eine „momentane" Wachstumskonstante darstellt, während bei den Rekursionen k nur zu den Zeitpunkten $x = x_0 + n \cdot \Delta x$ angewendet wird.

■ Mit dem stetigen Modell (57) mit der Wachstumskonstante $\ln(1+k)$ wird das gleiche Wachstum beschrieben wie mit dem diskreten Modell (55) mit der Wachstumskonstante k.
Dagegen beschreibt das stetige Modell (56), das aus der DGL $A_s'(x) = k \cdot A_s(x)$ resultiert, ebenfalls ein stetiges exponentielles Wachstum, aber mit der Wachstumskonstante k, und somit streng genommen ein anderes Phänomen.

Was bedeutet das für die Praxis?

■ Ergeben die Meßwerte einer Untersuchung eines exponentiellen Wachstums/-Abnahme die Wachstumskonstante k pro Zeiteinheit, dann liefert

$$- \; A(x, \Delta x) = \begin{cases} A_0 & \text{falls } x = x_0 \\ (1+k)^{\Delta x} A(x - \Delta x) & \text{falls } x > x_0 \end{cases} \text{ ein diskretes Modell}$$

wobei der Parameter Δx eine der Verfeinerung dienende Zeitdifferenz ist

$-$ $A(x) = A_0(1+k)^{x-x_0}$ ein stetiges Modell (sofern es sinnvoll ist bzw. das Phänomen erlaubt)

Programmierung

Für unser Beispiel liefert die direkte Umsetzung von (52)

```
(define (A x0 A0 k dx x)
   (cond
     ((= x x0) A0)
     (else
      (* (+ 1 k) (A x0 A0 k dx (- x dx)))))))

> (A 0 100 -0.18 2 2)    --> 82
> (A 0 100 -0.18 2 24)   --> 9.2420056270299898187776
```

bzw. von (54)

```
(define (A x0 A0 k dx x)
   (cond
     ((= x x0) A0)
     (else
      (inexact->exact
       (* (expt (+ 1 k) (/ dx 2)) (B x0 A0 k dx (- x dx)))))))
```
                                    Variante 1

```
> (A 0 100 -0.18 0.5 2))          --> 82
> (A 0 100 -0.18 0.5 24))         --> 9.24200562703001082809350891...
```

in Übereinstimmung mit den Ergebnissen den obigen Rechenblättern.

Jetzt kommen wir zu dem Problem, daß wir bei vorgegebenem Δx nur Werte von A berechnen können, für die $n \in \mathbb{N}$ existiert, so daß $x = x_0 + n \cdot \Delta x$.
Deshalb müssen wir für z.B. $x = 1,3627$ eine Schrittweite von $\Delta x = 0,0001$ wählen:

```
> (A 0 100 -0.18 0.0001 1.3627) -> 87.35284785802653573227787167...
```

d.h. es sind 13627 Selbstaufrufe nötig! Dies gilt ebenso für ein Rechenblatt, wobei neben der Tatsache, daß wir ein passendes Δx selbst berechnen wir müssen, noch hinzu kommt, daß wir 13627 Formelzeilen kopieren müssen.

Zur Abhilfe greifen wir wieder auf die Methode der *variablen Schrittweite* aus 8.4 zurück, die wir bereits in 5.3 (Musterbeispiel M1-TK) und beim linearen Wachstum beim Beispiel B14 (Adventskerze) in 9.4 benutzt haben, und erhalten die modifizierte Version

```
(define (A x0 A0 k x)
  (local
    ((define dx (/ 1(denominator (- x x0)))))
    (cond
      ((= x x0) A0)
      (else
       (inexact->exact
        (* (expt (+ 1 k) (/ dx 2)) (A x0 A0 k (- x dx)))))))))
```

Variante 2

mit

```
> (A 0 100 -0.18 1.3627)          --> 87.35284785807397156653180610...
```

Wie man mit dem Auflistungsprogramm

```
(define (A-liste-hilfe x0 A0 k akku x)
  (local
    ((define dx (/ 1(denominator (- x x0)))))
    (cond
      ((= x x0) akku)
      (else
       (A-liste-hilfe
        x0
        A0
        k
        (cons
         (runden
          (inexact->exact
           (* (expt (+ 1 k) (/ dx 2)) (first akku))) 2)
         akku)
        (- x dx)))))))

(define (A-liste x0 A0 k x)
  (reverse (A-liste-hilfe x0 A0 k (list A0) x)))
```

mit

```
> (A-liste 0 100 -0.18 1.3627)  -->
  (list 100 100 100 99.99 99.97 99.57 99.18 98.79 98.4 96.47 87.36)
```

zeigen kann, benötigt die Rekursion jetzt nur noch 11 Schritte!

Verallgemeinern wir Variante 2, das auf unser Beispiel zugeschnitten ist, erhalten wir eine Rekursion, die ein exponentielles Wachstum/Abnahme auf $\widehat{Q}$ simuliert, das durch das Paar $(\Delta x = 1|k)$ gekennzeichnet ist, wobei 1 die zu Wachstumskonstante k gehörende Zeiteinheit ist:

```
(define (A x0 A0 k x)
  (local
    ((define dx (/ 1(denominator (- x x0))))))
    (cond
      ((= x x0) A0)
      (else
        (inexact->exact (* (expt (+ 1 k) dx) (A x0 A0 k (- x dx))))))))))
```

Variante 3

◆

Beim *beschränkten Wachstum* ist im Gegensatz zum exponentiellen Wachstum der Zuwachs ΔA nicht proportional zum aktuellen Bestand, sondern zur Differenz $S - A(x - \Delta x)$, auch *Sättigungsmanko* genannt:

Beschränktes Wachstum liegt vor, wenn es eine Schranke S (Sättigung) gibt, so daß die Größe A in gleichen Zeitabständen Δx um eine Änderungsrate ΔA wächst, die proportional zur Differenz $S - A(x - \Delta x)$ ist

$$A(x + \Delta x) = q \cdot (S - A(x)) \tag{58}$$

bzw.

$$\begin{aligned} A(x) &= A(x - \Delta x) + \Delta A = A(x - \Delta x) + k \cdot (S - A(x - \Delta x)) \\ &= (1 - k) \cdot A(x - \Delta x) + k \cdot S \end{aligned} \tag{59}$$

Als diskrete Modellierung ergibt sich daraus die äquidistante Rekursion

$$A(x) = \begin{cases} A_0 & \text{falls } x = x_0 \\ A(x - \Delta x) + k \cdot (S - A(x - \Delta x)) & \text{falls } x = x_0 + n \cdot \Delta x \end{cases} \tag{60}$$

B16	**Milchglas**	R-Var:	ÄQ
Anmerkung:	–	*Struktur:*	–

(a)
Nimmt man ein Glas Milch von $8°$ C aus dem Kühlschrank, so soll sich die Milch

pro 10 Minuten um 40% der Differenz zwischen Zimmertemperatur 20° C und der momentaner Temperatur erwärmen. Wie „kalt" bzw. „warm" ist die Milch nach 30 Minuten, 1 Stunde?

oder, als „echte" Modellierungsaufgabe:

(b)

In der Küche nimmt man ein Glas Milch von 8° C aus dem Kühlschrank und mißt alle 10 Minuten die Temperatur der Milch:

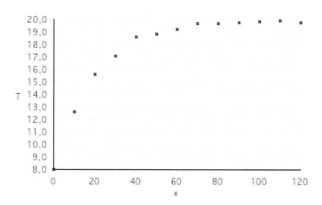

Wie „kalt" bzw. „warm" ist die Milch nach 13 Minuten, 74 Minuten, x Minuten?

Der Modellierung liegt der physikalische Gedanke zugrunde, daß das Sättigungsmanko S als Temperaturgradient interpretiert wird, der immer kleiner wird und somit auch der Temperaturzuwachs. Somit ergibt sich aus (59) unmittelbar

$$A(x) = \begin{cases} 8 & \text{für } x = 0 \\ A(x-10) + k \cdot (S - A(x-10)) & \text{für } x = 10, 20, \ldots \end{cases} \tag{61}$$

Im Falle (a) sind k und S vorgegeben, während sie bei (b) aus den Messdaten ermittelt werden müssen. Im Gegensatz zum exponentiellen Wachstum gilt wegen (58) hier für die Wachstumskonstante: $k \approx \bar{k} = 1 - \bar{q} = \frac{1}{n} \sum_{i=1}^{n} q_i$ mit $q_i = \frac{S-T_i}{S-T_{i-1}}$, wobei die T_i die Temperatur-Meßwerte sind. Auch hier ersparen wir uns die Angabe der Meßdaten, die zu obigem Diagramm führen, und nehmen der Einfachheit halber an, daß ihre Auswertung ebenfalls zu $k = 0,4$ und $S = 20$ führt.

Bei einem Standard-Rechblatt erwartet man x_0, A_0, S, k und Δx als Kalkulationsparameter, aber wir verzichten hier auf Δx: im Gegensatz zum exponentiellen Wachstum ist der Zuwachs (hier: Abnahme) nicht mehr proportional zu $A(x - \Delta x)$, sondern zum Sättigungsmanko, d.h. eine Änderung von Δx führt hier nicht zu einer Verfeinerung der Tabellierung, sondern beschreibe einen anderen Prozess, was natürlich auch die anderen Parameter gilt:

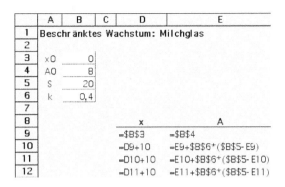

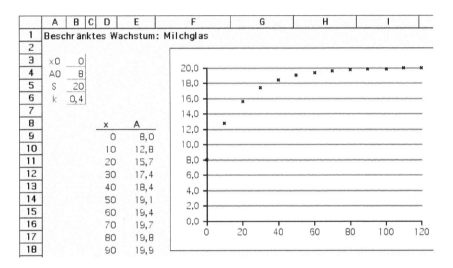

Abb. 41: Milchglas, einfach

Damit haben wir wieder nicht viel Neues gewonnen, wir haben lediglich eine ideali-
sierte Darstellung des obigen Meßwerte-Diagramms erreicht.

Verfeinerung

Wir gehen wieder wie beim exponentiellen Wachstum vor: Wenn sich also Δx ändert,
muß auch k geändert werden, damit das gleiche beschränkte Wachstum beschrieben
wird: ein solcher Vorgang ist bis auf die Anfangswerte x_0, A_0, S qualitativ durch das
Paar $(\Delta x,\ k)$ gekennzeichnet.

Wenn also für eine Stelle $x \in \widehat{Q}$ der Wert $A(x)$ der Ausgangsrekursion

$$A(x) = \begin{cases} A_0 & \text{falls } x = x_0 \\ (A(x - \Delta x) + k(S - A(x - \Delta x)) = (1 - k)A(x - \Delta x) + kS & \text{falls } x > x_0 \end{cases}$$

auch Wert der Verfeinerung mit $(\Delta x',\ k')$ sein soll, muß gelten

$$\left.\begin{array}{l}\exists\, n \text{ mit } x = x_0 + n \cdot \Delta x \\ \exists\, m \text{ mit } x = x_0 + m \cdot \Delta x'\end{array}\right\} \Rightarrow n \cdot \Delta x = m \cdot \Delta x' \tag{62}$$

$\Rightarrow$

$$
\begin{aligned}
A(x) &= (1-k)A(x-\Delta x) + kS = (1-k)[(1-k)A(x-2\Delta x) + kS] + kS \\
&= \ldots = (1-k)^n \cdot A(x - n\Delta x) + kS\sum_{i=0}^{n-1}(1-k)^n \\
&= (1-k)^n \cdot A_0 + S(1-(1-k)^n = (1-k')A(x-\Delta x') + k'S \\
&= (1-k')[(1-k')A(x-2\Delta x') + k'S] + k'S \\
&= (1-k')^m \cdot A(x-m\Delta x') + k'S\sum_{i=0}^{m-1}(1-k')^m \\
&= (1-k')^m \cdot A_0 + S(1-(1-k')^m)
\end{aligned}
$$

$\Rightarrow$

$$(1-k)^n = (1-k')^m \Rightarrow k' = 1 - (1-k)^{\frac{n}{m}}$$

Und wegen (62)

$$k' = 1 - (1-k)^{\frac{\Delta x'}{\Delta x}}$$

Somit ergibt sich insgesamt für ein durch das Paar $(\Delta x, k)$ gekennzeichnetes beschränktes Wachstum/Abnahme:

$$A(x) = \begin{cases} A_0 & \text{falls } x = x_0 \\ A(x-\Delta x') + (1 - (1-k)^{\frac{\Delta x'}{\Delta x}})(S - A(x - \Delta x')) & \text{falls } x > x_0 \end{cases} \tag{63}$$

Auch diese Gleichung können wir für den Normalfall formulieren, d.h. k bezieht sich auf die Zeiteinheit $\Delta x = 1$, dabei ersetzen wir die freie Variable $\Delta x'$ durch Δx:

$$A(x) = \begin{cases} A_0 & \text{falls } x = x_0 \\ A(x-\Delta x) + (1 - (1-k)^{\Delta x})(S - A(x - \Delta x)) & \text{falls } x > x_0 \end{cases} \tag{64}$$

Um möglichst große Flexibilität zu erhalten, wählen für unser Rechenblatt die Variante (63). Die Zellen A8..B8 für k' befinden sich zwar bei den Kalkulationsfeldern, dienen aber lediglich für Interessierte zu Anzeige der modifizierten Wachstumskonstante, d.h. B8 ist kein Eingabefeld:

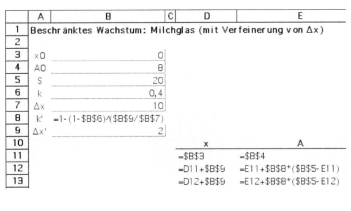

	A	B	C	D	E
1	Beschränktes Wachstum: Milchglas (mit Verfeinerung von Δx)				
2					
3	x0	0			
4	A0	8			
5	S	20			
6	k	0,4			
7	Δx	10			
8	k'	=1-(1-$B$6)^($B$9/$B$7)			
9	Δx'	2			
10				x	A
11				=$B$3	=$B$4
12				=D11+$B$9	=E11+$B$8*($B$5-E11)
13				=D12+$B$9	=E12+$B$8*($B$5-E12)

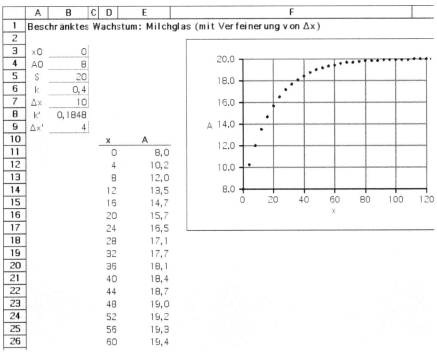

	A	B	C	D	E	F
1	Beschränktes Wachstum: Milchglas (mit Verfeinerung von Δx)					
2						
3	x0	0				
4	A0	8				
5	S	20				
6	k	0,4				
7	Δx	10				
8	k'	0,1848				
9	Δx'	4				
10				x	A	
11				0	8,0	
12				4	10,2	
13				8	12,0	
14				12	13,5	
15				16	14,7	
16				20	15,7	
17				24	16,5	
18				28	17,1	
19				32	17,7	
20				36	18,1	
21				40	18,4	
22				44	18,7	
23				48	19,0	
24				52	19,2	
25				56	19,3	
26				60	19,4	

Abb. 42: Milchglas, Verfeinerung

Stetige Modelle?

Hier können wir die gleichen Überlegungen wie beim exponentiellen Wachstum an-stellen. An dieser Stelle fassen wir nur die Ergebnisse zusammen, die analog verlau-fende Herleitung überlassen wir dem geneigten Leser.

Die aus der DGL $A_s'(x) = k(S - A_s(x))$ resultierende Funktion

$$A_s(x) = S + (A_0 - S)e^{-k(x-x_0)} \tag{65}$$

unterscheidet sich von der aus (64) ableitbaren stetigen Ergänzung

$$A(x) = S + (A_0 - S)(1 - k)^{x - x_0} \quad \text{für } k < 1$$

und beschreibt auch hier streng genommen ein anderes Phänomen. Das bedeutet für die Praxis:

■ Ergeben die Meßwerte einer Untersuchung eines beschränkten Wachstums die Wachstumskonstante k pro Zeiteinheit, dann liefert

$$- \ A(x, \Delta x) = \begin{cases} A_0 & \text{falls } x = x_0 \\ A(x - \Delta x) + (1 - (1 - k)^{\Delta x})(S - A(x - \Delta x)) & \text{falls } x > x_0 \end{cases}$$
 ein diskretes Modell, wobei der Parameter Δx eine der Verfeinerung dienende Zeitdifferenz ist

$$- \ A(x) = S + (A_0 - S)(1 - k)^{x - x_0} \quad \text{für } k < 1$$
 ein stetiges Modell (sofern es sinnvoll ist bzw. das Phänomen erlaubt)

Programmierung

Wir überspringen den einfachen Fall (61) und kommen gleich zum allgemeinen Fall (63):

```
(define (A x0 A0 k S dx dx' x)
 (local
  ((define k' (- 1 (expt (- 1 k) (/ dx' dx))))))
  (cond
   ((= x x0) A0)
   (else
    (inexact->exact
     (+ (* (- 1 k') (A x0 A0 k S dx dx' (- x dx'))) (* k' S)))))))
```

und erhalten in Übereinstimmung mit den Rechenblättern

```
> (A 0 8 0.4 20 10 10 60)        --> 19.440128
> (A 0 8 0.4 20 10 4 60)         --> 19.440128000000049597019824...
```

Dann heißt, daß sich die Milch nach einer Stunde auf $\approx 19,4°$ C erwärmt hat.

Wie beim exponentiellen Wachstum bleibt abschließend die Frage nach einem stetigen Modell durch Rekursion. Wir bauen wieder die Methode der variablen Schrittweite aus 8.4 ein: Für ein durch $(\Delta x | k)$ gekennzeichnetes beschränktes Wachstum können wir $A(x)$ für $x \geq x_0$ mit $x, x_0 \in \mathbb{Q}$ berechnen mittels

```
(define (A x0 A0 k S dx x)
 (local
  ((define dx' (/ 1 (denominator (- x x0))))
   (define k' (- 1 (expt (- 1 k) (/ dx' dx)))))))
```

```
(cond
  ((= x x0) A0)
  (else
   (inexact->exact
    (+ (* (- 1 k') (A x0 A0 k S dx (- x dx'))) (* k' S)))))))))
```

mit z.B.

```
> (A 0 8 0.4 20 10 40.13)          --> 18.455093452268581442866103...
```

◆

ANREGUNGEN:

1. Entwickle ein Programm, mit dem die gleiche Tabellierung wie in Abb. 42 erzeugt werden kann (inkl. Rundung)

2. Eine Tasse Kaffee von 70° kühlt allmählich auf Zimmertemperatur von 20° ab. Dabei nimmt Temperatur pro 10 Minuten um 20 % der Temperaturdifferenz zwischen momentaner Temperatur und der Zimmertemperatur ab.

   a) Interpretiere den Vorgang als (negatives) beschränktes Wachstum (Abnahme)

   b) Entwickle ein diskretes Modell mittels Rechenblatt und Programm

   c) Entwickle ein stetiges Modell mittels Programmierung ähnlich wie bei der o.a. exponentiellen Abnahme

   d) Vergleiche die Ergebnisse mit einer expliziten stetigen Lösung

Schrittstabile Funktionen

Wir fassen zunächst die Ergebnisse des letztes Abschnitts in einer Übersicht zusammen:

Aus dem Ansatz (Rekursiver Gedanke) der linearen Differenzengleichung 1. Ordnung

$$A(x) = A(x - \Delta x) + a \cdot A(x - \Delta x) + b \tag{66}$$

gewinnen wir jeweils ein

Diskretes rekursives Modell

Nr	a	b	c	Schrittfunktion der Rekursion	Wachstum
1a	$a = 0$	$b = m\Delta x$	-	$A(x) = A(x - \Delta x) + m\Delta x$	linear
1b	$a = k$	$b = 0$	-	$A(x) = A(x - \Delta x) + kA(x - \Delta x)$	exponentiell
1c	$a = 1 - k$	$b = kS$	-	$A(x) = (1 - k)A(x - \Delta x) + kS$	beschränkt

Im Sonderfall $x \in \mathbb{N}, \Delta x = 1, x_0 = 0$:

$$A_n = \begin{cases} A_0 & \text{falls } n = 0 \\ A_{n-1} + a \cdot A_{n-1} + b & \text{sonst} \end{cases}$$

Daraus ergibt sich jeweils ebenfalls ein

Diskretes rekursives Modell

Nr	a	b	c	Schrittfunktion der Rekursion	Wachstum
2a	$a = 0$	$b \neq 0$	-	$A_n = A_{n-1} + b$	linear
2b	$a = k$	$b = 0$	-	$A_n = A_{n-1} + kA_{n-1}$	exponentiell
2c	$a = 1 - k$	$b = kS$	-	$A_n = (1 - k)A_{n-1} + kS$	beschränkt

sowie explizit

$$A_n = \begin{cases} (A_0 + \frac{b}{a})(1 + a)^n - \frac{b}{a} & \text{falls } a \neq 0 \\ A_0 + nb & \text{falls } a = 0 \end{cases}$$

Daraus ergibt sich jeweils ein

Diskretes explizites Modell

Nr	a	b	c	Funktion/Folge	Wachstum
3a	$a = 0$	$b \neq 0$	-	$A_n = A_0 + nb$	linear
3b	$a = k$	$b = 0$	-	$A_n = A_0(1 + k)^n$	exponentiell
3c	$a = -k$	$b = kS$	-	$A_n = (A_0 - S)(1 - k)^n + kS$	beschränkt

Für exponentielles und beschränktes Wachstum ergeben sich aus (66) jeweils *spezielle* Differentialgleichungen mit Lösungsfunktionen der Form

$$A(x) = ca^x + b \tag{67}$$

(Bei linearem Wachstum erübrigt sich eine Untersuchung aus naheliegenderweise)

Daraus erhalten wir jeweils ein

Stetiges explizites Modell

Nr	a	b	c	Funktion	Wachstum
4b	$a = 1 + k$	$b = 0$	A_0	$A(x) = A_0(1 + k)^x$	exponentiell
4c	$a = 1 - k$	$b = S$	$A_0 - S$	$A(x) = S + (A_0 - S)(1 - k)^x$	beschränkt

Darüber hinaus liefern die Ansätze *üblichen* Differentialgleichungen ebenfalls Lösungsfunktionen der Form (67) und somit jeweils ein

Stetiges explizites Modell, Näherungslösung

Nr	a	b	c	Funktion	Wachstum
5b	$a = e^k$	$b = 0$	A_0	$A(x) = A_0 e^x$	exponentiell
5c	$a = e^{-k}$	$b = S$	$S - A_0$	$A(x) = S + (A_0 - S)e^{-kx}$	beschränkt

die aber, wie wir gesehen haben, bei einer Modellierung mit realen Meßwerten genau genommen nicht zutreffen.

Zusammenfassend können wir sagen, daß die „gut modellierbaren" Wachstumsformen folgende Gemeinsamkeiten haben:

1. Der diskreten Modellierung durch Rekursion liegt eine lineare Differenzengleichung 1. Ordnung zugrunde, aus der sich

    a) das diskrete Modell neben der Rekursion auch in Form einer expliziten Funktion (Folge) als Lösung

    b) ein stetiges Modell in Form einer expliziten Funktion

   herleiten lassen.
   Das heißt z.B. beim exponentiellen Wachstum, daß 1b und 4b (als eine Art „stetige Ergänzung") exakt das gleiche Phänomen modellieren (im Gegensatz zu 5b), ebenso 2b und 3b. Entsprechendes gilt für lineares und beschränktes Wachstum.

   Aufgrund dieser Eigenschaft wird in [Bü] von *gut modellierbaren Wachstumsformen* gesprochen.

2. die der Differenzengleichung entsprechende Differentialgleichung liefert ebenfalls ein stetiges Modell in Form einer expliziten Funktion, die sich aber beim exponentiellen und beschränkten Wachstum von 1b) unterscheidet.

Was kann man daraus folgern?

■ Diskrete Phänomene, bei denen die Messungen eine „gut modellierbare" Wachstumsform wie lineares, exponentielles oder beschränktes Wachstum nahelegen, können über den Ansatz („Rekursiver Gedanke") einer linearen Differenzengleichung 1. Ordnung diskret modelliert werden, sowohl rekursiv wie auch explizit, ohne die Differentialrechnung zu bemühen.
Der übliche Ansatz über die entsprechende Differentialgleichung

  • führt zu lediglich zu einer Näherungslösung

  • ist unterrichtlich mit Kanonen auf Spatzen geschossen

In diesem Zusammenhang wird in [Bü] eine besondere Funktionseigenschaft untersucht:

Definition: *Eine differenzierbare Funktion f heißt* **schrittstabil,** *wenn der Quotient aus diskreter und stetiger Änderungsrate*

$$\frac{f(x+h)}{hf'(x)}$$

nicht von x abhängt.

Dies ist z.B. beim exponentiellen Wachstum der Fall, wie man bei 4b nachweisen kann:

$$\frac{A(x+h) - A(x)}{hA'(x)} = \frac{(1+k)^h A(x) - A(x)}{h \cdot \ln(1+k)A(x)} = \frac{(1+k)^h - 1}{h \cdot \ln(1+k)}$$

Also stehen diskrete und stetige Änderungsrate bzw. Zuwachs in einem festen Verhältnis zueinander, und zwar unabhängig von x.

Insgesamt wird in [Bü] gezeigt:

Eine Funktion f ist schrittstabil $\iff$ f hat die Form

$$f(x) = ca^x + d$$
oder
$$f(x) = mx + b$$

Und das sind genau die Wachstumsfunktionen 4b und 4c sowie 5b und 5c einschließlich von $A(x) = mx + b$ beim linearen Wachstum!

Jetzt verstehen wir den Begriff „gut modellierbar": lineares, exponentielles oder beschränktes Wachstum sind gut modellierbar, weil ihre Wachstumsfunktionen schrittstabil sind, d.h. egal, ob man diskret oder stetig modelliert, die Modelle beschrieben qualitativ und quantitativ das gleiche Phänomen (bei 5b und 5c ergeben sich quantitativ leichte Abweichungen) – und, für den Unterricht wichtig – es ist keine Differentialrechnung notwendig.

Diese angenehme Eigenschaft ist bei anderen, komplexeren Wachstumsformen nicht gegeben, wie das folgende Beispiel zeigt.

Logistisches Wachstum

Die Übertragung des exponentiellen Modells und des beschränkten Modells auf die Biologie für die Vermehrung von Tier- und Pflanzenpopulationen ist nur sehr eingeschränkt möglich, beim exponentiellen Wachstum ist dies umgehend einsichtig.
Für das Anwachsen einer Tierpopulation, die in ein stabiles Gleichgewicht übergeht, hat sich das Modell des *logistischen Wachstum* als in vielen Fällen tragfähig erweisen. Dabei werden u.a. folgende Idealisierungen angenommen:

1. Es handelt sich um eine abgeschlossene Population (z.B. auf einer Insel, vgl. „Kaninchen-Katastrophe auf der Macquarie-Insel"[14])

2. Individuen sind eigentlich Klone, Nachkommen vermehren sich wie die Vorfahren

3. die Resourcen sind zeitlich konstant, d.h. es existiert eine Schranke S, auch Sättigungswert genannt

4. die Wachstumskonstante ist nicht konstant, sondern nimmt mit der Anzahl der Individuen ab

Es sei darauf hingewiesen, daß 1. und 2. sowohl beim exponentiellen Wachstum als auch beim beschränkten Wachstum vorausgesetzt werden, bei letzterem kommt noch 3. hinzu, nämlich die Beschränktheit der Resourcen (Nahrung etc.) und des Lebensraums oder zusammengefaßt der „Logistik", worauf die Bezeichnung dieses Wachstums zurückzuführen ist.

---

[14]*http://www.sueddeutsche.de/wissen/oekologie-die-kaninchen-katastrophe-1.367180*

Für 4. ersetzen wir die feste Wachstumskonstante k in (48) durch eine *veränderliche* Wachstumskonstante $K = K(A(x - \Delta x))$:

$$A(x) = A(x - \Delta x) + K(A(x - \Delta x)) \cdot (A(x - \Delta x)) \qquad (68)$$

An K werden folgende Anforderungen gestellt:

- mit wachsendem $A(x)$ soll K abnehmen

- ist der Sättigungswert S erreicht, soll ein Gleichgewichtszustand herrschen, d.h. $K(A(x)) = 0$ sein

- für $A(x) \to 0$ soll sich K einem festen Wert, der *unbeschränkten* Wachstumskonstante k nähern, d.h. $K(0) = k$

Die einfachste Funktion, die diese Bedingungen erfüllt, ist die lineare Funktion

$$K(A(x - \Delta x)) = -\frac{k}{S} A(x - \Delta x) + k = \frac{k}{S} (S - A(x - \Delta x))$$

Damit ergibt sich aus (68) die Definition

Diskretes *logistisches Wachstum* *liegt vor, wenn es eine Schranke S gibt, so daß die Größe A in gleichen Zeitabständen Δx um eine Änderungsrate ΔA wächst, die proportional zum Produkt $A(x - \Delta x) \cdot (S - A(x - \Delta x))$ ist*

$$A(x) = A(x - \Delta x) + \Delta A = A(x - \Delta x) + \tfrac{k}{S} (S - A(x - \Delta x)) \cdot A(x - \Delta x) \qquad (69)$$

B17	**Hefekultur**	*R-Var:*	ÄQ
Anmerkung:	logistisches Wachstum	*Struktur:*	NWR

Originalmessungen (CARLSON, 1913) vom Wachstum einer Hefekultur liefern

x	0	1	2	3	4	5	6	7	8	9
$A(x)$	9,6	18,3	29	47	71,1	119,1	174,6	257,3	350,7	441

	10	11	12	13	14	15	16	17	18	19
	513,3	559,7	594,8	629,4	640,8	651,1	655,9	659,6	661,8	663,2

Das x-$A(x)$-Diagramm in Abb. 43 (als × geplottet) dieser Meßwerte legt ein logistisches Wachstum nahe.
Zeige, daß die Modellierung mit $A_0 = 9,6, k \approx 0,63, S = 664$ eine gute Übereinstimmung mit den Meßdaten liefert.

Die aus (69) resultierende Rekursion

$$A(x) = \begin{cases} A_0 & \text{falls } x = x_0 \\ A(x - \Delta x) + \tfrac{k}{S} (S - A(x - \Delta x)) \cdot A(x - \Delta x) & \text{sonst} \end{cases} \qquad (70)$$

tabellieren wir in einem Rechenblatt zusammen mit den Meßdaten

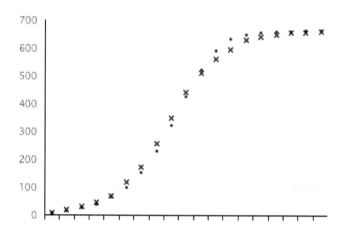

	A	B	C	D	E	F
1	Logistisches Wachstum: Hefekultur					
2						
3	x0	0				
4	A0	9,6				
5	S	664				
6	k	0,63				
7	Δx	1				
8				x	Agemessen	Amodelliert
9				0	9,6	=$B$4
10				=D9+1	18,3	=F9+$B$6*(1-F9/$B$5)*F9
11				=D10+1	29,0	=F10+$B$6*(1-F10/$B$5)*F10
12				=D11+1	47,0	=F11+$B$6*(1-F11/$B$5)*F11
13				=D12+1	71,1	=F12+$B$6*(1-F12/$B$5)*F12

Abb. 43: Logistisches Wachstum: Meßwerte und Simulation

und stellen hinreichende Übereinstimmung fest.

Wenn wir jetzt mit dem Kalkulationsparameter k spielen und uns fragen, wie die Populationsdynamitk einer anderen Hefesorte (oder sonst eines Lebewesens) mit größerer Vermehrungsrate verläuft, machen wir überraschende Entdeckungen, die mit unseren bisherigen Vorstellungen von „Wachstum" nicht mehr in Einklang zu bringen sind.

Daher führen wir für die je nach dem Wert k sehr unterschiedlichen Verhaltensformen neue Bezeichnungen ein:

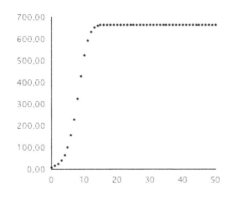

Abb. 44: Monotone Konvergenz

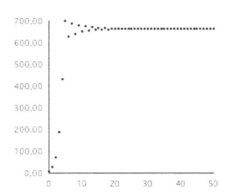

Abb. 45: Oszillierende Konvergenz

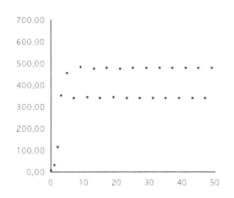

Abb. 46: Zyklische „Konvergenz"

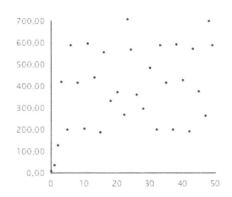

Abb. 47: „Chaotische" Folge

Für z.B.

- $k = 0,63$: monotone Konvergenz
- $k = 1,8$: oszillierende Konvergenz
- $k = 2,53$: zyklische „Konvergenz": 2 Häufungspunkte
- $k = 2,77$: „chaotische" Folge

Das bedeutet, daß eine Population in den ersten beiden Fällen allmählich in einen stabilen Zustand übergeht, dagegen für größer werdendes k immer instabiler wird. Weitere Interpretationen überlassen wir den Biologen.

Stetiges Modell?

Die der Differenzengleichung (69) entsprechende Differentialgleichung lautet

$$A'_s(x) = \frac{k}{S}(S - A_s(x))A_s(x) \tag{71}$$

und hat für $A_s(x_0 = 0) = A_0$ die Lösung

$$A_s(x) = \frac{A_0 S}{A_0 + (S - A_0)e^{-kx}} \tag{72}$$

deren x-y-Diagramm die typische „S"-Form des logistischen Wachstums aufweist, wobei mit wachsendem $k = 0,63$; $1,8$; $2,53$; $2,77$ die asymptotische Näherung an die Sättigung S umso schneller erfolgt:

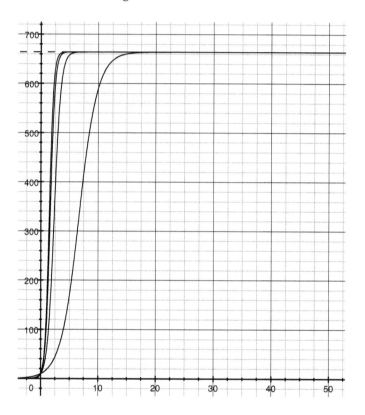

Tabelliert man $A_s(x)$ und $A(x)$ im gleichen Rechenblatt

	A	B	C	D	E	F
1	Logistisches Wachstum: Hefekultur					
2						
3	x0	0				
4	A0	9,6				
5	S	664				
6	k	0,63				
7	Δx	1				
8			x		Astetig	Adiskret
9			0		=$B$4*$B$5/($B$4+($B$5-$B$4)*EXP(-$B$6*D9))	=$B$4
10			=D9+1		=$B$4*$B$5/($B$4+($B$5-$B$4)*EXP(-$B$6*D10))	=F9+$B$6*(1-F9/$B$5)*F9
11			=D10+1		=$B$4*$B$5/($B$4+($B$5-$B$4)*EXP(-$B$6*D11))	=F10+$B$6*(1-F10/$B$5)*F10

mit den zugehörigen Diagrammen (A_s wird als + geplottet),

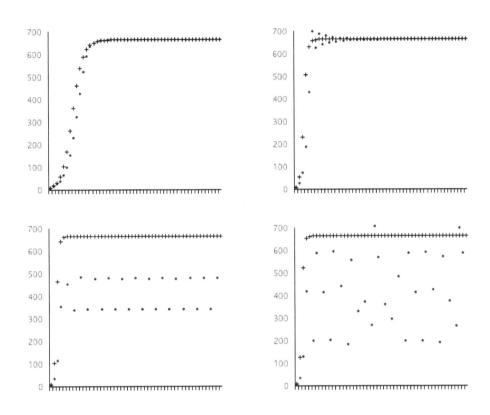

Abb. 48: $A_s(x)$ und $A(x)$ für $k = 0,63;\ 1,8;\ 2,53;\ 2,77$

werden die Unterschiede zwischen $A_s(x)$ und $A(x)$ noch deutlicher:

Für $k = 0,63$ verhalten sich beide Modelle qualitativ gleich, für $k = 1,8$ nähert sich $A(x)$ – wenn auch oszillierend – immerhin noch asymptotisch an S an, während für die größere k ein völlig anderes Verhalten bis hin zum „Chaos" zu beobachten ist.

■ Beim logistischen Wachstum und anderen Wachstumsformen, die nicht auf eine lineare Differenzgleichung 1. Ordnung zurückzuführen sind, beschreiben das diskrete und das stetige Modell je nach Wachstumskonstante k gänzlich verschiedene Phänomene.

Demnach sind solche Wachstumsformen nicht „gut modellierbar", da ihre (explizite) Wachstumsfunktionen nicht schrittstabil sind ($\leadsto$[Bü]). Zudem existiert für das logistische Wachstum kein explizites diskretes Modell, weil (69) als nichtlineare Differenzengleichung nicht auflösbar ist, d.h. $A(x - \Delta x)$ kommt auch in der 2. Potenz vor (wieder ein Grund, sich mit Rekursion zu beschäftigen). Man spricht daher auch von einem *nichtlinearen dynamischen Prozess.*   ◆

Da solche nichtlinearen Prozesse mit geeigneten Parametern offensichtlich zu überra-
schenden Ergebnissen führen können, geht man zum Studium solcher „chaotischen"
Verhaltensweisen häufig zur einer vereinfachten logistischen Gleichung über, der sog.

VERHULST-Dynamik

Aus (69) ergibt sich durch Umformung zunächst

$$A(x) = A(x - \Delta x)(1 + k) \left(1 - \frac{k}{(1 + k)S} \right) \cdot A(x - \Delta x)) \tag{73}$$

Die Transformation

$$A^*(x) = \frac{k}{(1 + k)S} \cdot A(x) \quad \text{bzw.} \quad A(x) = \frac{(1 + k)S}{k} \cdot A^*(x) \tag{74}$$

liefert dann mit (73)

$$
\begin{aligned}
A^*(x) &= \frac{k}{(1 + k)S} \cdot A(x) \\
&= \frac{k}{(1 + k)S} \cdot A(x - \Delta x) \cdot (1 + k) \cdot (1 - \frac{k}{(1 + k)S}) \cdot A(x - \Delta x)) \\
&= \frac{k}{(1 + k)S} \cdot \frac{(1 + k)S}{k} \cdot A^*(x - \Delta x) \\
&= (1 + k) \cdot (1 - \frac{k}{(1 + k)S}) \cdot \frac{(1 + k)S}{k} \cdot A^*(x - \Delta x)) \\
&= (1 + k) \cdot A'(x - \Delta x) \cdot (1 - A^*(x - \Delta x))
\end{aligned}
$$

Mit $a = 1 + k$ ergibt sich insgesamt

$$A^*(x) = a \cdot A'(x - \Delta x) \cdot (1 - A^*(x - \Delta x))$$

Mit $\Delta x = 1$ und $x = n \in \mathbb{N}$ ergibt sich die Gleichung der VERHULST-*Dynamik*:

$$x_n = a \cdot x_{n-1} \cdot (1 - x_{n-1})$$

wobei gilt: $x_n \in [0; 1]$, da in (74) aufgrund der Division durch S eine Normierung
stattgefunden hat.

Eine graphische Analyse der VERHULST-*Dynamik* sowie Weiteres zu dynamischen Prozessen und deren Visualisierung – auch mittels Progammierung – findet sich im Abschnitt 11.4.

9.5 Dynamische Prozesse: Normative Modelle

Wie bereits in 3.1 erwähnt, geht es dabei nicht um die Modellierung vorhandener Phänomene aus Natur und Technik, sondern um mehr oder weniger willkürliche Vorgabe quantitativer Regeln. Wir wollen uns hier um ein Beispiel aus der Finanzmathematik beschränken, und zwar um die Annuitäten- und die Ratentilgung.

Größere Schulden (Darlehen bzw. Kredite) werden in der Regel nicht in einer Summe, sondern in Teilsummen oder Raten im periodischen Zeitabstand Δt getilgt:

$$D(t) = D(t - \Delta t) - T(t - \Delta t)$$

bis der Zustand $D = 0$ erreicht ist. Weil aber die jeweils verbleibende Restschuld während jeder Periode verzinst wird, kommt für die eigentliche Tilgung nur die Differenz

$$T(t) = A(t) - Z(t) \quad \text{oder} \quad A(t) = Z(t) + T(t) \tag{75}$$

aus der tatsächlichen Rückzahlung A (*Annuität*, lat. annus - Jahr) und den Zinsen Z zum Tragen:

$$D(t) = D(t - \Delta t) + Z(t - \Delta t) - A(t - \Delta t)$$

Der Ansatz, den die Differenzengleichung vorgibt, ist von den Kreditgebern als Regel vorgegeben: es ist $\Delta t = 1$ (Jahr) festgelegt, d.h. Δt ist kein Kalkulationsparameter. Es geht um die Anzahl der vollen Jahre, weshalb wir statt t auch $n \in \mathbb{N}$ als Rekursionsvariable nehmen können und erhalten mit den Zinsen $Z(n - 1) = \frac{p}{100} D(n - 1)$ für jährliche Restschuld $D(n)$ die primitive Rekursion

$$D(n) = \begin{cases} D_0 & \text{falls } n = 0 \\ D(n - 1) + \frac{p}{100} D(n - 1) - A(n - 1) & \text{falls } n > 0 \end{cases}$$

die wir auch in der Indexschreibweise formulieren können

$$D_n = \begin{cases} D_0 & \text{falls } n = 0 \\ D_{n-1} + \frac{p}{100} D_{n-1} - A_{n-1} & \text{falls } n > 0 \end{cases} \tag{76}$$

B18	**Tilgung**		*R-Var:*	ÜNN
Anmerkung:	–		*Struktur:*	–

Annuitätentilgung

In diesem Fall gilt für die Annuität $A_n = A =$ konst., d.h. am Jahresende wird jeweils ein fester Betrag zurückgezahlt, mit dem gemäß (75) sowohl die Zinsen beglichen werden als auch getilgt wird. Aus (76) wird dann

$$D_n = \begin{cases} D_0 & \text{falls } n = 0 \\ D_{n-1} + \frac{p}{100}D_{n-1} - A = (1 + \frac{p}{100})D_{n-1} - A & \text{falls } n > 0 \end{cases} \tag{77}$$

wobei die Differenz

$$T_n = A - \frac{p}{100}D_{n-1} \tag{78}$$

die jährliche Tilgungsrate T_n ergibt. Für die typische Aufgabenstellung

> *Ein Darlehen von 30000 € wird jährlich mit 6% verzinst mit der Annuität 3600€.*
> *Wann ist das Darlehen getilgt?*

erhalten wir im Rechenblatt

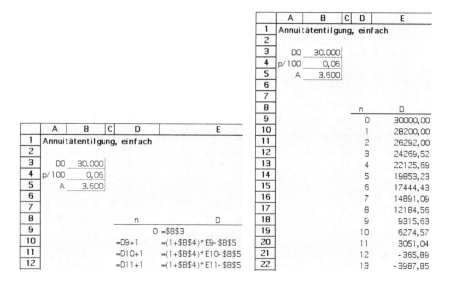

Abb. 49: Annuitäten-Tilgung: einfache Tabellierung

Wir erkennen sofort die Mängel dieses einfachen Modells:

- es erscheinen ab dem 12. Jahr negative Zahlen: es wurde im 11. Jahr zuviel zurückgezahlt bzw. wann ist das Darlehen komplett getilgt?

- kann man die Annuität beliebig wählen (außer, daß $A > \frac{p}{100}D_0$ sein muß, andernfalls gibt es keine Tilgung oder sogar Wachstum der Schuld)?

Zur Abhilfe werfen wir einen Blick in der Wirklichkeit des Finanzwesens:

1. Zwecks besserer Übersicht wird ein *Tilgungsplan* erstellt, in dem nicht nur die Restschuld wie in Abb. 49, sondern das Quintupel

    Jahr − Restschuld − Zins − Tilgung − Annuität

    tabelliert wird

2. Die Tabellierung beginnt nicht mit $n = 0$ wie in der Rekursion (77), sondern bei $n = 1$, wobei sich die Restschuld auf den Anfang des n-ten Jahres bezieht, und Zins, Tilgung und Annuität auf das laufende Jahr

3. Ab dem Jahr der vollständigen Tilgung werden keine negativen Zahlen, sondern (wenn überhaupt) Nullen tabelliert

4. Die Annuität wird entweder

   – als Summe aus einem festen Prozentsatz P der Anfangsschuld (des Darlehens) $\frac{P}{100}D_0$ als 1. Tilgungsrate und den Zinsen des 1. Jahres $\frac{p}{100}D_0$ ermittelt. Achtung: $P \neq p$!
   Dabei bleibt im letzten Tilgungsjahr ein Rest übrig, d.h. die Annuität ist kleiner als in den vorangegangenen Jahren, man spricht von *Annuitätentilgung mit festem Prozentsatz*
   oder

   – durch die vorgegebene Laufzeit N so bestimmt, daß die Annuität während der gesamten Laufzeit konstant ist, man spricht von *Annuitätentilgung mit fester Laufzeit*

Annuitätentilgung mit festem Prozentsatz

Die obligen Überlegungen führen bei unserem Beispiel zum Rechenblatt

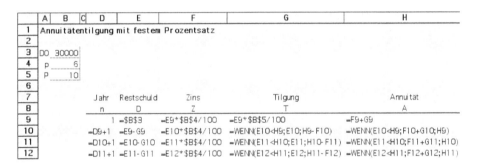

Dazu einige Anmerkungen:

- die Restschuld D wird im Gegensatz zu Abb. 49 und (76) nicht als geometrische Folge, sondern für $n > 1$ als Differenz $A - Z$ tabelliert

- auch die Formeln für die Tilgung T und die Annuität A werden für $n > 1$ flexibel gestaltet: Bei Vorgabe von P und damit von A bleibt i.A. im letzten Tilgungsjahr ein Restschuld $< A$ übrig, die zusammen mit den Zinsen des letzten Jahres als verminderte Annuität zurückgezahlt wird, was jeweils durch die beiden WENN...-Abfragen in den Spalten G und H überprüft wird, so daß ggfs. in den folgenden Spalten nur noch Nullen tabelliert werden

	A	B	C	D	E	F	G	H
1	Annuitätentilgung mit festem Prozentsatz							
2								
3	DO 30000							
4	p 6							
5	P 10							
6								
7				Jahr	Restschuld	Zins	Tilgung	Annuität
8				n	D	Z	T	A
9				1	30.000,00	1.800,00	3.000,00	4.800,00
10				2	27.000,00	1.620,00	3.180,00	4.800,00
11				3	23.820,00	1.429,20	3.370,80	4.800,00
12				4	20.449,20	1.226,95	3.573,05	4.800,00
13				5	16.876,15	1.012,57	3.787,43	4.800,00
14				6	13.088,72	785,32	4.014,68	4.800,00
15				7	9.074,04	544,44	4.255,56	4.800,00
16				8	4.818,49	289,11	4.510,89	4.800,00
17				9	307,60	18,46	307,60	326,05
18				10	0,00	0,00	0,00	0,00
19				11	0,00	0,00	0,00	0,00
20				12	0,00	0,00	0,00	0,00
21				13	0,00	0,00	0,00	0,00
22				14	0,00	0,00	0,00	0,00
23				15	0,00	0,00	0,00	0,00
24				16	0,00	0,00	0,00	0,00
25				Σ		8.726,05	30.000,00	38.726,05

	A	B	C	D	E	F	G	H
1	Annuitätentilgung mit festem Prozentsatz							
2								
3	DO 30000							
4	p 6							
5	P 5							
6								
7				Jahr	Restschuld	Zins	Tilgung	Annuität
8				n	D	Z	T	A
9				1	30.000,00	1.800,00	1.500,00	3.300,00
10				2	28.500,00	1.710,00	1.590,00	3.300,00
11				3	26.910,00	1.614,60	1.685,40	3.300,00
12				4	25.224,60	1.513,48	1.786,52	3.300,00
13				5	23.438,08	1.406,28	1.893,72	3.300,00
14				6	21.544,36	1.292,66	2.007,34	3.300,00
15				7	19.537,02	1.172,22	2.127,78	3.300,00
16				8	17.409,24	1.044,55	2.255,45	3.300,00
17				9	15.153,80	909,23	2.390,77	3.300,00
18				10	12.763,03	765,78	2.534,22	3.300,00
19				11	10.228,81	613,73	2.686,27	3.300,00
20				12	7.542,54	452,55	2.847,45	3.300,00
21				13	4.695,09	281,71	3.018,29	3.300,00
22				14	1.676,79	100,61	1.676,79	1.777,40
23				15	0,00	0,00	0,00	0,00
24				16	0,00	0,00	0,00	0,00
25				Σ		14.677,40	30.000,00	44.677,40

Abb. 50: Annuitätentilgung mit festem Prozentsatz

Die beiden Tabellen für $P = 10$ und $P = 5$ bestätigen: Je kleiner P und damit A, desto länger wird die Laufzeit und somit das Rechenblatt. Die Laufzeit N läßt sich mit dem dem Ansatz $A = T_1(1 + \frac{p}{100})^N$ berechnen. Im Falle $P = 10$ ergibt sich

$$N = \frac{\ln A - \ln T_1}{\ln \frac{p}{100}} = \frac{\ln 4800 - \ln 3000}{\ln \frac{6}{100}} \approx 8,1$$

in Übereinstimmung mit der Tabellierung. Die übliche Abschlußzeile (Zeile 25) liefert Aufsummierungen, die deutlichen machen, daß bei kürzeren Laufzeiten weniger Zinsen zu zahlen sind.

Kleines Intermezzo

In der Vertiefungs- und Übungsphase der Einführung, s. 5.2, soll die Umformung Rechenblatt ↔ Formalisierung geübt werden: angewandt auf das vorliegende Beispiel in Abb. 50 ergeben komplexe Rechenblätter auch komplexe Rekursionen:

$$D_n = \begin{cases} D_0 & \text{falls } n = 1 \\ D_{n-1} - T_{n-1} & \text{falls } n > 1 \end{cases} \qquad\qquad Z_n = \frac{p}{100} D_n$$

$$T_n = \begin{cases} \frac{P}{100} D_n & \text{falls } n = 1 \\ D_n & \text{falls } D_n < A_{n-1} \\ A_{n-1} - Z_n & \text{sonst} \end{cases} \qquad A_n = \begin{cases} Z_n + T_n & \text{falls } n = 1 \\ Z_n + T_n & \text{falls } D_n < A_{n-1} \\ A_{n-1} & \text{sonst} \end{cases}$$

Außerdem erhält man ein Beispiel für eine indirekte (wechselseitige) Rekursion (s. 7.1).

Annuitätentilgung mit fester Laufzeit

Hierbei wird eine Laufzeit N vorgegeben und daraus die Annuität so A bestimmt, daß nach N Jahren das Darlehen vollständig getilgt ist, ohne daß im letzten Jahr ein Rest übrigbleibt. Aus (78) und (77) folgt für die erste Tilgungsrate

$$T_1 = A - \frac{p}{100}D_0 \tag{79}$$

und für die zweite

$$T_2 = A - \frac{p}{100}D_1 = A - \frac{p}{100}[(1+\frac{p}{100})D_0 - A] = A - \frac{p}{100}D_0 + \frac{p}{100}T_1$$

und daraus wieder mit (79)

$$T_n = (1+\frac{p}{100})^n T_1$$

Also handelt es sich bei der Tilgungsratenfolge T_n (ausnahmsweise mal explizit und nicht rekursiv) ebenfalls um exponentielles Wachstum bzw. eine geometrische Folge. Für die erste Tilgungsrate ergibt aus $\sum_{n=1}^{N} T_n = D_0$ mit

$$D_0 = \sum_{n=1}^{N} T_n = \sum_{n=1}^{N}(1+\frac{p}{100})^{n-1}T_1 = T_1\frac{(1+\frac{p}{100})^N - 1}{\frac{p}{100}} \quad \Rightarrow \quad T_1 = D_0\frac{\frac{p}{100}}{(1+\frac{p}{100})^N - 1}$$

Für die Annuität ergibt sich damit aus (79)

$$A = \frac{p}{100}D_0 + T_1 = \frac{p}{100}D_0 + D_0\frac{\frac{p}{100}}{(1+\frac{p}{100})^N - 1} = D_0\frac{\frac{p}{100}(1+\frac{p}{100})^N}{(1+\frac{p}{100})^N - 1}$$

Da dieser Term für die Formeldarstellung im Rechenblatt einfach zu lang wird, wird im Kalkulationbereich ein Feld für eine Zwischenspeicherung (entspräche (`local...`) bei der *HtDP*-SCHEME-Programmierung) eingerichtet, also

	A	B	C	D	E	F	G	H
1	Annuitätentilgung mit fester Laufzeit							
2								
3	D0	30000						
4	p	6						
5	N	10						
6	A= (1+$B$4/100)^$B$5*($B$4/100)/((1+$B$4/100)^$B$5-1)*$B$3							
7				Jahr	Restschuld	Zins	Tilgung	Annuität
8				n	D	Z	T	A
9				1	=$B$3	=E9*$B$4/100	=H9-F9	=$B$6
10				=D9+1	=E9-G9	=E10*$B$4/100	=H10-F10	=WENN(E9<H9;0;H9)
11				=D10+1	=E10-G10	=E11*$B$4/100	=H11-F11	=WENN(E10<H10;0;H10)
12				=D11+1	=E11-G11	=E12*$B$4/100	=H12-F12	=WENN(E11<H11;0;H11)

Die WENN... -Abfrage in Spalte H bewirkt Folgendes: Wenn in einem Jahr die Restschuld kleiner als die Annuität geworden ist, dann wird für diese im folgenden Jahre eine Null tabelliert, was zur Folge hat, daß auch in den Spalten E, F und G Nullen tabelliert werden:

	A	B	D	E	F	G	H
1	Annuitätentilgung mit fester Laufzeit						
2							
3	D0	30000					
4	p	6					
5	N	10					
6	A= 4076,04						
7			Jahr	Restschuld	Zins	Tilgung	Annuität
8			n	D	Z	T	A
9			1	30.000,00	1.800,00	2.276,04	4.076,04
10			2	27.723,96	1.663,44	2.412,60	4.076,04
11			3	25.311,36	1.518,68	2.557,36	4.076,04
12			4	22.754,00	1.365,24	2.710,80	4.076,04
13			5	20.043,20	1.202,59	2.873,45	4.076,04
14			6	17.169,76	1.030,19	3.045,85	4.076,04
15			7	14.123,90	847,43	3.228,60	4.076,04
16			8	10.895,30	653,72	3.422,32	4.076,04
17			9	7.472,98	448,38	3.627,66	4.076,04
18			10	3.845,32	230,72	3.845,32	4.076,04
19			11	0,00	0,00	-0,00	0,00
20			12	0,00	0,00	-0,00	0,00
21			13	0,00	0,00	-0,00	0,00
22			14	0,00	0,00	-0,00	0,00
23			15	0,00	0,00	-0,00	0,00
24			16	0,00	0,00	-0,00	0,00
25			Σ		10.760,39	30.000,00	40.760,39

	A	B	D	E	F	G	H
1	Annuitätentilgung mit fester Laufzeit						
2							
3	D0	30000					
4	p	6					
5	N	15					
6	A= 3088,88						
7			Jahr	Restschuld	Zins	Tilgung	Annuität
8			n	D	Z	T	A
9			1	30.000,00	1.800,00	1.288,88	3.088,88
10			2	28.711,12	1.722,67	1.366,22	3.088,88
11			3	27.344,90	1.640,69	1.448,19	3.088,88
12			4	25.896,71	1.553,80	1.535,08	3.088,88
13			5	24.361,63	1.461,70	1.627,18	3.088,88
14			6	22.734,45	1.364,07	1.724,82	3.088,88
15			7	21.009,63	1.260,58	1.828,31	3.088,88
16			8	19.181,33	1.150,88	1.938,00	3.088,88
17			9	17.243,32	1.034,60	2.054,28	3.088,88
18			10	15.189,04	911,34	2.177,54	3.088,88
19			11	13.011,50	780,69	2.308,19	3.088,88
20			12	10.703,31	642,20	2.446,68	3.088,88
21			13	8.256,62	495,40	2.593,49	3.088,88
22			14	5.663,14	339,79	2.749,09	3.088,88
23			15	2.914,04	174,84	2.914,04	3.088,88
24			16	0,00	0,00	-0,00	0,00
25			Σ		16.333,24	30.000,00	46.333,24

Abb. 51: Annuitätentilgung mit fester Laufzeit

Ähnlich wie bei Abb. 50 kann man auch hier feststellen: Je länger die Laufzeit, umso kleiner die Annuität, allerdings steigen die Gesamtzinsen deutlich an.

Programmierung

Der erste einfache Ansatz (77) kann direkt umgesetzt werden:

```
(define (D D0 p A n)
  (cond
    ((zero? n) D0)
    (else
      (runden (- (* (+ 1 (/ p 100)) (D D0 p A(- n 1))) A) 2)))))

> (D 30000 6 3600 5)      -->19853.23

(define (DN-tilgungsplan-hilfe D0 p N akku n)
  (local
    ((define qN (expt (+ 1 (/ p 100)) N))
     (define A (runden (* D0 (/ (* qN (/ p 100)) (- qN 1))) 2))
     (define Z (runden (* (second (first akku)) (/ p 100)) 2))
     (define D (runden (second (first akku)) 2)))
    (cond
      ((zero? n) akku)
```

```
    (else
     (DN-tilgungsplan-hilfe
      D0 p N
      (cons (list (- N n -1) (- D (- A Z)) Z (- A Z) A) akku)
      (- n 1))))))

(define (DN-tilgungsplan D0 p N)
  (reverse (DN-tilgungsplan-hilfe D0 p N (list (list 0 D0 0 0 0)) N)))
```

mit

```
> (DN-tilgungsplan 30000 6 10)  -->
(list
 (list 0 30000 0 0 0)
 (list 1 27723.96 1800 2276.04 4076.04)
 (list 2 25311.36 1663.44 2412.6 4076.04)
 (list 3 22754 1518.68 2557.36 4076.04)
 (list 4 20043.2 1365.24 2710.8 4076.04)
 (list 5 17169.75 1202.59 2873.45 4076.04)
 (list 6 14123.89 1030.18 3045.86 4076.04)
 (list 7 10895.28 847.43 3228.61 4076.04)
 (list 8 7472.96 653.72 3422.32 4076.04)
 (list 9 3845.3 448.38 3627.66 4076.04)
 (list 10 -0.02 230.72 3845.32 4076.04))
```

Ratentilgung

Bei dieser Tilgungsform sind nicht die Annuitäten, sondern – wie der Name sagt – die Tilgungsraten während der Laufzeit konstant. Die jährliche Rate kann entweder durch einen bestimmten Prozentsatz P der Anfangsschuld oder durch die Laufzeit N festgelegt werden.

Ratentilgung mit festem Prozentsatz

Jetzt gilt (man beachte $P \neq p$)

$$T_n = T = \frac{P}{100}D_0, \quad Z_n = \frac{p}{100}D_n, \quad \text{also } D_n = D_{n-1} - T \text{ und } A_n = Z_n + T \quad (80)$$

also nur lineare Vorgänge.

Ähnlich wie bei Annuitätentilgung wird hier i.A. im letzten Tilgungsjahr die Restschuld kleiner sein als die Tilgungsrate. In diesem Fall wird die Restschuld als letzte Rate betrachtet und zusammen mit den letzten Zinsen als letzte Annuität zurückgezahlt, was durch eine WENN... -Abfrage in Spalte G geklärt wird:

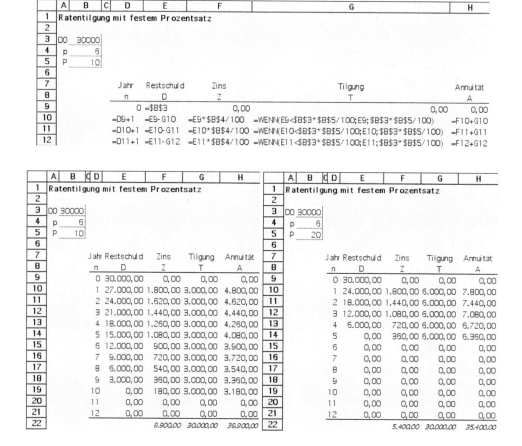

Ratentilgung mit festem Prozentsatz

D0 30000
p 6
P 10

	Jahr	Restschuld	Zins	Tilgung	Annuität
	n	D	Z	T	A
	0	=$B$3	0,00		0,00	0,00
	=D9+1	=E9-G10	=E9*$B$4/100	=WENN(E9<$B$3*$B$5/100;E9;$B$3*$B$5/100)	=F10+G10
	=D10+1	=E10-G11	=E10*$B$4/100	=WENN(E10<$B$3*$B$5/100;E10;$B$3*$B$5/100)	=F11+G11
	=D11+1	=E11-G12	=E11*$B$4/100	=WENN(E11<$B$3*$B$5/100;E11;$B$3*$B$5/100)	=F12+G12

Ratentilgung mit festem Prozentsatz

D0 30000
p 6
P 10

Jahr (n)	Restschuld (D)	Zins (Z)	Tilgung (T)	Annuität (A)
0	30.000,00	0,00	0,00	0,00
1	27.000,00	1.800,00	3.000,00	4.800,00
2	24.000,00	1.620,00	3.000,00	4.620,00
3	21.000,00	1.440,00	3.000,00	4.440,00
4	18.000,00	1.260,00	3.000,00	4.260,00
5	15.000,00	1.080,00	3.000,00	4.080,00
6	12.000,00	900,00	3.000,00	3.900,00
7	9.000,00	720,00	3.000,00	3.720,00
8	6.000,00	540,00	3.000,00	3.540,00
9	3.000,00	360,00	3.000,00	3.360,00
10	0,00	180,00	3.000,00	3.180,00
11	0,00	0,00	0,00	0,00
12	0,00	0,00	0,00	0,00
		9.900,00	30.000,00	39.900,00

Ratentilgung mit festem Prozentsatz

D0 30000
p 6
P 20

Jahr (n)	Restschuld (D)	Zins (Z)	Tilgung (T)	Annuität (A)
0	30.000,00	0,00	0,00	0,00
1	24.000,00	1.800,00	6.000,00	7.800,00
2	18.000,00	1.440,00	6.000,00	7.440,00
3	12.000,00	1.080,00	6.000,00	7.080,00
4	6.000,00	720,00	6.000,00	6.720,00
5	0,00	360,00	6.000,00	6.360,00
6	0,00	0,00	0,00	0,00
7	0,00	0,00	0,00	0,00
8	0,00	0,00	0,00	0,00
9	0,00	0,00	0,00	0,00
10	0,00	0,00	0,00	0,00
11	0,00	0,00	0,00	0,00
12	0,00	0,00	0,00	0,00
		5.400,00	30.000,00	35.400,00

Abb. 52: Ratentilgung mit festem Prozentsatz

Ratentilgung mit fester Laufzeit

Der einzige Unterschied zu (80) ist die Ermittlung der jährlichen Tilgungsrate durch $T = \frac{D_0}{N}$:

Ratentilgung mit fester Laufzeit

D0 30000
p 6
N 10

	Jahr	Restschuld	Zins	Tilgung	Annuität
	n	D	Z	T	A
	0	=$B$3	0,00		0,00	0,00
	=D9+1	=E9-G10	=E9*$B$4/100	=WENN(E9<$B$3/$B$5;0;$B$3/$B$5)	=F10+G10
	=D10+1	=E10-G11	=E10*$B$4/100	=WENN(E10<$B$3/$B$5;0;$B$3/$B$5)	=F11+G11
	=D11+1	=E11-G12	=E11*$B$4/100	=WENN(E11<$B$3/$B$5;0;$B$3/$B$5)	=F12+G12

	A	B	C	D	E	F	G	H
1	Ratentilgung mit fester Laufzeit							
2								
3	D0 30000							
4	p	6						
5	N	10						
6								
7				Jahr	Restschuld	Zins	Tilgung	Annuität
8				n	D	Z	T	A
9				0	30.000,00	0,00	0,00	0,00
10				1	27.000,00	1.800,00	3.000,00	4.800,00
11				2	24.000,00	1.620,00	3.000,00	4.620,00
12				3	21.000,00	1.440,00	3.000,00	4.440,00
13				4	18.000,00	1.260,00	3.000,00	4.260,00
14				5	15.000,00	1.080,00	3.000,00	4.080,00
15				6	12.000,00	900,00	3.000,00	3.900,00
16				7	9.000,00	720,00	3.000,00	3.720,00
17				8	6.000,00	540,00	3.000,00	3.540,00
18				9	3.000,00	360,00	3.000,00	3.360,00
19				10	0,00	180,00	3.000,00	3.180,00
20				11	0,00	0,00	0,00	0,00
21				12	0,00	0,00	0,00	0,00
22						9.900,00	30.000,00	39.900,00

	A	B	C	D	E	F	G	H
1	Ratentilgung mit fester Laufzeit							
2								
3	D0 30000							
4	p	6						
5	N	5						
6								
7				Jahr	Restschuld	Zins	Tilgung	Annuität
8				n	D	Z	T	A
9				0	30.000,00	0,00	0,00	0,00
10				1	24.000,00	1.800,00	6.000,00	7.800,00
11				2	18.000,00	1.440,00	6.000,00	7.440,00
12				3	12.000,00	1.080,00	6.000,00	7.080,00
13				4	6.000,00	720,00	6.000,00	6.720,00
14				5	0,00	360,00	6.000,00	6.360,00
15				6	0,00	0,00	0,00	0,00
16				7	0,00	0,00	0,00	0,00
17				8	0,00	0,00	0,00	0,00
18				9	0,00	0,00	0,00	0,00
19				10	0,00	0,00	0,00	0,00
20				11	0,00	0,00	0,00	0,00
21				12	0,00	0,00	0,00	0,00
22						5.400,00	30.000,00	35.400,00

Abb. 53: Ratentilgung mit fester Laufzeit

Es überrascht nicht, daß die jeweiligen Tabellierungen für $P = 10\%$ mit $N = 10$ sowie $P = 20\%$ mit $N = 5$ übereinstimmen.   ◆

9.6 Allgemeines Näherungsverfahren

Das Lösen von Gleichungen der Form $f(x) = 0$ auf „algebraische" Art, d.h. durch Auflösung nach der Lösungsvariablen x durch äquivalente Termumformungen, ist uns bekanntlich nur in wenigen Fällen möglich: lineare und quadratische Gleichungen, aber auch Gleichungen 3. und 4. Grades (was in der Schule nicht behandelt wird), sowie Gleichungen höheren Grades in besonderen Fällen und spezielle transzendente Gleichungen wie z.B. $x = \sin x$. Für alle anderen Fälle müssen wir nach Näherungslösungen suchen, für die geeignete Verfahren zu suchen sind.

Das einfachste Verfahren ist die sog. *Fixpunkt-Iteration* (oder auch *Allgemeines Näherungsverfahren*): Bekanntlich kann jede Gleichung der Form

$$f(x) = 0 \tag{81}$$

durch $f(x) = x - \varphi(x)$ in die Form

$$x = \varphi(x) \tag{82}$$

gebracht werden: Somit ist eine Lösung $\bar{x}$ von (81) auch eine Lösung von (82).
Dann heißt $\bar{x} = \varphi(\bar{x})$ auch *Fixpunkt* der Abbildung φ.

Die Idee zur Bestimmung von $\bar{x}$ ist die Untersuchung der Folge

$$x_n = \varphi(x_{n-1}) \tag{83}$$

die unter bestimmten Voraussetzungen und mit geeignetem Startwert x_0 gegen $\bar{x}$ konvergiert und wir dann als *Näherungsfolge* bezeichnen.

B19	**Öltank**	R-Var:	AQ oder ÜNN
Anmerkung:		*Struktur:*	ER

Ein kugelförmiger Öltank mit $r = 3m$ ist zu einem Drittel gefüllt. Wie hoch steht das Öl im Tank?

Aus dem Ansatz $\frac{1}{3}V_{Kugel} = V_{Kappe}$
folgt anhand der Skizze

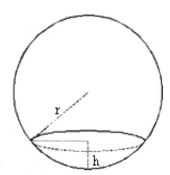

$$\frac{1}{3} \cdot \frac{4}{3}\pi r^3 = \frac{1}{3}\pi h^2(3r - h)$$

und daraus

$$h^3 - 3rh^2 + \frac{4}{3} = 0$$

Ersetzt man die Höhe h durch x, erhält man daraus für $r = 3m$ die Gleichung

$$x^3 - 9x^2 + 36 = 0 \tag{84}$$

Kleiner Exkurs

Das Besondere an dieser Gleichung ist, daß sie von einem Schüler einer allgemeinbildenden Schule, auch einem Abiturienten, i. A. nicht gelöst werden kann!

Dieser bedenkliche Umstand liegt darin begründet, daß – wie oben bereits erwähnt – in den Lehrplänen das algebraischen Lösen von Gleichungen 3. und 4. Grades nicht vorgesehen ist (für Gleichungen ab dem 5. Grad gibt es bekanntlich keinen allgemeinen Lösungsansatz). Darüber hinaus können Sachprobleme zu transzendenten Gleichungen wie $3^x - 5 = x$ oder $x = cos\ x$ führen, für die es keine algebraische Lösung gibt.
Umso wichtiger ist die Forderung nach einem praktikablen Lösungsverfahren:

■ **Das *Allgemeine Näherungsverfahren* sollte fester Bestandteil des Lehrplans allgemeinbildender Schulen sein.**
   Es stellt ein einfaches, aber universelles Verfahren zum Lösen von

   • **Gleichungen n-ten Grades**
   • **transzendenten Gleichungen dar**

Zeichnerische Lösung

Aus (84) muss man eine Gleichung der Form (82) gewinnen, z.B.

$$\varphi_1(x) = 9 - \frac{36}{x^2}, \quad \varphi_2(x) = \frac{6}{\sqrt{9-x}}, \quad \varphi_3(x) = \frac{x^2 + \frac{36}{x}}{9}$$

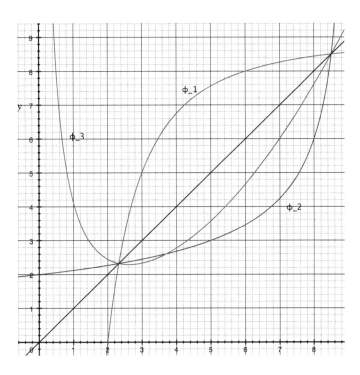

Wie man an den Graphen erkennt, gibt es zwei Lösungen, $\bar{x}_1 \approx 2,3$ und $\bar{x}_2 \approx 8,5$, wobei $\bar{x}_2 > 2 \cdot r$ der Aufgabenstellung widerspricht und somit ausscheidet.

Rechenblatt

Wir greifen die Idee (83) der Näherungsfolgen

$$x_n = \begin{cases} x_0 & \text{für } n = 0 \\ \varphi_i(x_{n-1}) & \text{für } n > 0 \end{cases}$$

auf, für die als Startwert $x_0 = 2,3 \approx \bar{x}_1$ auf der Hand liegt, dennoch wollen wir sie für $x_0 = 0,3$ und $x_0 = 3$ tabellieren:

	A	B		D	E	F	G
1	Allgemeines Näherungsverfahren						
2	x0	0,3					
3				n	$\varphi 1$	$\varphi 2$	$\varphi 3$
4				0	0,3	0,3	0,3
5				1	-391,00000	2,03419	13,34333
6				2	8,99976	2,27335	20,08250
7				3	8,55553	2,31341	45,01106
8				4	8,50818	2,32032	225,19944
9				5	8,50269	2,32153	#######
10				6	8,50205	2,32173	#######
11				7	8,50197	2,32177	#######
12				8	8,50196	2,32178	#######
13				9	8,50196	2,32178	#Stellen

	A	B		D	E	F	G
1	Allgemeines Näherungsverfahren						
2	x0	3					
3				n	$\varphi 1$	$\varphi 2$	$\varphi 3$
4				0	3	3	3
5				1	5,00000	2,44949	2,33333
6				2	7,56000	2,34430	2,31922
7				3	8,37012	2,32570	2,32236
8				4	8,48615	2,32246	2,32165
9				5	8,50010	2,32190	2,32181
10				6	8,50174	2,32180	2,32177
11				7	8,50193	2,32178	2,32178
12				8	8,50196	2,32178	2,32178
13				9	8,50196	2,32178	2,32178

Man sieht, daß sich die zugehörigen Näherungsfolgen $\varphi_1(x_n)$, $\varphi_2(x_n)$ und $\varphi_3(x_n)$ unterschiedlich verhalten in Abhängigkeit vom Startwert x_0.
Eine Interpretation der Tabellierungen liefert $\bar{x} \approx 2,32178...$ in Übereinstimmung mit der zeichnerischen Lösung.

Visualisierung durch Spinnwebdiagramm

Wir machen den Näherungsvorgang sichtbar durch Streckenzüge der Paare $(x_n|\varphi(x_n))$ für vier verschiedene Situationen, bei denen φ die Gerade $y = x$ schneidet.
Durch eine Art „Reflexion" an der Winkelhabierenden $y = x$ wird daraus x_1, woraus man dadurch, daß man senkrecht nach oben zum Graphen von φ „geht", den neuen Funkionswert $\varphi(x_1)$ erhält, welcher wiederum durch o.a. „Reflexion" zu x_2 wird, usw. Die Visualisierung dieses Verfahrens ergibt einen Streckenzug, den man *Spinnwebdiagramm* (engl. *cobweb diagram*) nennt, weiteres s. Abschnitt 11.4.

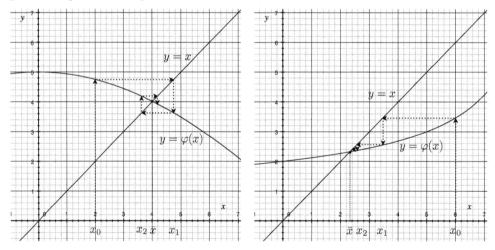

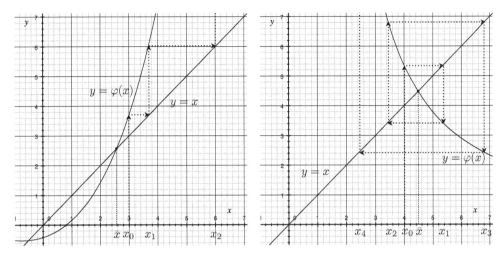

Dabei ergibt der Streckenzug entweder eine rechtwinklige Spirale oder eine Treppenfigur, die sich im Falle von Konvergenz dem Punkt $(\bar{x} \,|\, \varphi(\bar{x}))$ Schritt für Schritt nähert oder im Falle von Divergenz vom Anfangspunkt $(x_0 \,|\, \varphi(x_0))$ entfernt.

Insgesamt sind vier Fälle möglich:

- oszillierende Konvergenz (links oben)

- monotone Konvergenz (rechts oben)

- monotone Divergenz (links unten)

- oszillierende Divergenz (rechts unten)

Die Frage ist nun, welche Forderungen an φ in einer Umgebung von $\bar{x}$ zu stellen sind, damit das Näherungsverfahren konvergiert. In Abschnitt 8.4 haben wir gesehen, daß sich das Konvergenzverhalten in den Spinnwebdiagrammen sich aus dem Kontraktionssatz, S. 98 erklärt:

- oszillierende Konvergenz: $-1 < \varphi'(x) < 0$

- monotone Konvergenz: $0 < \varphi'(x) < 1$

- monotone Divergenz: $\varphi'(x) > 1$

- oszillierende Divergenz: $\varphi'(x) < -1$

In unserem Beispiel ergibt sich für $\varphi_2'(x) = \dfrac{3}{(9-x)^{\frac{3}{2}}}$ und der Bedingung $|\varphi_2'(x)| < 1$:

$$x < 9 - \sqrt[3]{9} \approx 6{,}919916\ldots$$

also konvergiert die Folge $x_n = \varphi_2(x_n)$ z.B. für den Startwert $x_0 = 4$.
Die Näherungsfolge

$$x_i = \begin{cases} x_0 & \text{für } i = 0 \\ \varphi_2(x_{i-1}) & \text{für } i = 1, 2, \ldots \end{cases} \tag{85}$$

konvergiert mathematisch demnach z.B. für $x_0 = 4$, also $\lim\limits_{i\to\infty} x_i = \bar{x}$ existiert.

Programmierung

Genau genommen stehen wir stehen jetzt vor dem Dilemma, das in Kapitel 6 dargelegt wurde: (85) als primitive Rekursion entspricht nicht Aufgabenstellung, vielmehr
suchen wir einen Fixpunkt $\bar{x} = \varphi(\bar{x})$, was durch die Rekursion

$$f_1(x) = \begin{cases} x & \text{falls } x = \varphi(x) \\ f_1(\varphi(x)) & \text{sonst} \end{cases} \tag{86}$$

ausgedrückt wird. Allerdings ist keine Terminierung zu erwarten, da es sich bei (85) –
wie bereits festgestellt – um eine unendliche Folge handelt. Also formulieren wir (85)
als

$$f_2(x_0, n) = \begin{cases} x_0 & \text{falls } n = 0 \\ f_2(\varphi(x_0), n-1) & \text{sonst} \end{cases} \tag{87}$$

mit der Frage, wie wählen wir n?

Schließlich bleibt noch die Variante

$$f_3(x) = \begin{cases} x & \text{falls } |\varphi(x) - x| < \epsilon \\ f_3(\varphi(x)) & \text{sonst} \end{cases} \tag{88}$$

die ebenfalls nach endlichen vielen Schritten terminiert, wie wir in 8.4 gezeigt haben.

Wir betrachten die zu (86), (87) und (88) gehörenden Programme im Einzelnen, dabei
nehmen wir die Iterationsfunktion φ (die innere Funktion der Rekursion) aus Gründen der Allgemeinheit als Parameter, was den Umgang mit Funktion *höherer Ordnung*
(higher order functions) voraussetzt. Wir beginnen mit (86):

```
(define (f1 phi x0)
  (cond
    ((= x0 (phi x0)) x0)
    (else
     (f1 phi (phi x0)))))
```

Interessanterweise kann man empirisch feststellen, daß die Zahlenimplementation bei
der benutzten *HtDP*-SCHEME-Version dergestalt ist, daß (86) terminiert, wenn $0 <
\varphi'(x) < 1$, (oszillierende Konvergenz). Diese Erscheinung ist auf die *technische Termi-
nierung* zurückzuführen, s. Abschnitt 8.4. Somit kann diese auch nur Näherungswerte
liefern, entspricht aber immerhin der Aufgabenstellung im Sinne des Modellierens.

Die primitive Rekursion (87) führt zu

```
(define (f2 phi x0 n)
  (cond
    ((= 0 n) x0)
    (else
     (f2 phi (phi x0) (- n 1))))))
```

und terminiert natürlich unabhängig davon, ob φ konvergiert oder divergiert, und eignet sich somit auch zum Beobachten divergenter Näherungsfolgen.

Für den dritten Fall ergibt sich aus (88) ein Programm, das – wie oben begründet – ebenfalls nach endlich vielen Schritten terminiert, und kann als eine Art „Abstands-Tester" aufgefaßt werden kann:

```
(define (f3 phi x0 eps)
  (cond
    ((< (abs (- x0 (phi x0))) eps) x0)
    (else
     (f3 phi (phi x0) eps))))
```

Wenn φ kontrahierend ist, muss der Abstand zwischen x und $\varphi(x)$ beliebig klein werden, d.h. man kann eine Schranke $\epsilon > 0$ vorgeben, so daß durch $|x - \varphi(x)| < \epsilon$ eine Terminierung erreicht wird.

Abschließend wollen wir die Ergebenisse von f1, f2 und f3 für $x_0 = 2,3$, $n = 15$ und $\epsilon = 0,0001$ anhand von φ_2

```
(define (phi2 x)
  (/ 6 (sqrt (- 9 x)))))
```

miteinander vergleichen (auf den Quellcode der Auflistungsprogramme verzichten wir an dieser Stelle):

> (f1 phi2 2.3)	> (f2 phi2 2.3 15)	> (f3 phi2 2.3 0.0001)
-->	-->	-->
2.3	2.3	2.3
2.3180022278587673	2.3180022278587673	2.3180022278587673
2.321122637161319	2.321122637161319	2.321122637161319
2.3216647946601063	2.3216647946601063	
2.3217590309027085	2.3217590309027085	
2.3217754119434995	2.3217754119434995	
2.321778259487327	2.321778259487327	
2.3217787544817208	2.3217787544817208	
2.3217788405276454	2.3217788405276454	
2.321778855485192	2.321778855485192	
2.3217788580852945	2.3217788580852945	
2.3217788585372756	2.3217788585372756	
...	2.3217788586158443	
2.321778858632376	2.3217788586295023	
2.321778858632376	2.3217788586318764	

Man sieht, daß alle drei Programme terminieren, wobei der Aufruf (f1 phi2 2.3) nach 19 Selbstaufrufen zur einer Stabilisierung bei 2.321778858632376 führt. ◆

ANREGUNGEN:

1. Die Aufgabenstellung zum Öltank werde folgendermaßen geändert:
   Ein liegender zylindrischer Öltank mit $r = 1m$ und $l = 3m$ ist zu einem Drittel gefüllt. Wie hoch steht das Öl im Tank?

2. Eine Holzkugel ($r = 1\,m, \rho = 0,7\frac{g}{cm^3}$) schwimmt im Wasser. Wie tief ist sie eingetaucht?

3. Löse folgende Gleichungen mit Rechenblatt und/oder Programm

   a) $x - \cos x = 0$

   b) $x^4 - x^3 - 1 = 0$

4. Kühltürme von Wärmekraftwerken haben i. A. die Form von *Rotations-Hyperboloiden*. Wenn man diese nicht als aufrechte, sondern als waagrechte Körper betrachtet, kann man sie sich entstanden denken durch Rotation des Graphen von

$$f(x) = \sqrt{a^2 \left(\frac{x^2}{b^2} + 1 \right)}$$

um die x-Achse. Wir betrachten ein Beispiel mit $a = 8$ m und $b = 24$ m:

   a) Zeige mit mitteln der Integralrechnung, daß für das Volumen eines solchen Körpers der Höhe bzw. Länge h gilt:

$$V(h) = 64\pi \left(\frac{h^3}{3 \cdot 24^2} + h \right) \tag{89}$$

   b) Angenommen, ein solcher 45 m hoher Körper werde zur Hälfte mit einer Flüssigkeit gefüllt. Gesucht ist die Höhe $\bar{h}$ des Flüssigkeitstandes.
   Anleitung: Mache mit Hilfe von (89) einen geeigneten Ansatz und leite daraus eine Gleichung für $\bar{h}$ her. Ermittle eine Näherungslösung mittels des allgemeinen Näherungsverfahrens.

5. Beweise (vgl. Abschnitt 8.4 und Satz 2):
   Ist $\varphi(x)$ kontrahierend, dann ist auch $\psi(x) = \frac{1}{n}(x + (n-1)\varphi(x))$ kontrahierend für $n \geq 2$.

6. Zeige, daß mit der Verallgemeinerung $x_n = \begin{cases} x_0 & \text{für } n = 0 \\ \dfrac{(k-1)\cdot(x_{n-1}^k + a)}{k\cdot x_{n-1}^{k-1}} & \text{sonst} \end{cases}$

   die k-te Wurzel aus a angenähert werden kann, und entwickle dazu Rechenblatt und Programm.

9.7 Weitere Näherungsverfahren

B20	**HERON-Verfahren**	*R-Var:*	ÜN
Anmerkung:	vgl. Allgemeines Näherungsverfahren	*Struktur:*	NWR

Dieses Beispiel haben wir bereits als „Wurzelziehen" in Kapitel 6, S. 57 modelliert mit dem Ansatz

RG	*Ersetze die letzte Näherung durch den Mittelwert aus letzter Näherung und dem doppelten Kehrwert der letzten Näherung*

Wir entscheiden uns als Modell für die primitive Endrekursion (19)

$$x_n = \begin{cases} x_0 & \text{für } n = 0 \\ \dfrac{1}{2} \cdot (x_{n-1} + \dfrac{2}{x_{n-1}}) & \text{sonst} \end{cases}$$

mit dem Rechenblatt

	A	B	C	D	E			A	B	C	D	E
1	HERON- Verfahren						1	HERON- Verfahren				
2							2					
3	x0	1,5					3	x0	1,5			
4							4					
5							5					
6				n	xn		6				n	xn
7				0	=B3		7				0	1,5000000000
8				=D7+1	=(E7+2/E7)/2		8				1	1,4166666667
9				=D8+1	=(E8+2/E8)/2		9				2	1,4142156863
10				=D9+1	=(E9+2/E9)/2		10				3	1,4142135624
11				=D10+1	=(E10+2/E10)/2		11				4	1,4142135624
12				=D11+1	=(E11+2/E11)/2		12				5	1,4142135624
13				=D12+1	=(E12+2/E12)/2		13				6	1,4142135624

Eine Verallgemeinerung für beliebige Quadratwurzeln aus $a \in \mathbb{Q}^+$ liegt auf der Hand:

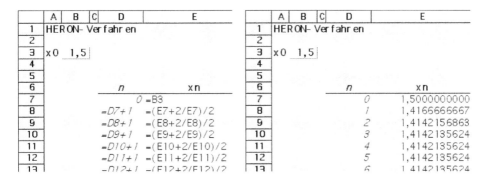

	A	B	C	D	E			A	B	C	D	E
1	HERON- Verfahren						1	HERON- Verfahren				
2							2					
3	x0	1,5					3	x0	1,5			
4	a	3					4	a	3			
5							5					
6				n	xn		6				n	xn
7				0	=B3		7				0	1,5000000000
8				=D7+1	=(E7+B$4/E7)/2		8				1	1,7500000000
9				=D8+1	=(E8+B$4/E8)/2		9				2	1,7321428571
10				=D9+1	=(E9+B$4/E9)/2		10				3	1,7320508100
11				=D10+1	=(E10+B$4/E10)/2		11				4	1,7320508076
12				=D11+1	=(E11+B$4/E11)/2		12				5	1,7320508076
13				=D12+1	=(E12+B$4/E12)/2		13				6	1,7320508076

mit

$$x_n = \begin{cases} x_0 & \text{für } n = 0 \\ \dfrac{1}{2} \cdot (x_{n-1} + \dfrac{a}{x_{n-1}}) & \text{sonst} \end{cases}$$

Diese Folge wird auch HERON-Verfahren oder *babylonisches Wurzelziehen* genannt und ist ein Sonderfall des NEWTON-Verfahrens.

Für die Programmierung setzen wir die primitive Endrekursion

$$f(a, x_0, n) = \begin{cases} x_0 & \text{falls } n = 0 \\ f(a, \dfrac{1}{2} \cdot (x_0 + \dfrac{a}{x_0}), n - 1) & \text{sonst} \end{cases}$$

direkt in *HtDP*-Scheme um:

```
(define (HERON x0 a n)
  (cond
    ((zero? n) x0)
    (else
      (HERON (/ (+ x0 (/ a x0)) 2) a (- n 1)))))
```

mit z.B. (HERON 1.5 3 5) -> 1.7320508075688772935274463...   ◆

Dieses Beispiel kann in der nicht verallgemeinerten Form auch als ein Einstiegsbeispiel im Abschnitt 5.2, S. 39 dienen.

B21	**Nullstellenbestimmung durch Intervallhalbierung (Bisektion)**	*R-Var:*	AQ
Anmerkung:	-	*Struktur:*	DO, ER

Das Verfahren beruht auf folgender Voraussetzung: Ist eine Funktion f auf dem Intervall $[a, b]$ stetig mit $f(a) \cdot f(b) < 0$, dann existiert nach dem Zwischenwertsatz eine (mindestens) eine Stelle $x_0 \in [a, b]$ mit $f(x_0) = 0$.

Die Idee für eine schrittweise Modellierung ist folgende:

1. Man halbiert das Intervall $[a, b]$ mittels $m = \dfrac{a+b}{2}$ in $[a, m]$ und $[m, b]$

2. Es wird geprüft, ob $f(m) = 0$. Wenn ja, ist man fertig.

3. Man wendet 1. bis 2. auf die Teilintervalle an:
   Falls $f(a) \cdot f(m) < 0$ liegt ein Vorzeichenwechsel im linken Teilintervall $[a, m]$ vor, und gemäß der Voraussetzungen existiert eine Nullstelle. Man ersetzt b durch m und fährt bei 1. fort.
   Falls nicht, muss es im rechten Intervall $[m, b]$ eine Nullstelle geben. Man ersetzt a durch m und fährt bei 1. fort.

Daraus ergibt sich die interessante doppelte Rekursion (Typ DO):

$$B(a, b) = \begin{cases} \dfrac{a+b}{2} & \text{falls } f(\frac{a+b}{2}) = 0 \\ B(a, \frac{a+b}{2}) & \text{falls } f(a) \cdot f(\frac{a+b}{2}) < 0 \\ B(\frac{a+b}{2}, b) & \text{sonst} \end{cases} \tag{90}$$

mit z.B.

	A	B	C	D	E	F	G	H	I
1	Nullstellenbestimmung durch Intervallhalbierung (Bisektion)								
2									
3	a		1		f(x)=x-1,5*wurzel(x)				
4	b		3						
5									
6					*n*	a	b	m	f(a)*f(m)	f(m)*f(b)
7					*0*	1,000000	3,000000	2,000000	0,06066017178	-0,04876153212
8					*1*	2,000000	3,000000	2,500000	-0,01556439978	0,05156350817
9					*2*	2,000000	2,500000	2,250000	0	0
10					*3*	2,000000	2,500000	2,250000	0	0

A	B	C	D	E	F	G	H	I
1				Nullstellenbestimmung durch Intervallhalbierung (Bisektion)				
2								
3	a	1		$f(x)=x-1,5*wurzel(x)$				
4	b	4						
5								
6			n	a	b	m	$f(a)*f(m)$	$f(m)*f(b)$
7			0	1,000000	4,000000	2,500000	-0,06414587744	0,12829175487
8			1	1,000000	2,500000	1,750000	0,11715674165	-0,03006048796
9			2	1,750000	2,500000	2,125000	0,01443534153	-0,00790366508
10			3	2,125000	2,500000	2,312500	-0,00193840456	0,00403657834
11			4	2,125000	2,312500	2,218750	0,00095924295	-0,00048990681
12			5	2,218750	2,312500	2,265625	-0,00012185394	0,00024623818
13			6	2,218750	2,265625	2,242188	0,00006076886	-0,00003054379
14			7	2,242188	2,265625	2,253906	-0,00000762607	0,00001529182
15			8	2,242188	2,253906	2,248047	0,00000381055	-0,00000190776
16			9	2,248047	2,253906	2,250977	-0,00000047679	0,00000095419
17			10	2,248047	2,250977	2,249512	0,00000023835	-0,00000011922
18			11	2,249512	2,250977	2,250244	-0,0000000298	0,0000005961
19			12	2,249512	2,250244	2,249878	0,0000000149	-0,0000000745
20			13	2,249878	2,250244	2,250061	-0,0000000186	0,0000000373
21			14	2,249878	2,250061	2,249969	0,0000000093	-0,0000000047
22			15	2,249969	2,250061	2,250015	-0,0000000012	0,0000000023
23			16	2,249969	2,250015	2,249992	0,0000000006	-0,0000000003
24			17	2,249992	2,250015	2,250004	7,275954529e-12	0,00000000001
25			18	2,249992	2,250004	2,249998	3,637974952e-12	1,818989789e-12
26			19	2,249998	2,250004	2,250001	4,547473028e-13	9,094951837e-13
27			20	2,249998	2,250001	2,250000	2,273736149e-13	1,136868437e-13
28			21	2,250000	2,250001	2,250000	2,842170864e-14	5,684342638e-14

Man erkennt, wie stark der Aufwand, also die Halbierungsschritte und somit die Länge des Rechenblattes stark von den Intervallgrenzen abhängt.

Hier die wichtigsten Formeln:

Zelle	Formel
D7	0
E7	=B3
F7	=B4
G7	=(F7+E7)/2
H7	=(E7-1,5*WURZEL(E7))*(G7-1,5*WURZEL(G7))
I7	=(G7-1,5*WURZEL(G7))*(F7-1,5*WURZEL(F7))
D8	=D7+1
E8	=WENN(I7<0;G7;E7)
F8	=WENN(H7<0;G7;F7)
G8	=(F8+E8)/2
H8	=(E8-1,5*WURZEL(E8))*(G8-1,5*WURZEL(G8))
I8	=(G8-1,5*WURZEL(G8))*(F8-1,5*WURZEL(F8))

Bei der Programmierung wird dieses Verfahren nicht terminieren, z.B. wenn $x_0 \notin \mathbb{Q}$ (aus bekannten Gründen). Deshalb braucht man ein Abbruchkriterium, z.B. wenn die Teilintervalle einem klein genug erscheinen.

Dazu fügen wir in (90) eine Abfrage $|b-a| < \epsilon$ ein und nehmen als Näherungslösung den Mittelwert $m = \frac{a+b}{2}$ der aktuellen Werte von a und b .

Als weiteren Programmparameter führen wir im Sinne der Abstraktion noch f ein:

$$B(f, a, b, \epsilon) = \begin{cases} \dfrac{a+b}{2} & \text{für } f(\frac{a+b}{2}) = 0 \\[2ex] \dfrac{a+b}{2} & \text{für } |b - a| < \epsilon \\[2ex] B(f, a, \frac{a+b}{2}, \epsilon) & \text{für } f(a) \cdot f(\frac{a+b}{2}) > 0 \\[1ex] B(f, \frac{a+b}{2}, b, \epsilon) & \text{sonst} \end{cases}$$

bzw.

```
(define (B f a b eps)
  (cond
    ((= (f (/ (+ a b) 2)) 0) (/ (+ a b) 2))
    ((< (- b a) eps) (/ (+ a b) 2))
    ((< (* (f a) (f (/ (+ a b) 2))) 0)
     (B f a (/ (+ a b) 2) eps))
    (else
     (B f (/ (+ a b) 2) b eps))))
```

Mit der auch im Rechenblatt benutzten Funktion $f(x) = x - \frac{3}{2}\sqrt{x}$

```
(define (f x)
  (- x (* 1.5 (sqrt x))))
```

ergibt sich

```
> (B f 1 3 0.000000001)  --> 2.25
> (B f3 1 4 0.000000001) --> 2.24999999988835846781730651...
```

◆

B22	**Kreisberechnung und π**	*R-Var:*	ÜNN
Anmerkung:	-	*Struktur:*	–

Bekanntlich kann man den Umfang eines Kreises durch regelmäßige n-Ecke approximieren (s. Schulbücher Kl. 10). Z.B. kann man von einem einbeschriebenen Sechseck ausgehen und erhält in erster Näherung für den Umfang U_1 und die Seite s_1 der gleichseitigen Dreiecke

$$U_1 = 6 \cdot s_1 \quad \text{mit } s_1 = r$$

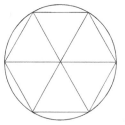

Verdoppelt man die Seitenzahl, gilt für das entstehende Zwölfeck aus 12 gleichschenkligen Dreiecken mit der Grundseite (Sehne) s_2

$$U_2 = 12 \cdot s_2 \quad \text{mit } s_2 = ?$$

und allgemein für weitere Verdoppelungen

$$U_n = 3 \cdot 2^n \cdot s_n \tag{91}$$

Für die Herleitung der Kantenlängen (Sehnen) s_n liefert die Skizze mit Hilfe von PYTHAGORAS:

$$\text{Aus } \overline{AD}^2 + \overline{MD}^2 = r^2, \text{ mit } \overline{AD} = \frac{s_{n-1}}{2}$$

$$\Rightarrow \quad \overline{MD} = \sqrt{r^2 - \frac{s_{n-1}^2}{4}}$$

$$\text{Aus } \overline{AD}^2 + \overline{DB}^2 = \overline{AB}^2 = s_n^2$$

$$\Rightarrow \quad \overline{DB} = \sqrt{s_n^2 - \frac{s_{n-1}^2}{4}}$$

$$\text{Aus } \overline{MD} + \overline{DB} = r$$

$$\Rightarrow \quad \sqrt{r^2 - \frac{s_{n-1}^2}{4}} + \sqrt{s_n^2 - \frac{s_{n-1}^2}{4}} = r$$

Daraus ergibt sich für s_n als Funktion von r mit der Anfangsbedingung $s_1 = 1$

$$\Rightarrow \quad s(r,n) = \begin{cases} r & \text{falls } n = 1 \\ \sqrt{2r \cdot (r - \sqrt{r^2 - \frac{s(r,n-1)^2}{4}})} & \text{falls } n > 1 \end{cases} \tag{92}$$

Damit können s_n und $U_n = 3 \cdot 2^n \cdot s_n$ tabelliert werden, zusätzlich wegen $U = 2\pi \cdot r \approx U_n$ auch eine Näherungsfolge für $\pi \approx \frac{U_n}{2 \cdot r}$:

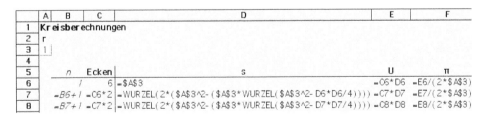

Für $r = 1$ ergibt sich:

A	B	C	D	E	F
1	Kreisberechnungen				
2	r				
3	1				
4					
5	*n*	Ecken	s	U	π
6	1	6	1,000000	6,000000	3,000000
7	2	12	0,517638	6,211657	3,105829
8	3	24	0,261052	6,265257	3,132629
9	4	48	0,130806	6,278700	3,139350
10	5	96	0,065438	6,282064	3,141032
11	6	192	0,032723	6,282905	3,141452
12	7	384	0,016362	6,283115	3,141558
13	8	768	0,008181	6,283168	3,141584
14	9	1536	0,004091	6,283181	3,141590
15	10	3072	0,002045	6,283184	3,141592
16	11	6144	0,001023	6,283185	3,141593
17	12	12288	0,000511	6,283185	3,141593

Abb. 54: Näherungswerte für Kreisumfang U und π

Durch Kalkulieren mit verschiedenen Werte für r kann man feststellen, daß die Werte in Spalte F für π nicht von r abhängen.

```
(define (s r n)
  (cond
    ((= n 1) r)
    (else
     (sqrt
      (* 2 r
         (- r (sqrt (- (sqr r) (/ (sqr (s r (- n 1))) 4)))))))))
```

mit z.B.

```
> (inexact->exact (s 1 10))
      --> 0.0020453073607051095589293...
```

Für die Berechnung des Umfangs zerlegen wir (91) in $U_n = z_n \cdot s_n$ mit $z_n = 3 \cdot 2^n$. Mit der Hilfsfunktion

```
(define (z n)
  (cond
    ((= n 1) 6)
    (else
     (* 2 (z (- n 1))))))
```

ergibt sich

```
(define (U r n)
  (* (z n) (s r n)))
```

mit z.B.

```
> (inexact->exact (U 1 10))
      --> 6.2831842120860965650308571...
```

und schließlich die Näherung für π:

```
(define (Pi r n)
  (/ (U r n) 2 r))
```

mit

```
> (inexact->exact (Pi 1 10))
        --> 3.1415921060430482825154285...
```

Die Tabellierung der Näherungswerte wie im obigen Rechenblatt mittels Programmierung überlassen wir den Übungen. ◆

B23	**Numerische Integration**	*R-Var:*	ÄQ
Anmerkung:	–	*Struktur:*	–

Bestimmung des Inhalts A der Fläche zwischen dem Graph einer einer (integrierbaren) Funktion f und der x-Achse über dem Intervall [a,b] mit Hilfe von Rechtecksummen.

Im unterrichtlichen Kontext der Sek.-Stufe II ist das die Standardaufgabe zum Einstieg in die Berechnung des Inhalts A einer krummlinig berandeten Fläche.
Wir greifen die Idee „Rekursion als Prozeß" auf und versuchen, den Inhalt schrittweise zu berechnen, und zwar durch Rückführung auf das „kleinere" Problem *Rest A*:

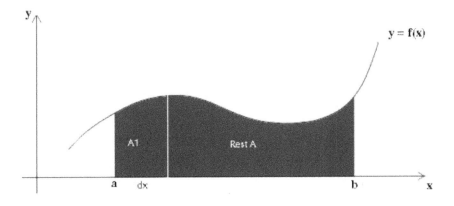

Abb. 55: $A = A_1 + Rest\ A$

Wir versuchen eine induktive Beschreibung

Eine *Segmentzerlegung SZ* ist $\begin{cases} leer \\ oder \\ \quad ein\ Paar\ (Segment, SZ) \end{cases}$

Für die gesuchte Fläche gilt dann $A(SZ) = A_1 + A(Rest\ SZ)$ oder kurz $A = A_1 + Rest\ A$. Allerdings kommen wir in der Praxis nicht weiter, weil wir A_1 als krummlinig berandete Fläche ja noch nicht berechnen können.

Wir brauchen noch die zusätzliche Idee einer Annäherung eines Segments durch ein Rechteck und definieren

$$\text{Eine } \textit{Rechteckzerlegung } \mathbf{RZ} \text{ ist} \quad \begin{cases} \textit{leer} \\ \text{oder} \\ \text{ein Paar } (\textit{Rechteck}, RZ) \end{cases}$$

in der Annahme, daß $A \approx A(RZ)$.

Aus dieser *induktiven Definition* können wir umgehend eine *induktive Beschreibung* unseres Problems gewinnen:

$$\begin{array}{l} \text{Der Flächeninhalt} \\ A(RZ) \text{ ist} \end{array} \quad \begin{cases} 0 & \text{falls } a \geq b \\ \text{Summe aus } R_1 \text{ und } A(Rest\ RZ) & \text{sonst} \end{cases}$$

oder kurz

$$A(RZ) = \begin{cases} 0 & \text{falls } a \geq b \\ R_1 + A(Rest\ RZ) & \text{sonst} \end{cases}$$

Damit ist die wesentliche gedankliche Arbeit des rekursiven Modellierens geleistet! Wegen $A \approx A(RZ)$ und $Rest; A \approx A(Rest; RZ)$ können wir $A \approx R_1 + Rest\ A$ schreiben:

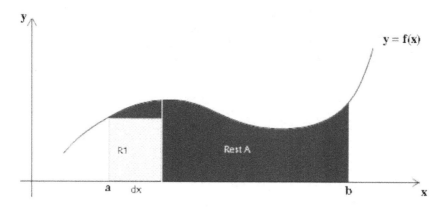

Abb. 56: Näherungsansatz: $A \approx R_1 + Rest\ A$

Es bleibt noch die Konkretisierung: Für das Rechteck R_1 nehmen wir dx als Breite und $f(a)$ als Höhe, für den Rest gehen wir wieder von $Rest\ RZ \approx Rest\ A$ aus und erhalten

$$A \approx R_1 + Rest\ A = f(a)dx + Rest\ A$$

Die induktive Definition von SZ und RZ sollten dazu führen, daß die Schüler die gleiche Überlegung für den Rest anstellen, d.h. wir zerlegen $Rest\ A$ in ein Rechteck der gleichen Breite und einen neuen Rest:

$$Rest\ A = R_2 + Rest(RestA) = f(a+dx)dx + Rest(RestA)$$

insgesamt also

$$A \approx R_1 + R_2 + Rest(RestA) = f(a)dx + f(a+dx)dx + Rest(RestA)$$

Dieses Verfahren können wir fortsetzen und A näherungsweise in n Rechtecke zerlegen, bis der „Rest" leer ist, d.h. bis $a + (n-1)dx \geq b$ ist.
Stellen wir uns jetzt vor, daß wir bei jedem Schritt die linke Grenze des Rechtecks als neues a auffassen, d.h. $a + dx$ wird jeweils zum neuen a, ist das Verfahren beendet, wenn $a \geq b$, d.h. es wird nur noch 0 addiert.
Daraus ergibt sich die äquidistante Rekursion

$$A(f,a,b,dx) = \begin{cases} 0 & \text{falls } a \geq b \\ f(a) \cdot dx + A(f,a+dx,b,dx) & \text{sonst} \end{cases} \qquad (93)$$

Ein Rechenblatt für z.B. $f(x) = x^2$ liefert

A	B	C	D	E	F
1	Numerische Integration				
2					
3	a	0		f(x)=x^2	
4	b	1			
5	dx	0,1			
6					
7				n	a	A
			0	=B3	=$B$5*E7^2	
8			=D7+1	=E7+$B$5	=WENN(E8>=$B$4;F7;F7+$B$5*E7^2)
9			=D8+1	=E8+$B$5	=WENN(E9>=$B$4;F8;F8+$B$5*E8^2)
10			=D9+1	=E9+$B$5	=WENN(E10>=$B$4;F9;F9+$B$5*E9^2)

A	B	C	D	E	F
1	Numerische Integration				
2					
3	a	0		f(x)=x^2	
4	b	1			
5	dx	0,1			
6					
7			n	a	A
8			0	0	0,00000
9			1	0,1	0,00000
10			2	0,2	0,00100
11			3	0,3	0,00500
12			4	0,4	0,01400
13			5	0,5	0,03000
14			6	0,6	0,05500
15			7	0,7	0,09100
16			8	0,8	0,14000
17			9	0,9	0,20400
18			10	1	0,28500
19			11	1,1	0,28500
20			12	1,2	0,28500
			13	1,3	0,28500

Abb. 57: Näherungen für $\int_0^1 x^2 dx$

Da *HtDP*-SCHEME selbstmodellierend ist, hätten wir obige Überlegung direkt in Programmcode umsetzen können ohne die Formalisierung (93) zu benutzen:

```
(define (A f a b dx)
  (cond
    ((>=a b) 0)
    (else
      (+ (* (f a) dx)
         (A f (+ a dx) b dx)))))
```

Für z.B. x^2 und $\ln x$ die ergibt sich mit den *HtDP*-SCHEME-Funktionen `(sqr x)` und `(log x)`

```
> (A sqr 0 1 0.1)        --> 0.285
> (A sqr 0 1 0.01)       --> 0.32835
> (A sqr 0 1 0.001)      --> 0.3328335

> (A log 1 e 0.01)       --> 0.9967102854545181...
> (A log 1 e 0.001)      --> 1.0002180816356248...
> (A log 1 e 0.0001)     --> 0.9999681707406738...
```

Man erkennt: je kleiner dx, desto besser nähert sich A den exakten Werten

$$\int_0^1 x^2 dx = \frac{1}{3} \quad \text{und} \quad \int_1^e \ln x \, dx = 1$$

an.   ◆

ANREGUNGEN:

1. (Zu Beispiel „Bisektion", S. 196) Untersuche Funktionen mit mehreren Nullstellen, z.B. $f(x) = (x-1)x(x+1)$ auf dem Intervall $[-2;2]$, sowohl mit Tabellenkalkulation als auch mit Programmierung. Welche Nullstelle wird berechnet?

2. (Zu Beispiel „Kreisberechnung", S. 198 mit dem Rechenblatt (Abb. 54):

   a) Entwickle

      i. eine Funktion `(s-liste r n)`, die die Werte in Spalte D auflistet
      ii. eine Funktion `(z-liste n)`, die die Werte in Spalte C auflistet

   b) Zeige, daß die Funktion

   ```
   (define (U-liste r n)
     (map inexact->exact (map * (z-liste n) (s-liste r n))))
   ```

   die Werte in Spalte E auflistet

   c) Entwickle möglichst elegant (Stichwort: `map`) eine Funktion `(Pi-liste r n)`, die die Werte in Spalte F auflistet

   d) Formuliere (92) endrekursiv

3. Entwickle Rechenblatt und Programm für „Obersumme"

4. Entwickle ein alternatives Verfahren `(An f a b n)`, bei dem die Anzahl der Teilintervalle n vorgeben und dx durch $dx = (b-a)/n$ ermittelt wird, so daß z.B. > `(An sqr 0 1 10) -> 0.285`

10 Experimentieren und Spielen

Wenn Schüler fragen, wie ist Herr COLLATZ auf seine seltsame Rekursion gestoßen, werden wir alle vermutlich Antworten müssen: Ich weiß es nicht. Denn sie ist „modellfrei" im Sinne von 3.1, d. h. es ist bis jetzt kein außermathematisches Phänomen bekannt, daß sich damit modellieren ließe. Das bedeutet, man kann durch zufälliges Zusammenbasteln einer Schrittfunktion äußerst merkwürdige und im Rückblick manchmal bedeutsame Rekursionen finden, an denen auch die heutigen Mathematiker noch zu knabbern haben.

In diesem Sinne sollten den Schülern Freiräume gegeben werden, mit geringen oder auch gar keinen Vorgaben ihrer Phantasie freien Lauf zu lassen nach dem Motto: „Wer entwickelt die interessanteste Rekursion?" Aber auch mit starken Vorgaben können hochinteressante Experimentierfelder bereitgestellt werden, wie im ersten Abschnitt gezeigt wird: Es steht ein Fundus für Jahres- bzw. Facharbeiten oder auch Referate zu Verfügung, wozu man weder in der Literatur (außer hier) noch im Internet etwas findet, was sich abschreiben bzw. plagiieren ließe.

Im zweiten Abschnitt wird ein „Gemischtwarenladen" von Rekursionen vorgestellt, der den unterschiedlichsten Zwecken dient: man kann die Beispiele nach unterschiedlichsten Kriterien untersuchen lassen oder das Ganze als Aufgabensammlung auffassen, oder, im Sinne des Experimentierens und Spielens, als Ausgangspunkt für Modifikationen oder Eigenschöpfungen vorgeben.

10.1 Auf Entdeckungsreise mit Reduzierungsfunktionen

Die in 9.1 vorgestellte COLLATZ-Rekursion und die in 6.1 erwähnte *L-Rekursion* können in folgender Weise verallgemeinert werden:

Definition: *Gilt für die Vorgängerfunktion φ mit zueinander teilerfremden Parametern $p_k \in \mathbb{N}$ mit $2 \leq p_1 < p_2 < \ldots < p_k$, $k \in \mathbb{N}^+$, und $t, c \in \mathbb{N}^+$ mit $t \geq 2$*

$$\varphi_{p_1,p_2,\ldots,p_k;t,c}(n) = \begin{cases} \dfrac{n}{p_1} & \textit{falls } n \equiv 0 \textit{ mod } p_1 \\[2mm] \dfrac{n}{p_2} & \textit{falls } n \equiv 0 \textit{ mod } p_2 \\ \ldots \\ \dfrac{n}{p_k} & \textit{falls } n \equiv 0 \textit{ mod } p_k \\[2mm] t \cdot n + c & \textit{sonst} \end{cases} \tag{94}$$

dann heißt

$$R(n) = \begin{cases} 1 & \textit{falls } n = 1 \\ R(\varphi_{p_1,p_2,\ldots,p_k;t,c}(n)) & \textit{sonst} \end{cases} \tag{95}$$

*eine **Reduzierungsfunktion**.*

Für eine systematische Untersuchung kann man folgende Bezeichnungen einführen:

$$\varphi_{p_1,p_2,\ldots,p_k;t,c}(n) \quad \begin{cases} reduzierend & \text{falls } \varphi_{p_1,p_2,\ldots,p_k;t,c}(n) = 1 \\ oszillierend & \text{falls } \varphi_{p_1,p_2,\ldots,p_k;t,c}(n) \\ & \text{in eine Endlosschleife gerät} \\ produzierend & \text{falls } \varphi_{p_1,p_2,\ldots,p_k;t,c}(n) \to \infty \end{cases}$$

$$\text{heißt bei Eingabe von } n$$

Damit steht ein unermeßlicher Fundus von Funktionen zur Untersuchung bereit. Näheres $\rightsquigarrow$[Lo1]

L-Rekursion (erneut)

Die Funktion mit $\varphi_{2;5,1}$ haben wir bereits als *L-Rekursion* in Abschnitt 6.1 kennengelernt: Mit einem Rechenblatt konnte man feststellen, daß L die verschiedenen Verhaltensformen aufweist, nämlich *Reduktion* (Konvergenz), *Oszillation* (Schleife) und *Produktion* (Divergenz). Eine Vertiefung der Untersuchungen liefert – sei es im Rechenblatt oder durch Programmierung – liefert z.B.

- reduzierend für z.B. $n = 1, 2, 3, 4, 6, 8, 12, 15, 16, 19, 24, 30, 32, 36, 38, \ldots$
- oszillierend in den Schleifen
  - $S_1 = \{13, 66, 33, 166, 83, 416, 208, 104, 52, 13\}$, also $S_1^{min} = 13, S_1^{max} = 416$
    für $n = 5, 10, 13, 20, 26, 33, 40, \ldots$
  - $S_2 = \{17, 86, 43, 216, 108, 54, 27, 138, 68, 34, 17\}$, also $S_2^{min} = 17, S_2^{max} = 216$
    für z.B. $n = 17, 27, 34, 43, 54, \ldots$
  - ?
- produzierend (vermutlich) für z.B.
  $n = 7, 9, 11, 14, 21, 22, 23, 25, 28, 29, 31, 35, 37, 39, 41, 42, 44, 45, \ldots$

Kürzere Schleifen kann man im Rechenblatt leicht entdecken, wie auf S. 62 ersichtlich.

Bei der Programmierung dagegen stehen wir vor dem bekannten Halteproblem (S. 85). Allerdings kann man bei längerer Wartezeit davon ausgehen, daß das Programm

```
(define (L n)            (define (phi n)
  (cond                    (cond
    ((= n 1) 1)    mit        ((= (remainder n 2) 0) (quotient n 2))
    (else                     (else
     (L (phi n)))))            (+ (* 5 n) 1))))
```

für das untersuchte n entweder oszilliert oder produziert. Um eine vermutete (kürzere) Schleife, z.B. für $n = 17$ zu entdecken, kann man das nicht terminierende Programm rechtzeitig abbrechen und sich den Verlauf im Stepper anschauen:

```
(cons
 17
 (cons
  86
  (cons
   43
   (cons
    216
    (cons
     108
     (cons
      54
      (cons
       27
       (cons
        136
        (cons
         68
         (cons
          34
          (cons
           17
           (collatz-liste
            (cond
             ((= (remainder 17 2) 0)
              (quotient 17 2))
             (else (+ (* 5 17) 1)))
            2
            5
            1)))))))))))))
```

Oder man konstruiert einen „Schleifen-Tester": Ist $m \in S$, also Mitglied einer Schleife, wird geprüft, ob ein beliebiges n in diese Schleife führt; wenn ja, wird eine Liste mit m als letztem Element zurückgegeben, im Sonderfall $m = n$ die komplette Schleife. Wenn n nicht in diese Schleife führt oder m kein Mitglied einer Schleife ist, „hängt" das Programm – wie nicht anders zu erwarten:

```
(define (schleifen-tester m n)
  (cond
    ((= m (phi n)) (list (phi n)))
    (else
      (cons n (schleifen-tester m (phi n))))))
```

mit z.B.

```
> (schleifen-tester 13 5)          --> (list 5 13)
> (schleifen-tester 13 215)
--> (list 215 1076 538 269 1346 673 3366 1683 8416 4208 2104 1052 526
 263 1316 658 329 1646 823 4116 2058 1029 5146 2573 12866 6433
 32166 16083 80416 40208 20104 10052 5026 2513 12566 6283 31416 15708
 7854 3927 19636 9818 4909 24546 12273 61366 30683 153416 76708 38354
 19177 95886 47943 239716 119858 59929 299646 149823 749116 374558
 187279 936396 468198 234099 1170496 585248 292624 146312 73156 36578
 18289 91446 45723 228616 114308 57154 28577 142886 71443 357216
```

```
  178608 89304 44652 22326 11163 55816 27908 13954 6977 34886 17443
  87216 43608 21804 10902 5451 27256 13628 6814 3407 17036 8518 4259
  21296 10648 5324 2662 1331 6656 3328 1664 832 416 208 104 52 13)
> (schleifen-tester 17 17) --> (list 17 86 43 216 108 54 27 136 68 17)
> (schleifen-tester 17 43) --> (list 43 216 108 54 27 136 68 17)
```

Eine weitere Möglichkeit zur Verhaltensbeobachtung besteht in der Konstruktion einer Funktion (L-pr n m) nach dem primitiven Rekursionsschema, die zur vorgegebenem n den Wert des m. Selbstaufrufes berechnet und als Werteliste ausgibt:

```
(define (L-pr n m)
  (cond
    ((= m 1) n)
    (else
      (L-pr (phi n) (- m 1)))))
```

oder, insbesondere zur Schleifenentdeckung, mit Ausgabe der Werteliste

```
(define (L-pr-liste n m)
  (cond
    ((= m 1) (list n))
    (else
      (cons n (L-pr-liste (phi n) (- m 1))))))
```

womit bei hinreichend großem m z.B. für $n = 5$

```
> (L-pr-liste 5 12)
        --> (list 5 26 13 66 33 166 83 416 208 104 52 26)
```

die Schleife S_1 schnell entdeckt ist.
Es bleibt die spannende Frage, ob es außer den beiden erwähnten Schleifen noch weitere gibt.

Die Klasse $\varphi_{2;5,c}$

Die L-Rekursion kann als Sonderfall der Klasse $\varphi_{2;5,c}$ angesehen werden. Dabei ist es durchaus interessant, den Einfluß des Parameters c auf das Reduzierungsverhalten zu untersuchen. Dazu vergleichen wir $\varphi_{2;5,1}$, $\varphi_{2;5,3}$, $\varphi_{2;5,7}$ und $\varphi_{2;5,9}$ für $n = 34$ in einem Rechenblatt und anschließender graphischen Umsetzung:

	A	B	C	D	E	F
1	Reduzierungsfunktionen					
2		n	34			
3		p	2	2	2	2
4		t	5	5	5	5
5		c	1	3	7	9
6		k	φ	φ	φ	φ
7		0	34	34	34	34
8		1	17	17	17	17
9		2	86	88	92	94
10		3	43	44	46	47
11		4	216	22	23	244
12		5	108	11	122	122
13		6	54	58	61	61
14		7	27	29	312	314
15		8	136	148	156	157
16		9	68	74	78	794
17		10	34	37	39	397
18		11	17	188	202	1994
19		12	86	94	101	997
20		13	43	47	512	4994
21		14	216	238	256	2497
22		15	108	119	128	12494
23		16	54	598	64	6247
24		17	27	299	32	31244
25		18	136	1498	16	15622
26		19	68	749	8	7811
27		20	34	3748	4	39064
28		21	17	1874	2	19532
29		22	86	937	1	9766

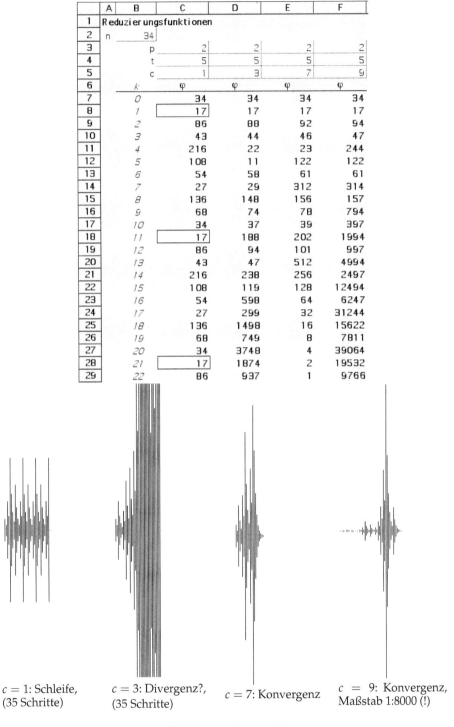

$c = 1$: Schleife, (35 Schritte) $c = 3$: Divergenz?, (35 Schritte) $c = 7$: Konvergenz $c = 9$: Konvergenz, Maßstab 1:8000 (!)

Abb. 58: $\varphi_{2;5,c}$ für $n = 34$

Für $c = 1$ und $c = 7$ können wir sofort erkennen: $\varphi_{2;5,1}$ oszilliert, $\varphi_{2;5,7}$ reduziert.
Bei $c = 3$ und $c = 9$ helfen bei 35 Rekursionschritten auch symmetrische Balkendiagramme nicht weiter, aber eine eine Visualisierung veranschaulicht das Verhalten der Rekursionen.
Die Fälle $c = 1, 3, 7$ sind im Verhältnis 1:1 dargestellt, der Graph von $c = 3$ ist aus Platzgründen vertikal gekappt. Im Fall $c = 9$ ist der Graph um den Faktor 8000 verkleinert, um den kompletten Verlauf bis $\varphi_{2;5,9}(34) = 1$ nach 81 Schritten mit dem maximalen Zwischenwert 3643744 darzustellen.
Die Diagramme in Abb. 58 sind mit dem funktionalen Grafikpaket image.ss erstellt, s. Abschnitte 11.1 und 11.4.

Die Klasse $\varphi_{2,3;t,1}$

Wie man an der Definition der Reduzierungsfunktion erkennen kann, tragen die Verzweigungen mit den Parametern $p_1, p_2, \ldots, p_k$ zur Verkleinerung des aktuellen Wertes von n bei (Reduktion), und zwar umso mehr, je größer die Anzahl k ist und umso kleiner die p_i sind, dagegen der letzte Zweig zur Vergrößerung (Produktion), je größer t ist: Es herrscht eine Art „Zweikampf" zwischen den reduzierenden und produzierenden Zweig.
Hier stellt sich jetzt die spannende Frage, ob es darunter eine Funktion gibt, die total (reduzierend) ist, wie man bei der COLLATZ-Rekursion[15] vermutet, aber noch kein gesicherter Beweis[16] vorliegt.
An der Klasse $\varphi_{2,3;t,1}$ läßt sich das erwähnte Verhalten für größer werdendes t ganz gut untersuchen, z.B. durch ein geeignetes Rechenblatt:

	A	B	C	D	E	F	G	H	I	J	K	L	M	N	O	U	V
1	Reduzierungsfunktionen a, b, t, c=1																
2																	
3	a	2	n	1	2	3	4	5	6	7	8	9	10	11	12	18	19
4	b	3		1	1	1	2	36	3	50	4	3	5	78	6	9	134
5	t	7		1	1	1	1	18	1	25	2	1	36	39	3	3	67
6				1	1	1	1	9	1	176	1	1	18	13	1	1	470
7				1	1	1	1	3	1	88	1	1	9	92	1	1	235
8				1	1	1	1	1	1	44	1	1	3	46	1	1	1646
9				1	1	1	1	1	1	22	1	1	1	23	1	1	823
10				1	1	1	1	1	1	11	1	1	1	162	1	1	5762
11				1	1	1	1	1	1	78	1	1	1	81	1	1	2881
12				1	1	1	1	1	1	39	1	1	1	27	1	1	20168
13				1	1	1	1	1	1	13	1	1	1	9	1	1	10084
14				1	1	1	1	1	1	92	1	1	1	3	1	1	5042
510				1	1	1	1	1	1	1	1	1	1	1	1	1	228
511				1	1	1	1	1	1	1	1	1	1	1	1	1	114
512				1	1	1	1	1	1	1	1	1	1	1	1	1	57
513				1	1	1	1	1	1	1	1	1	1	1	1	1	19

---

[15] http://home.mathematik.uni-freiburg.de/didaktik/material_download/collatzproblem.pdf
[16] http://www.spiegel.de/wissenschaft/mensch/0,1518,766643,00.html

Der Fall t = 7:

Auf den ersten Blick scheint $\varphi_{2,3;7,1}$ alle drei Verhaltensweisen vorhanden. Bei einer Tabellierung von ca. 511 Schritten sieht man: für viele n reduzierend, für z.B. $n = 19$ oszillierend in der Schleife S_1 ={19, 134, 67, 470, 235, 1646, 823, 5762, 2881, 20168, 10084, 5042, 2521, 17648, 8824, 4412, 2206, 1103, 7722, 3861, 1287, 429, 143, 1002, 501, 167, 1170, 585, 195, 65, 456, 228, 114, 19}, für z.B. $n = 31$ (ohne Bild) erscheint sie produzierend. Aber dem ist nicht so!

Eine Untersuchung mit einem modifizierten Schleifentester

```
(define (schleifen-tester2 a b t c m n)
  (cond
    ((= m (phi a b t c n)) (list (phi a b t c n)))
    (else
      (cons n (schleifen-tester2 a b t c m (phi a b t c n))))))
```

liefert Genaueres: Wir wenden auf von (schleifen-tester 2 3 7 1 19 31) erzeugte Liste die *HtDP*-SCHEME-Funktion (length ....<*liste*>) an und erhalten

```
> (length (schleifen-tester 2 3 7 1 19 31))      --> 1663
```

d.h. nach 1663 Schritten landet diese Rekursion ebenfalls in der Schleife S_1, und zwar mit dem maximalen Zwischenwert

```
> (apply max (schleifen-tester 2 3 7 1 19 31))
      --> 515804484810045123540
```

Untersucht man diese Rekursion bis $n = 651$, oszilliert sie in 151 Fällen (n=19, 31, 37,...), und zwar immer in der gleichen Schleife S_1 der Länge 34 mit $S_1^{min} = 19$ und $S_1^{max} = 20168$.

Das Merkwürdige dabei ist, daß etwa bei einem Drittel der maximale Zwischenschritt 515804484810045123540 erreicht wird, bevor das Verfahren wieder „hinunter" läuft und in der Schleife mündet.

Zusammenfassung (Vermutung): $\varphi_{2,3;7,1}$ reduziert und oszilliert, produziert aber nicht.

Der Fall t = 9 (bis $n = 200$): im Wesentlichen produzierend, wenig reduzierend, nicht oszillierend. Vermutung: $\varphi_{2,3;9,1}$ reduziert und produziert, oszilliert aber nicht.

Der Fall t = 11 (bis $n = 200$): im Wesentlichen reduzierend, für $n = 94$, 119, 137, 163, 173, 187, 197 produzierend, nicht oszillierend. Vermutung: $\varphi_{2,3;11,1}$ reduziert und produziert, oszilliert aber nicht.

Der Fall t = 13 (bis $n = 200$): Jetzt wird es wieder interessant: Offensichtlich ergibt sich eine Parallele zu L-Rekursion, und zwar reduziert, produziert und oszilliert sie; für $n = 71$, 77, 131,142, 154, 167, 18,... gelangt sie in eine Schleife vom Umfang 97 mit $S_{min} = 77$ und $S_{max} = 3414438$.

Insgesamt läßt sich feststellen, daß sich aus dem reichhaltigen Angebot von Reduzierungsfunktionen geeignete konkrete Themen als z.B. Jahres- oder Facharbeiten formulieren lassen, etwa durch Vorgabe einer Funktionsklasse, ohne daß man die Ergebnisse aus dem Internet herunterladen kann.

10.2 Verschiedenes

Wachstum und Wettrennen

In 9.1 haben wir gesehen, daß keine primitive Rekursion schneller wächst als z.B. die ACKERMANN-Funktion. Dennoch wollen wir zunächst ein paar primitiv-rekursive Kandidaten ins Rennen schicken:

1. Seien

$$f(n) = \begin{cases} 1 & \text{falls } n = 0 \\ f(n-1) \cdot (f(n-1)+1) & \text{falls } n > 1 \end{cases}$$

und

$$g(n) = \begin{cases} 2 & \text{falls } n = 0 \\ f(n) \cdot g(n-1) & \text{falls } n > 1 \end{cases}$$

   a) Vergleiche $n!$, $f(n)$ und $g(n)$ miteinander, am Einfachsten in einem Rechenblatt.

   b) Konstruiere mit Hilfe von $g(n)$ eine Rekursion $h(n)$, die noch schneller wächst.

   c) Übermittle Deinem Nachbarn $h(n)$ mit der Herausforderung, eine noch schneller wachsende Rekursion zu finden usw.

2. Die SUDAN-Funktion

$$\begin{aligned} S_0(x,y) &= & x+y & \\ S_{n+1}(x,0) &= & x & \quad \text{falls } n \geq 0 \\ S_{n+1}(x,y+1) &= S_n(S_{n+1}(x,y), S_{n+1}(x,y)+y+1) & & \quad \text{falls } n \geq 0 \end{aligned}$$

ähnelt der ACKERMANN-Funktion. Wächst sie schneller?

Verschachtelungen

Nach dem Studium der ACKERMANN-Funktion und der SUDAN-Funktion könnte man zur Vermutung gelangen, daß verschachtelte Rekursionen (s. Abschnitt 7.1) vom Typ ÜNN schneller wachsen als andere.

1. Eine sehr interessante, aber äußerst undurchsichtige Folge natürlicher Zahlen wird durch die HOFSTÄTTER-Rekursion (um 1930) beschrieben:

$$h(n) = \begin{cases} 1 & \text{falls } n = 1 \text{ oder } n = 2 \\ h(n-h(n-1)) + h(n-h(n-2)) & \text{falls } n > 2 \end{cases}$$

2. Untersuche (TARAI)

$$t(x,y,z) = \begin{cases} y & \text{falls } x \le y \\ t(t(x-1,y,z), t(y-1,z,x), t(z-1,x,y)) & \text{sonst} \end{cases}$$

3. Untersuche

$$G(n) = \begin{cases} 1 & \text{falls } n = 1 \\ n - G(G(n-1)) & \text{falls } n > 1 \end{cases}$$

4. Untersuche (MCCARTHY 91)

$$M(n) = \begin{cases} n - 10 & \text{falls } n > 100 \\ M(M(n+11)) & \text{falls } n \le 100 \end{cases}$$

5. Untersuche für $c = -2, -1, 0, 1, 2$. Vermutung? Begründung?

$$f(c,n) = \begin{cases} c & \text{falls } n < 1 \\ f(c, f(c, [\frac{n}{3}] + 2)) & \text{sonst} \end{cases}$$

Was ist im Falle $c = n$?

Spiralen & Schnecken

1. Bei der THEODORUS-Spirale werden rechtwinklige Dreiecke T_n aneinander gesetzt

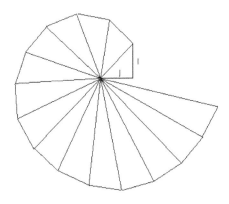

nach dem Prinzip:

T_0: Rechtwinkliges Dreieck mit den Katheten 1
T_1: Hypotenuse von T_0 wird Ankathete, Gegenkathete beträgt 1

T_2: Hypotenuse von T_2 wird Ankathete, Gegenkathete beträgt 1

...

T_n: Hypotenuse von T_{n-1} wird Ankathete, Gegenkathete beträgt 1

Entwickle eine Rekursion zur Berechnung der Ankathete A_n.

2. Die Wurzel-Schnecke

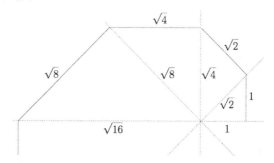

wird folgendermaßen erzeugt:

W_0: Rechtwinkliges Dreieck mit den Katheten 1
W_1: Hypotenuse von W_0 wird Ankathete und Gegenkathete
W_2: Hypotenuse von W_2 wird Ankathete und Gegenkathete

...

W_n: Hypotenuse von W_{n-1} wird Ankathete und Gegenkathete

Entwickle eine Rekursion zur Berechnung der Ankathete A_n.

Sonstiges

1. Untersuche

$$L(p,n) = \begin{cases} p & \text{falls } n = 0 \\ (p \bmod n) + L(p+1, n-1) & \text{falls } n > 0 \end{cases}$$

2. Begründe das Terminierungs-Verhalten von

   a)

$$f(x,y) = \begin{cases} x & \text{falls } y < 0 \\ y & \text{falls } x \leq 0 \\ f(x-y, y+1) & \text{sonst} \end{cases}$$

b)

$$g(x) = \begin{cases} 0 & \text{falls } x = 0 \\ 0 & \text{falls } x = 1 \\ g(x-2)+1 & \text{falls } x > 1 \end{cases}$$

c) mit g aus 2b):

$$h(x) = \begin{cases} 0 & \text{falls } x = 0 \\ 0 & \text{falls } x = 1 \\ h(g(x-2)+1)+1 & \text{falls } x > 1 \end{cases}$$

d)

$$i(n) = \begin{cases} 2 & \text{falls } n = 0 \\ i(n-1)+0{,}6 & \text{falls } n > 0 \\ i(n+1)-0{,}6 & \text{sonst} \end{cases}$$

3. „Raufzählen" über $\mathbb{Z}$

$$f(n) = \begin{cases} c_0 & \text{falls } n = n_0 \\ h(n, f(n+1)) & \text{falls } n < n_0 \end{cases}$$

4. Sei $f_1 : \mathbb{N} \to \mathbb{N}$

$$f_1(0) = 0$$
$$f_1(y+y) = y - f_1(y)$$
$$f_1(y+y+1) = 1 + f_1(y)$$

a) Tabelliere f_1 in einem Rechenblatt
b) Entwickle ein Programm
c) Versuche, Funktionen zu finden, aus denen f_1 durch Werteverlaufsrekursion entsteht

5. Wir basteln uns eine Rekursion - oder: Wenn findet die originellste?

6. Untersuche

$$r(n) = \begin{cases} 1 & \text{falls } n = 1 \\ \dfrac{r(n-1)}{n-1} & \text{falls } n \text{ Teiler von } r(n-1) \text{ ist} \\ (n-1) \cdot r(n-1) & \text{sonst} \end{cases}$$

7. Informiere Dich anhand der Stichworte „RäuberBeute-Simulation", „LOTTKE-VOLTERRA" zum Thema „Populationsdynamik" unter Beachtung des Aspekts *wechselseitige Rekursion*.

8. Klassifiziere nach 7.1

$$f(n) = \begin{cases} 6 & \text{falls } n = 1 \\ n \cdot f^2(\frac{n}{2})) & \text{falls } n > 1 \end{cases}$$

9. Untersuche für verschiedene Werte von z_0 und c:

$$z(n) = \begin{cases} z_0 & \text{falls } n = 0 \\ \sqrt{z(n-1) + c} & \text{falls } n > 1 \end{cases}$$

Was fällt auf?

10. Wofür kann man

$$f(n) = \begin{cases} 1 & \text{falls } n = 0 \\ 1 + \dfrac{a-1}{1 + f(n-1)} & \text{falls } n > 1 \end{cases}$$

gebrauchen? Teste für $a = 2, 3, 4 \ldots$
Kann man für $a = 2$ eine Verbindung zu den FIBONACCI-Zahlen herstellen?

11. (Für den Informatikunterricht) Die DNS-Folgen (Desoxyribonukleinsäure), also Gene, können bekanntlich als Folgen von vier Buchstaben ACGT der Nukleotiden (Adenin, Cytosin, Guanin und Thymin) repräsentiert werden. Bei der Untersuchung neuer Gene geht es häufig darum, möglichst lange gemeinsame Teilfolgen (*LGT*) zu finden: z.B. ist CGTCGATGCGC die längste gemeinsame Teilfolge von GTCGTTCGGAATGCCGC und ACCGGTCGAGTGCGCGGA.

Konstruiere ein Programm (LGT s1 s2), mit z.B.

```
> (LGT "MATHEMATIK" "INFORMATIK")        --> "MATIK"
```

Hinweis: die Zeichenkette ist in eine Liste umzuwandeln, über die die eigentliche Rekursion läuft.

11 Grafik und Rekursion

GERNOT LORENZ VIII

Die Verbindung Grafik und Rekursion haben wir uns zum letzten Kapital aufgehoben, da sie bei der praktischen Problemlösung eher eine untergeordnete Rolle spielt.

Grundsätzlich können zwei Aufgaben gestellt werden:

- Es liegt eine rekursive Funktion vor, z.B. als Modell eines Sachproblems. Zur Analyse des quantitativen und qualitativen Verhaltens kann diese Funktion durch Diagramme visualisiert werden, d.h.

    Wie gelange ich zu einem geeigneten Diagramm?

- Es liegt ein rekursives (selbstbezügliches) graphisches Muster vor:

    Wie gelange ich zu einer rekursiven Funktion bzw. Computerprogramm?

Darüber hinaus wird eine alternative unterrichtliche Einführung in die Rekursion mittels Grafik behandelt.

Für die Problemlösung mittels Programmierung wird zunächst ein funktionales Graphikpaket vorgestellt.

11.1 Funktionale Graphik

Bei den meisten traditionellen Graphikpaketen einer Programmiersprache werden geometrische Figuren durch Prozeduren P erzeugt von der Form

$$P : p_1\ p_2\ \dots\quad \rightarrow\quad <\text{void}>$$

d.h. sie liefern keinen Rückgabewert und sind somit keine Funktionen im mathematischen Sinn:

```
(define (zielscheibe-imperativ x y r)
  (cond
    ((< r 5) true)
    (else
     (begin
     (draw-circle (make-posn x y) r)
     (zielscheibe-imperativ x y (- r 20))))))))
```

d.h. (draw-circle ...) hat keinen Rückgabewert, vielmehr zeichnet es als ein „Grafik-Befehl" bzw. Prozedur einen Kreis.
Solche prozedurale Rekursion wird in der vorliegenden Abhandlung **nicht** behandelt.

Dagegen liegt *funktionale Graphik* vor, wenn es sich bei den „Graphik-Befehlen" um echte Funktionen handelt, die einen Wert liefern, also

$$F : p_1\ p_2\ \dots\quad \rightarrow\quad \text{Grafik-Typ}\qquad\qquad (96)$$

Dieser Ansatz wird von dem Zusatzpaket image.ss[17] unterstützt, einem sog. „Teach-pack" der *HtDP*-Sprachen von DrRacket:

```
(define (zielscheibe-funktional r)
  (cond
    ((< r 5) empty-image)
    (else
     (overlay
      (circle r 'outline 'black)
      (zielscheibe-funktional (- r 20))))))))
```

Hier zeichnet (circle ...) auch einen Kreis, liefert aber auch einen Wert vom Typ image, der mit der Funktion (overlay ...) weiter verarbeitet wird.

Wir werfen einen Blick auf die Grundzüge von image.ss:

---

[17] *http://docs.racket-lang.org/teachpack/2htdpimage.html*

- Grundlage ist der Datentyp **image**, der die von den unten aufgeführten Funktionen produzierten geometrischen Figuren und importierbare Bitmaps umfaßt.

- Funktionen zur Erzeugung *elementarer geometrische Figuren*, wie z.B.

  - `(`**circle**` 10 'solid 'gray)->`

  - `(`**triangle**` 30 'outline 'magenta)->`
  - usw.

  Die Grafiken werden beim Funktionsaufruf – wie alle Funktionswerte – im Interaktionsfenster gezeigt, können aber – wie alle Funktionswerte – auch an einen Namen gebunden werden:

  `(define bild (ellipse 40 20 'outline 'black))`

  und durch `bild ->` ebenfalls im Interaktionsfenster ausgegeben werden.

- Funktionen zur *relativen Überlagerung* von Graphiken, wie z.B.

  - `(`**overlay**
    `(triangle 30 'outline 'magenta)`
    `(circle 10 'solid 'gray))`

    `->`

  - `(`**beside**` bild (circle 10 'solid 'gray))->`
  - usw.

- Funktionen zur *absoluten Plazierung* von Graphiken: z.B. kann mit `(empty-scene 50 40)` ein Bezugsrahmen erstellt werden, in dem andere Grafikobjekt absolut positioniert werden können mit

  - `(`**place-image**   `->`
    `(triangle 30 'outline 'magenta)`
    `      40 20`
    `      (empty-scene 50 40))`
  - `(`**add-line**` (empty-scene 50 40) 0 40 70 0 'magenta)->`

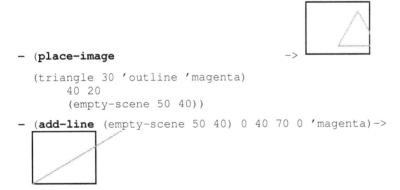

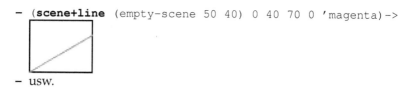

```
    – (scene+line (empty-scene 50 40) 0 40 70 0 'magenta)->
```

- usw.

- Funktionen zur *Manipulation* von Grafiken, wie z.B.

  - **(rotate** 60 bild)->
  - **(scale** 0.5 (circle 10 'solid 'green))->
  - usw.

- usw.

Somit können beliebige Figuren konstruiert werden, wie z.B.

```
(define ploppo
  (overlay/align 'middle 'top
                 (overlay
                  (above
                   (overlay/align 'middle 'middle
                                  (beside
                                   (circle 6 'solid 'blue)
                                   (circle 6 'solid 'blue))
                                  (beside
                                   (circle 10 'solid 'yellow)
                                   (circle 10 'solid 'yellow)))
                   (ellipse 30 10 'solid 'red))
                  (circle 25 'outline 'white)
                  (circle 25 'solid 'lightgreen))
                 (triangle 100 'outline 'white)
                 (triangle 100 'solid 'magenta)))
```

mit

```
> ploppo ->
```

- Im Gegensatz zur prozeduralen Grafik bei der imperativen Programmierung geht es also darum, mit Hilfe von Überlagerungsfunktionen wie `overlay` oder `place-image` u. v. a. eine neue (zusammengesetzte) Grafik als Wert vom Type `image` zu erzeugen. Diese verlangt vom prozedural/imperativ vorgeprägten Grafik-Programmierer eine völlig neue Denkweise.

11.2 Rekursive Muster

Es würde den Rahmen dieses Buches sprengen, das Thema Rekursion & Grafik mit den bekannten Schlagwörtern LINDENMAYER-Systeme, Fraktale, Chaos usw. auszubreiten, vielmehr geht es darum, vorbereitende Überlegungen anzustellen, wie das funktionale Grafik-Paket `image.ss`

- didaktisch, insbesondere zur Einführung der Rekursion, s. Abschnitt 11.3
- praktisch zur Lösung spezieller Probleme, s. 11.4 und 11.4

eingesetzt werden kann.

Wir beginnen mit der strukturellen Ähnlichkeit zwischen selbstähnlicher Figur *SF* bzw. *FF* und der Strukur einer Rekursion einschließlich des Quellcodes:

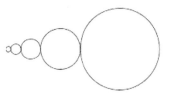

Eine *SF* ist

$\left\{ \begin{array}{l} \text{eine } \textit{Basisfigur} \\ \text{oder} \\ \text{eine Figur, die auf eine} \\ \text{bestimme Weise (Struktur) aus} \\ \textit{ähnlichen Kopien} \text{ einer } \textit{SF} \text{ besteht} \end{array} \right.$

Eine *FF* ist

eine *Folge* von *ähnlichen* Figuren, die monoton skaliert sind, d.h. die größer oder kleiner werden

Formulierungen wie

... eine Scheibe, auf der
eine halb so große Scheibe liegt, auf der
eine halb so große Scheibe liegt, auf der
...

... eine Scheibe, neben der
eine halb so große Scheibe liegt, neben der
eine halb so große Scheibe liegt, neben der
...

Abb. 59: *SF*

Abb. 60: *FF*

können direkt zum Quellcode führen:

```
(define (zielscheibe-SF c r)          (define (zielscheibe-FF c r)
  (cond                                 (cond
    ((< r c)  (scheibe r))                ((< r c)  (scheibe r))
    (else                                 (else
     (overlay                              (beside
     (zielscheibe-SF c (/ r 2))            (zielscheibe-FF c (/ r 2))
     (scheibe r)))))                       (scheibe r)))))
```

wobei

```
(define (scheibe r)
  (circle r 'outline 'black))
```

die Basisfigur liefert.

Dagegen sind

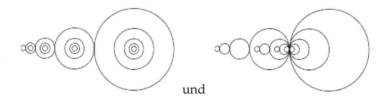

und

weder SF noch FF, sondern eine Aneinanderreihung von SF-Figuren (links) bzw. eine Überlagerung von FF-Figuren (rechts).

Grundsätzlich stellt sich die Frage: *Rekursion über die Kantenlänge r oder die Tiefe n?*

Ein Vergleich der beiden Rekursionen

$$f(c,r) = \begin{cases} b(r) & \text{falls } r < c \\ f(c, \varphi(r)) & \text{sonst} \end{cases} \tag{97}$$

und

$$g(r,n) = \begin{cases} b(r) & \text{falls } n = 0 \\ g(\varphi(r), n-1) & \text{falls } n > 0 \end{cases} \tag{98}$$

ergibt für $\varphi(r) = \frac{r}{2}$: f ist offensichtlich berechenbar, da $\varphi(r)$ streng monoton fallend ist und die Bedingung $P(r) : \varphi(\varphi(\varphi(\dots r))) = \frac{r}{2^n} \leq c$ für $c > 0$ nach endlich vielen Schritten n erreicht wird (vgl. 8.4); g ist aufgrund primitiven Rekursionsschemas sowieso berechenbar.

Im Sinne von 7.3 kann man auch zeigen, daß sich Werteäquivalenz (vgl. 7.3) herstellen läßt: Wählt man n für (98) bei vorgegebenem $c > 0$ so, daß

$$n = \left\lceil \log_2 \frac{r}{c} \right\rceil + 1$$

dann ist $g \cong f$.

Wählt man umgekehrt c für (97) bei vorgegebenem n so, daß

$$c = \left\lceil \frac{r}{2^n} \right\rceil + 1$$

dann liefert auch f den gleichen Wert wie g.

Demnach erzeugt die Funktion

```
(define (zielscheibe-SF-n r n)
  (cond
    ((zero? n)  (scheibe r))
    (else
     (overlay
     (zielscheibe-SF-n (/ r 2) (- n 1))
     (scheibe r)))))
```

mittels > `(zielscheibe-SF-n 50 4)` die gleiche Figur wie > `(zielscheibe-SF 5 50)` in Abb. 59. Also sollte die Wahl zwischen (97) und (98) von didaktischen Erwägungen abhängen, s. nächster Abschnitt 11.3.

Beispiele

Auf die oben definierte Figur `ploppo` wenden wir die Funktion

```
(define (reku-figur bild faktor n)
  (cond
    ((zero? n) bild)
    (else
     (overlay
      (reku-figur (scale faktor bild) faktor (- n 1)) bild ))))
```

an mit z.B.

> `(reku-figur ploppo 0.4 5)->`

oder allgemeiner

```
(define (reku-figuren abbildung bild faktor n)
  (cond
    ((zero? n) bild)
    (else
     (abbildung
      (reku-figuren
       abbildung (scale faktor bild) faktor (- n 1) ) bild ))))
```

mit
> `(reku-figuren beside ploppo 0.8 6)->`

oder

```
> (reku-figuren overlay ploppo 0.8 6)->
```

Wir schließen mit einem Beispiel, das natürlich nicht fehlen darf: Definiert man

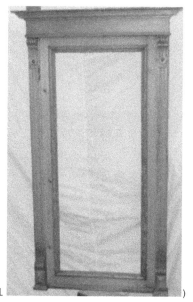

```
(define spiegel                                         )
```

Abb. 61: Der Spiegel (links), der sich selbst enthält (rechts)

dann erhält man den sich selbstenthaltenden Spiegel durch

```
> (reku-figuren overlay spiegel 0.4 6)
```

11.3 Alternative Einführung der Rekursion

Daß Schüler schon in frühem Alter nicht nur ans Programmieren, sondern auch an Rekursion mittels Graphik herangeführt werden können, hat bekanntlich schon in den 60er Jahren PAPERT mit LOGO und der (imperativen) *Turtle-Grafik* gezeigt, ↝[Pa]. Bekanntlich wird die Einführung in Rekursion durch Beschreibung von visuellen selbstbezüglichen Strukturen (geometrische Figuren etc.) „leichter" eingeschätzt als über Zahlen.

Dazu zeigt der Autor im Folgenden eine Ergänzung auf: Nicht nur das hier eingesetzte *HtDP*-SCHEME ist funktional, sondern auch das oben in Abschnitt 11.1 vorgestellte Grafikpaket `image.ss` ist im Gegensatz zu PAPERTs imperativer *Turtle-Grafik* funktional!

Die vorliegende Alternative mit dem *HtDP*-Konzept unterscheidet sich von Unterrichtsansätzen mit imperativen Sprachen u.a. dadurch, daß keine speziellen Sprachelemente für die Wiederholung zu Verfügung stehen wie etwa `for i:=1 to ...` oder `while ...do ...` (bei PASCAL), was bedeutet, daß eine frühzeitige Einführung der Rekursion geboten ist.

Neben der üblichen Einführung der Rekursion als numerische oder Listen-Funktionen erscheint bei einer Einführung in der Sek.-Stufe I die Modellierung bestimmter grafischer Muster nicht nur wegen der Parallelität zwischen der Struktur der Grafik und der Struktur der Rekursion sinnvoll, sondern insbesondere auch wegen damit gebotenen Möglichkeit, das deskripitive Modellierungsprinzip einzuüben.

Voraussetzungen

Zu den Mindest-Anforderungen aus unserer Lernsprache *HtDP*-SCHEME gehören

- Bindung von numerischen Werten und Termen an Bezeichner („Variablen")
- Substitution von Bindungen
- Fallunterscheidung (die Mehrfachunterscheidung `(cond...)` statt `(if...)`)
- Konstruktion einfacher numerischer Funktion

Zusätzlich sind Grundkenntnisse des funktionalen Grafikpakets `image.ss` notwendig: elementare Figuren, (relative) Überlagerung, vgl. Abschnitt 11.1.

Einstieg & Modellierung

Zunächst sollte die Notwendigkeit des Selbstaufrufes als einer Art „Wiederholungs"-Möglichkeit motiviert werden, etwa durch Konstruktion von Funktionen, die Figuren wie *SF* oder *FF* erzeugen

G01	**Dreiecke**	*R-Var:*	MQ oder ÜN
Anmerkung:	SIERPINSKI-Dreieck	*Schema:*	NWR [PE]

Phase 0: statische Problemstellung

Gegeben ist die Figur ▲.
Erläutere, wieso diese Figur selbstenthaltend ist, und entwickle ein Programm,
das auch gröbere und feinere Figuren erzeugt.

Phase 1: Problem als Prozeß

Gegeben ist eine Folge von Figuren

 ...

Entwickle ein Programm, mit dem man diese Figuren erzeugen kann.

Phase 2: Beschreibung des Prozesses

– Basisfigur

Es gibt ein gleichseitiges $\rightarrow$ `(define (basis-muster r)`
schwarzes Dreieck SD   `(triangle r 'solid 'black))`

– konkretes Beispiel (Übergang zur zweiten Figur)

Aus

Dem schwarzen Dreieck SD fehlt das $\rightarrow$
Seitenmitten-Dreieck   SD   Ersetze SD
                                                                   durch
Aus einem schwarzen Dreieck SD werden   (übereinander
drei halb so große schwarze Dreiecke SD′,   SD′
deren Lage zueinander wir beschreiben: (nebeneinan-
                                                                   der SD′ SD′)))

ergibt sich unmittelbar

```
(define (S-1 r)
  (above
    (basis-muster (/ r 2))
    (beside
      (basis-muster (/ r 2))
      (basis-muster (/ r 2)))))
```

– allgemeiner Fall

Durch Verallgemeinerung können wir jetzt den rekursiven Gedanken *(RG)* verbal beschreiben und umgehend operationalisierter formulieren im Hinblick auf die notwendigen graphischen Aktivitäten:

Aus

*Jedem schwarzen Dreieck einer Figur SF fehlt
das Seitenmitten-Dreieck*
oder
*Jedes schwarze Dreieck einer Figur SF wird
durch eine Figur SF'=$\frac{1}{2}$·SF ersetzt*

 SF $\rightarrow$

Ersetze alle schwarzen Dreiecke in SF durch (übereinander SF' (nebeneinander SF' SF'))

wobei SF' halb so groß wie SF ist, d.h. der Gedanke an die Kantenlänge *r* wird aktuell.

ergibt sich wieder unmittelbar

```
(define (S min r)
  (...
      (above
       (S min (/ r 2))
       (beside
        (S min (/ r 2))
        (S min (/ r 2))))))))
```

Als Abbruchbedingung wählen wir `(< r min)`:

```
(define (S min r)
  (cond
    ((< r min) (basis-figur r))
    (else
     (above
      (S min (/ r 2))
      (beside
       (S min (/ r 2))
       (S min (/ r 2))))))))
```

Als Alternative zu dieser Rekursion über *r* kann die Verfeinerung auch solange wiederholt werden, wie die gewünschte Rekursionstiefe *n* vorgibt: Wir konsturieren mit ähnlichen Überlegungen die Funktion `S-n` mit n als Rekursionsvariable und dem (notwendigen) Parameter `r`:

```
(define (S-n r n)
  (cond
    ((zero? n) (basis-figur r))
    (else
     (above (S-n (/ r 2) (- n 1))
            (beside
             (S-n (/ r 2) (- n 1))
             (S-n (/ r 2) (- n 1)))))))))
```

und erhalten mit `> (S-n 64 3)` die gleiche Figur wie mit z.B. `> (S 13 64)`.
Ein Vergleich

	Parameter	Rekursionsvariable	Typ (s. 7.1)
`(S min r)`	min	r	MQ-PO
	ohne Einsetzung		
`(S-n r n)`	r	n	ÜN-PE
	mit Einsetzung		

legt nahe:

- Aus didaktischer Sicht ist für Einsteiger der Variante `(S min r)` vom Typ (97) der Vorrang zu gegeben, weil die Halbierung der Figur bzw. von r als „Schrittmotor" für eine Rekursion naheliegend ist; außerdem muß bei der Rekursion `(S-n r n)` vom Typ (98) neben der Änderung der Rekursionsvariablen auch noch schreibend auf den Parameter r zugegriffen werden.

ANREGUNGEN:

1. Konstruiere für (97) und (98) eine SCHEME-Funktion $t(r,c) \rightarrow n$, so daß $g(r, t(r,c)) = f(c,r)$, und teste sie an Beispielen.

2. Modelliere mit geeigneten Funktionen

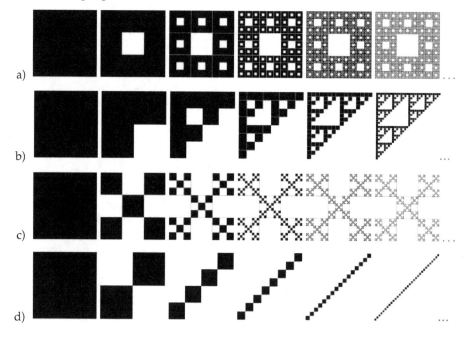

e)

3. Modelliere mit geeigneten Funktionen

a)   . . .

b)   . . .

4. Man informiere sich über CANTOR-*Staub, Drachen-Kurve, H-Baum*, KOCH-*Kurve*, HILBERT-*Kurve*, usw.

11.4 Visualisierungen

Diagramme

Wir unterscheiden zwischen

- *x-y−Diagramm*: die *Wertetabelle* (vgl. 3.1) $((x_0, f(x_0)), (x_1, f(x_1)), \ldots, (x_n, f(x_n)))$ wird in ein Diagramm umgesetzt, d.h. die Werte der Schrittfunktion werden gegen die Werte der Rekursionsvariablen aufgetragen
- *Indexdiagramm (n-y−Diagramm)*: die *Werteliste* (vgl. 3.1) $(f(x_0), f(x_1), \ldots, f(x_n))$ wird gegen den Index $0, 1, 2, \ldots$ aufgetragen

  Bei einer Rekursion über $\mathbb{N}$ (Typen ÜNQ und ÜNN, s. Abschnitt 7.1, d.h. primitives Rekursionsschema) stimmen x-y−Diagramm und Indexdiagramm überein. Bei allen anderen direkten Rekursionen kann man zusätzlich oder alternativ zum x-y−Diagramm ein Indexdiagramm erstellen.

- *Streudiagramm* (y_{n-1}-y_n –*Diagramm*, engl. *scatter plot*):
  - bei direkten Rekursionen wird die *Werteliste* $(f(x_0), f(x_1), \ldots, f(x_n)) =$ $(y_0, y_1, \ldots, y_n)$ so umgesetzt, daß y_n gegen y_{n-1} aufgetragen wird
  - bei einem Paar (f_1, f_2) indirekter (wechselseitiger) Rekursionen werden die $f_1(x_n)$ gegen die $f_2(x_n)$ aufgetragen
- *Spinnwebdiagramm* (engl. *cobweb diagramm*):
  die *Werteliste* bzw. $(y_0, y_1, \ldots, y_n)$ wird als Streckenzug aus den Punkten $\ldots, (y_i|y_i), (y_i|y_{i+1}), (y_{i+1}|y_{i+1}), (y_{i+1}|y_{i+2}), \ldots$ aufgetragen, um das Verhalten von diskreten dynamischen Prozessen oder endrekursiven Näherungsverfahren zu studieren

Alle Diagramme sind sowohl mit Tabellenkalkulation als durch Programmierung dar-stellbar, wobei die Erstellung eines Diagramms aus einem Rechenblatt i. A. sicherlich die schnellere Lösung bietet, weil man sich die Entwicklung eines Grafikprogrammes spart.

Wir wollen im Folgenden die Möglichkeiten an drei sehr unterschiedlichen Beispielen aufzeigen und die Diagrammoptionen einer Tabellenkalkulation miteinbeziehen.

Für die Lösung durch Programmierung koppeln wir die Erstellung der Diagramme von der Erstellung der Wertelisten bzw. -tabellen ab: Im Sinne der Verallgemeinerung haben die Funktion für die Diagramme einen universellen Charakter. Es sei lediglich darauf hingewiesen, daß die Kurvenpunkte mit (circle 1 'solid farbe) geplottet und mit (place-image ...) absolut positioniert werden, ansonsten ist der Quellcode selbsterklärend:

```
(define (xy-diagramm BREITE HOEHE faktor farbe tabelle)
  (cond
    ((empty? tabelle) (empty-scene BREITE HOEHE))
    (else
     (place-image
      (circle 1 'solid farbe)
      (* faktor (first (first tabelle)))            ; x-Koordinate
      (- HOEHE (* faktor (second (first tabelle))))) ; y-Koordinate
      (xy-diagramm BREITE HOEHE faktor farbe (rest tabelle)))))))

(define (index-diagramm n0 BREITE HOEHE faktor farbe liste)
  (cond
    ((empty? liste) (empty-scene BREITE HOEHE))
    (else
     (place-image
      (circle 1 'solid farbe)
      (+ n0 2)                                       ; x-Koordinate
      (- HOEHE (* faktor (first liste)))) ; y-Koordinate
      (index-diagramm
       (+ n0 1) BREITE HOEHE faktor farbe (rest liste)))))))
```

Für ein Streudiagramm bei direkten Rekursionen wird eine Werteliste erwartet, wobei aufeinanderfolgende Werte $f(x_n)$ und $f(x_{n-1})$ gegeneinander aufgetragen werden:

```
(define (streudiagramm-D BREITE HOEHE faktor farbe liste)
  (cond
```

```
((or (empty? liste) (empty? (rest liste))))
 (empty-scene BREITE HOEHE))
(else
 (place-image
  (circle 1 'solid farbe)
  (* faktor (first liste))                        ; x-Koordinate
  (- HOEHE (* faktor (first (rest liste))))) ; y-Koordinate
  (streudiagramm-D BREITE HOEHE faktor farbe (rest liste)))))))
```

Bei indirekten Rekursionen wird eine Liste von Paaren $(f_1(x_n), f_2(x_n))$, die man auch als 2-spaltige Tabelle interpretieren kann, benötigt, wobei die $f_2(x_n)$ gegen die $f_1(x_n)$ aufgetragen werden:

```
(define (streudiagramm-W BREITE HOEHE faktor farbe tabelle)
  (cond
    ((empty? tabelle) (empty-scene BREITE HOEHE))
    (else
     (place-image
      (circle 1 'solid farbe)
      (+ (/ BREITE 2)(* faktor (first (first tabelle))))
      (- (/ HOEHE 2) (* faktor (second (first tabelle))))
      (streudiagramm-W BREITE HOEHE faktor farbe (rest tabelle)))))))
```

Der Streckenzug des Spinnwebdiagramms besteht aus waagrechten und senkrechten Strecken:

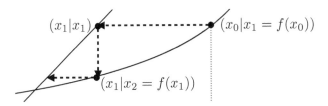

Abb. 62: Konstruktion des Spinnwebdiagramms

Wie in der Abbildung ersichtlich, werden bei jedem Selbstaufruf der Rekursion eine waagrechte und eine senkrechte Strecke erzeugt, und zwar aus drei Punkten $(x_i|x_{i+1}), (x_{i+1}|x_{i+1}), (x_{i+1}|x_{i+2})$, für deren Koordinaten die drei aufeinander folgenden Glieder x_i, x_{i+1}, x_{i+2} der Werteliste benötigt werden:

```
(define (spinnweb-diagramm BREITE HOEHE faktor farbe werteliste)
  (local ((define x0 (* faktor (first werteliste)))
          (define x1 (* faktor (first (rest werteliste))))
          (define x2 (* faktor (first (rest (rest werteliste))))))
    (cond
      ((empty? (rest (rest (rest werteliste))))
       (empty-scene BREITE HOEHE))
      (else
       (add-line
        (add-line
```

```
(spinnweb-diagramm
   BREITE HOEHE faktor farbe (rest werteliste))
   x0 (- HOEHE x1) x1 (- HOEHE x1) farbe)
   x1 (- HOEHE x1) x1 (- HOEHE x2) farbe)))))
```

Beispiel 1: Gammastrahlung (erneut)

Wir greifen das Beispiel Gammastrahlung für exponentielles Wachstum in der Form
(54) auf. Es handelt sich um eine Rekursion vom Typ ÄQ (vgl. 7.1), so daß im Rechenblatt aufgrund der Tabellierung von x und $f(x)$ die Daten für ein x-y-Diagramm
bereitstehen. Für ein Indexdiagramm muß zusätzlich der Index n (hier in Spalte D, kursiv), für ein Streudiagramm zusätzlich y_{k+1} (hier in Spalte G, kursiv) tabelliert werden:

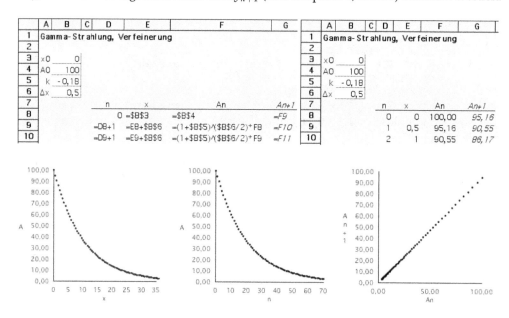

Abb. 63: x-y-*Diagramm*, *Indexdiagramm* und *Streudiagramm* beim Rechenblatt

Bei der Programmierung werden zum Plotten der Diagramme die entsprechenden
Wertetabellen bzw. -Listen als Eingabe benötigt. Dazu erweitern wir das Programm
Variante 1 (s. S. 161) entsprechend und bauen mittels (runden ...) , S. 90, eine Run-
dung auf zwei Dezimalstellen ein:

```
(define (A-tabelle-hilfe x0 k dx akku1 akku2 x)
  (cond
    ((= x x0) (list (list akku1 akku2)))
    (else
     (cons
      (list akku1 akku2)
      (A-tabelle-hilfe
```

```
          x0 k dx (+ dx akku1)
          (runden (inexact->exact (* (expt (+ 1 k) (/ dx 2)) akku2)) 2)
          (- x dx))))))

(define (A-tabelle x0 A0 k dx x)
  (A-tabelle-hilfe x0 k dx x0 A0 x))
```

mit z.B.

```
> (A-tabelle 0 100 -0.18 0.5 2) -->
(list
 (list 0 100) (list 0.5 95.16) (list 1 90.55) (list 1.5 86.17)
 (list 2 82))
```

und

```
(define (A-liste x0 A0 k dx x)
  (cond
    ((= x x0) (list A0))
    (else
     (cons
      A0
      (A-liste
       x0
       (runden (inexact->exact (* (expt (+ 1 k) (/ dx 2)) A0)) 2)
       k dx (- x dx) )))))
```

mit z.B.

```
> (A-liste 0 100 -0.18 0.5 5) -->
(list 100 95.16 90.55 86.17 82 78.03 74.25 70.66 67.24 63.99 60.89)
```

Die Diagramme liefern die Aufrufe der o.a. Plot-Programme für z.B. $x = 35$:

```
> (xy-diagramm 300 300 4 'black (A-tabelle 0 100 -0.18 0.5 35))
> (index-diagramm 0 300 300 4 'black (A-liste 0 100 -0.18 0.5 35))
> (streudiagramm-D 300 300 4 'black (A-liste 0 100 -0.18 0.5 35))
```

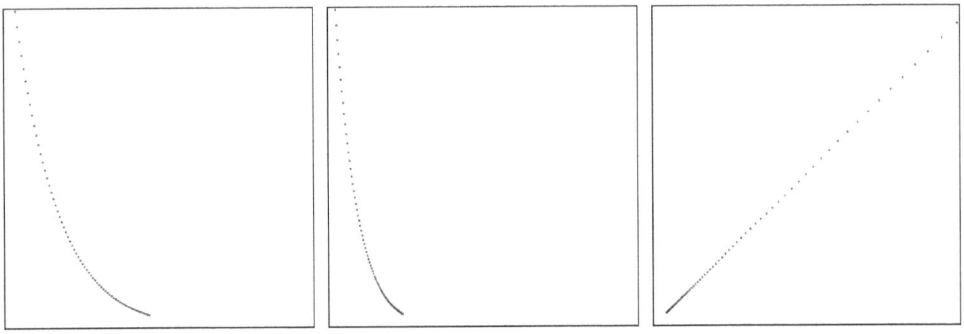

Abb. 64: *x-y—Diagramm, Indexdiagramm* und *Streudiagramm* bei Programmierung

Beispiel 2: Verhulst-Dynamik

Die beim logistischen Wachstum (Absch. 9.4) erhaltene Rekursion der VERHULST-Dynamik (9.4) schreiben wir als

$$V(a,n) = \begin{cases} x_0 \in [0;1] & \text{falls } n = 0 \\ a \cdot V(a, n-1) \cdot (1 - V(a, n-1)) & \text{falls } n > 0 \end{cases} \tag{99}$$

oder endrekursiv mit $\varphi(a,x) = a \cdot x \cdot (1-x)$

$$V'(a,x,n) = \begin{cases} x_0 \in [0;1] & \text{falls } n = 0 \\ V'(a, \varphi(a,x), n-1) & \text{falls } n > 0 \end{cases} \tag{100}$$

Im Rechenblatt genügt für das Indexdiagramm die Tabellierung von n und V_n. Für das Streudiagramm wird zusätzlich die Tabellierung von V_{n+1} benötigt, da ja V_n gegen V_{n+1} aufgetragen wird: die Werte von y_n in Spalte E werden um 1 nach oben verschoben in Spalte F kopiert:

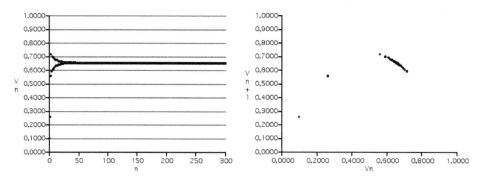

	A	B	C	D	E	F
1	VERHULST- Dynamik					
2						
3	x0	0,1				
4	a	2,9				
5				n	Vn	Vn+1
6				0 =B3	=E7	
7				=D6+1	=$B$4*E6*(1-E6)	=E8
8				=D7+1	=$B$4*E7*(1-E7)	=E9
9				=D8+1	=$B$4*E8*(1-E8)	=E10
10				=D9+1	=$B$4*E9*(1-E9)	=E11
11				=D10+1	=$B$4*E10*(1-E10)	=E12
12				=D11+1	=$B$4*E11*(1-E11)	=E13
13				=D12+1	=$B$4*E12*(1-E12)	=E14
14				=D13+1	=$B$4*E13*(1-E13)	=E15

	A	B	C	D	E	F
1	VERHULST- Dynamik					
2						
3	x0	0,1				
4	a	2,9				
5				n	Vn	Vn+1
6				0	0,1000	0,2610
7				1	0,2610	0,5593
8				2	0,5593	0,7148
9				3	0,7148	0,5912
10				4	0,5912	0,7009
11				5	0,7009	0,6080
12				6	0,6080	0,6912
13				7	0,6912	0,6190
14				8	0,6190	0,6839

Abb. 65: Indexdiagramm und Streudiagramm für $a = 2,9, x_0 = 0,1, n = 300$

Für $a = 2,9$ liegt oszillierende Konvergenz vor: Man erkennt an beiden Diagrammen den Häufungspunkt als Grenzwert der Folge V_n bei $\approx 0,655$ (der in diesem Fall als Lösung der Fixpunktgleichung $\bar{x} = 2,9 \cdot \bar{x}(1 - \bar{x})$ auch ohne Näherungsverfahren zu $x = \frac{1,9}{2,9} \approx 0,655172413793103$ zu ermittelt werden kann).

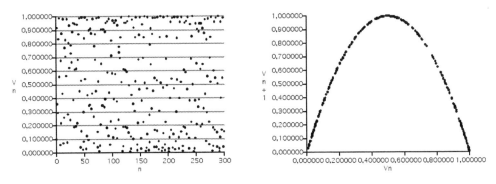

Abb. 66: *Indexdiagramm* und *Streudiagramm* für $a = 3,993, x_0 = 0,1, n = 300$

Für z.B. $a = 3,993$ stellt das Indexdiagramm das bekannte „Chaos" dar, während das Streudiagramm den Attraktor deutlich macht, der auf dem Graph von $\varphi(x) = 3,993 \cdot x(1 - x)$ liegt.

Für ein Spinnwegdiagramm muß das Rechenblatt modifiziert werden: Der Streckenzug besteht aus abwechselnd waagrechten und senkrechten Strecken, beginnend mit $\overline{(V_0|V_1)V(_1, V_1)}$ und $\overline{V(_1, V_1)V(_1, V_2)}, \ldots$, so daß – wie in Abbildung Abb. 62 ersichtlich – jede x- und jede y-Koordinate doppelt vorkommt. Dies erreichen wir, indem wir prüfen, ob der Wert der Rekursionsvariablen n in Spalte D gerade oder ungerade ist: Wenn er, beginnend bei $n = 1$, gerade ist, wiederholen wir den letzten Wert der Folge, wenn nicht, errechnen wir das nächste Glied und erhalten so die Folge V_n^* in Spalte E. Spalte F enthält dann eine um eine Zeile nach oben verschobene Kopie von Spalte E:

	A	B		D	E	F
1		Verhulst-Dynamik: Spinnweb-Diagramm				
2						
3	x0	0,1				
4	a	2,9				
5				n	Vn*	V*n+1
6				0	=$B$3	=E7
7				=D6+1	=WENN(REST(D6;2)=0;$B$4*E6*(1-E6);E6)	=WENN(REST(D7;2)=0;F6;$B$4*F6*(1-F6))
8				=D7+1	=WENN(REST(D7;2)=0;$B$4*E7*(1-E7);E7)	=WENN(REST(D7;2)=0;F7;$B$4*F7*(1-F7))
9				=D8+1	=WENN(REST(D8;2)=0;$B$4*E8*(1-E8);E8)	=WENN(REST(D8;2)=0;F8;$B$4*F8*(1-F8))
10				=D9+1	=WENN(REST(D9;2)=0;$B$4*E9*(1-E9);E9)	=WENN(REST(D9;2)=0;F9;$B$4*F9*(1-F9))

Mit der passenden Diagramm-Option, etwa „XY-Linien" oder „Punkte verbinden" oder dgl., erhält man das gewünschte Spinnwegdiagramm:

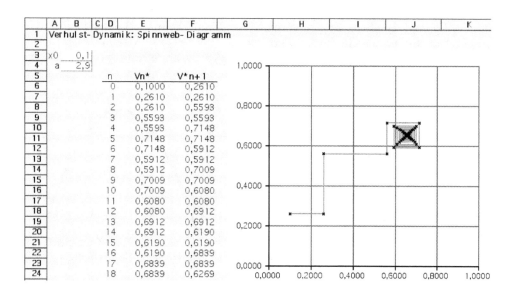

Verhulst-Dynamik: Spinnweb-Diagramm

x_0 = 0,1
a = 2,9

n	Vn*	V*n+1
0	0,1000	0,2610
1	0,2610	0,2610
2	0,2610	0,5593
3	0,5593	0,5593
4	0,5593	0,7148
5	0,7148	0,7148
6	0,7148	0,5912
7	0,5912	0,5912
8	0,5912	0,7009
9	0,7009	0,7009
10	0,7009	0,6080
11	0,6080	0,6080
12	0,6080	0,6912
13	0,6912	0,6912
14	0,6912	0,6190
15	0,6190	0,6190
16	0,6190	0,6839
17	0,6839	0,6839
18	0,6839	0,6269

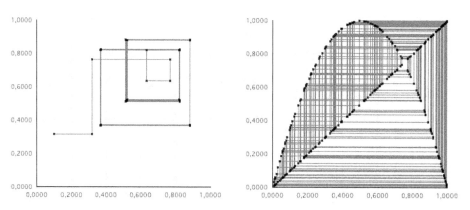

Abb. 67: Rechenblatt mit *Spinnwebdiagrammen* für $a = 2,9, x_0 = 0,1, n = 300, a = 3,53, x_0 = 0,1, n = 300$ und $a = 3,993, x_0 = 0,1, n = 300$

Die Programmierung von (100) ergibt

```
(define (VERHULST a x0 n)
  (cond
    ((zero? n) x0)
    (else
      (VERHULST a (* a x0 (- 1 x0)) (- n 1))))))
```

mit z.B. > (VERHULST 3.993 0.1 4) 0.83255513974586395 93338997...)

Die für ein Diagramm benötigte Werteliste liefert uns die Funktion

```
(define (VERHULST-liste a x0 stellen n)
  (cond
    ((zero? n) (list x0))
    (else
     (cons
      x0
      (VERHULST-liste a
                       (runden (* a x0 (- 1 x0)) stellen)
                       stellen (- n 1 )))))))
```

mit z.B.

```
> (VERHULST-liste 3.993 0.1 8 4)
      --> (list 0.1 0.35937 0.91928125 0.29629351 0.83255514)
```

Damit ergibt sich z.B. für $n = 300$

```
> (index-diagramm 0 300 300 300 'black (VERHULST-liste 2.9 0.1 8 300))
> (streudiagramm-D 300 300 300 'black (VERHULST-liste 2.9 0.1 8 300))
> (spinnweb-diagramm 300 300 300 'black (VERHULST-liste 2.9 0.1 8 300))
```

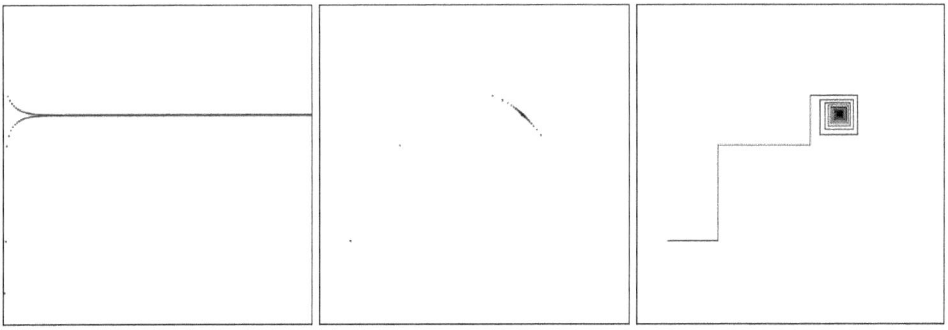

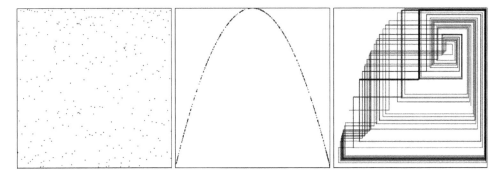

Abb. 68: Indexdiagramm, Streudiagramm, Spinnwebdiagramm für $a = 2,9, x_0 = 0,1, n = 300$

Abb. 69: Indexdiagramm, Streudiagramm, Spinnwebdiagramm für $a = 3,993, x_0 = 0,1, n = 300$

Beispiel 3

G02	**HENON-Abbildung**	R-Var:	ÜN
Anmerkung:		*Struktur:*	IR oder WR

Einen interessanten Attraktor liefert auch die sog. HÉNON-Abbildung ($\leadsto$[Ma]). Diese nichtlineare Differenzengleichung kann als indirekte (wechselseitige) Rekursion

$$\begin{aligned} x_n &= 1 - ax_{n-1}^2 + y_{n-1} \\ y_n &= bx_{n-1} \end{aligned} \tag{101}$$

oder aufgrund ihrer einfachen Struktur auch als direkte Rekursion

$$x_n = 1 - ax_{n-1}^2 + bx_{n-2}$$

formuliert werden.

Den Attraktor ür z.B. $a = -1,4$ und $b = 0,3$ liefert das Rechenblatt

	A	B	C	D	E	F		A	B	C	D	E	F
1	HENON						1	HENON					
2		x0	0,5				2		x0	0,5			
3		y0	0,5				3		y0	0,5			
4		a	-1,4				4		a	-1,4			
5		b	0,3				5		b	0,3			
6							6						
7				*n*	x n	y n	7				*n*	x n	y n
8				0	=$B$2	=$B$3	8				0	0,5	0,5
9				=D8+1	=1+$B$4*E8*E8+F8	=$B$5*E8	9				1	1,15	0,15
10				=D9+1	=1+$B$4*E9*E9+F9	=$B$5*E9	10				2	-0,7015	0,345
11				=D10+1	=1+$B$4*E10*E10+F10	=$B$5*E10	11				3	0,65605685	-0,21045
12				=D11+1	=1+$B$4*E11*E11+F11	=$B$5*E11	12				4	0,1869751734	0,196817055

z.B. für $n = 1000$ Zeilen:

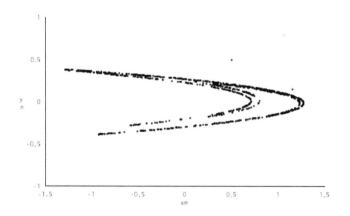

Abb. 70: HÉNON-Attraktor mittels TK

Das Programm

```
(define (henon-tabelle-hilfe a b akku n)
  (cond
    ((= n 0) akku)
    (else
     (henon-tabelle-hilfe
      a b
      (cons
       (list
        (runden
         (+ 1
            (* a (sqr (first (first akku))))
            (second (first akku))) 4)
        (runden (* b (first (first akku))) 4))
       akku)
      (- n 1)))))

(define (henon-tabelle a b x0 y0 n)
  (henon-tabelle-hilfe a b (list (list x0 y0)) n))
```

mit z.B.

```
> (henon-tabelle -1.4 0.3 0.5 0.5 2)
   --> (list (list 0.5 0.5) (list 1.15 0.15) (list -0.7015 0.345))
```

liefert zunächst die Werteste, aus der man für $n = 100$ schließlich das gleiche Diagramm wie in Abb. 70 erhält:

```
> (streudiagramm-W
      600 300 200 'black (henon-tabelle -1.4 0.3 0.5 0.5 1000))
```

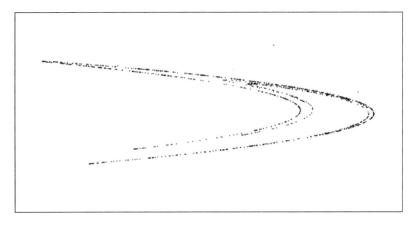

Abb. 71: HÉNON-Attraktor mittels Programmierung

Beispiel 4: Collatz-Rekursion

Bei „wundersamem" oder mysteriösem Folgenverlauf ist – wie etwa bei den Reduzierungsfunktionen – ist ein Balkendiagramm häufig aussagekräftiger. Wie wollen es
Index-Balken-Diagramm nennen:

```
(define (index-balken-diagramm faktor farbe werteliste)
  (cond
    ((empty? werteliste) empty-image)
    (else
     (beside/align
      'middle
      (rectangle 1 (* faktor (first werteliste)) 'solid farbe)
      (rectangle 1 (* faktor (first werteliste)) 'solid 'white)
      (index-balken-diagramm faktor farbe (rest werteliste)))))))
```

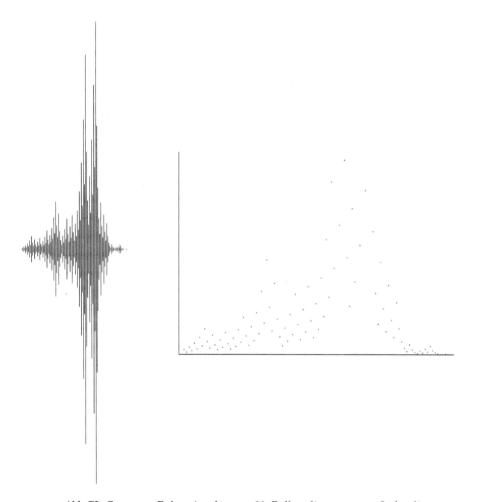

Abb. 72: COLLATZ-Rekursion für $n = 31$: Balkendiagramm vs. Indexdiagramm

Ein gutes Beispiel dafür ist die COLLATZ-Rekursion, die für $n = 31$ nach extremen „Ausschlägen" schließlich doch reduziert, und zwar nach 107 Schritten. Die Werteliste liefert uns die Funktion (c-liste n) von S. 117: Während das Balkendiagramm das andauernd wechselnde starke Steigen und Fallen der Folgenglieder verdeutlicht, bilden die Punkte im Indexdiagramm besondere Strukturen, deren Interpretation dem Leser überlassen bleibt.

Einfärbungen

Wir wollen noch eine weitere Methode zur Visualisierung nicht unerwähnt lassen: Das *Einfärben* des Rekursionsverhaltens. Am Beispiel der bekannten MANDELBROT-Menge wollen diese Verfahren kurz andeuten. Wir gehen von der Rekursion

$$f(z, n) = \begin{cases} z & \text{falls } n = 0 \\ f(z^2 + c, n - 1) & \text{falls } n > 0 \end{cases} \tag{102}$$

aus mit $z, c \in \mathbb{C}$.

Für $z = 0$ wird (102) auf die Punkte $c = a + i \cdot b$ der komplexen Zahlenebene angewendet und geprüft, ob die für ein festes c entstehende Zahlenfolge divergiert oder konvergiert (auf Fragen nach Zyklen bzw. Schleifen oder Chaos der Abbildung $z = \varphi(z, c)$ gehen wir hier nicht ein).

Jetzt kann man z.B. die Punkte c mit Konvergenz einfärben und die Punkte c mit Divergenz in Abstufungen – je nach „Stärke" der Divergenz – stufenweise mit einer anderen Farbe einfärben. Dabei genügt es, den Bereich $-2,25 \le a \le 0,75$, $-1,5 \le b \le 1,5$ zu untersuchen.

Auf diese Weise erhält man auf dem Bildschirm das berühmte „Apfelmännchen".

Eine wahre Fundgrube mit zahllosen Beispielen zum Thema Visualisierung durch Einfärben ist ⤳[Ma]

Zwei Sonderfälle

Die beiden folgenden Beispiele liegen „irgendwie" zwischen den Themen Rekursive Muster 11.2 und Visualisierung durch Diagramme 11.4

G03	**Chaos-Spiel**	*R-Var:*	ÜN
Anmerkung:	SIERPINSKI-Dreieck	*Struktur:*	–

Im Inneren eines gleichseitigen Dreiecks ABC wird ein zufälliger Punkt P gewählt. Dieser wird mit einer zufällig ausgewählten Ecke des Dreiecks verbunden. Die Mitte M der so entstandenen Strecke wird markiert jetzt P', den Ausgangspunkt für die nächste Runde, bei der sich dann $M' = P''$ ergibt usw.

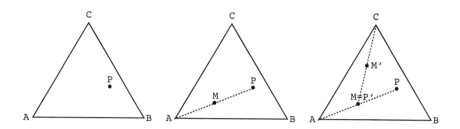

Eine Formalisierung dieses Prozesses ergibt die Rekursion

$$P_n = \begin{cases} P \text{ (zufällig im } \triangle ABC) & \text{falls } n = 0 \\ M(Q|P_{n-1}) \text{ (}Q \text{ zufälliger Eckpunkt)} & \text{sonst} \end{cases}$$

Im Rechenblatt werden zunächst in den Feldern B4...C6 die Koordinaten der drei Ecken eingetragen, wobei wir für die y-Koordinate von C den Wert der Höhe im gleichseitigen Dreieck $h = \frac{a}{2}\sqrt{3} \approx 3,4641$ nehmen.

	A	B	C	D	E	F	G	H	I
1	Chaos-Spiel								
2									
3	Ecken-Koord.				Ecke-Nr.	Ecke-x	Ecke-y	x	y
4	A	0	0					2	2
5	B	4	0		=ZUFALLSZAHL(3)	=WAHL(E5;$B$4;$B$5;$B$6)	=WAHL(E5;$C$4;$C$5;$C$6)	=(F5+H4)/2	=(G5+I4)/2
6	C	2	3,4641		=ZUFALLSZAHL(3)	=WAHL(E6;$B$4;$B$5;$B$6)	=WAHL(E6;$C$4;$C$5;$C$6)	=(F6+H5)/2	=(G6+I5)/2
7					=ZUFALLSZAHL(3)	=WAHL(E7;$B$4;$B$5;$B$6)	=WAHL(E7;$C$4;$C$5;$C$6)	=(F7+H6)/2	=(G7+I6)/2

In Spalte E wird eine Ecke zufällig ausgewählt, deren Koordinaten in den Spalten F und G angegeben werden, wobei die Funktion WAHL(*Index;Bereich*) aus dem angegebenen Bereich das *Index*-te Element wählt (bei 0 beginnend).
Mit $P = (2|2)$ als Anfangspunkt ergeben sich für 500 bzw. 5000 Zeilen die Diagramme

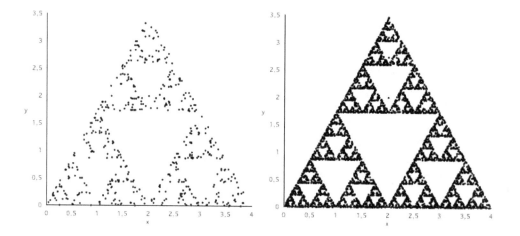

Bei der Programmierung suchen wir die Funktion *chaos: posn number -> image*, wobei *posn* den Anfangspunkt und *number* die Rekursionstiefe angeben.

Zunächst ein Paar Vorbereitungen

```
(define kante 400)
(define A (make-posn 0 (/ (* kante (sqrt 3)) 2)))
(define B (make-posn kante (/ (* kante (sqrt 3)) 2)))
(define C (make-posn (/ kante 2) 0))
(define dreieck (list A B C))
(define P0 (make-posn   ; Zufallspunkt (im Rechteck um das Dreieck)
        (random kante)
        (random (floor (inexact->exact (/ (* kante (sqrt 3)) 2)))))))

(define (chaos P n)
  (local
    ((define ecke (list-ref dreieck (random 3))) ; Zufallsecke
     (define M ; Mittelpunkt
       (make-posn (/ (+ (posn-x P) (posn-x ecke)) 2)
                  (/ (+ (posn-y P) (posn-y ecke)) 2))))
    (cond
      ((zero? n)
       (square kante 'outline 'white))
      (else
       (overlay/xy
        (circle 1 'solid 'black) (- (posn-x M) kante) (- (posn-y M))
        (chaos M (- n 1)))))))
```

Die Aufrufe

```
> (chaos P0 500)
> (chaos P0 5000)
```

liefern z. B.

Interessanterweise nähert sich die Punktmenge mit wachsender Rekursionstiefe dem SIERPINSKSI-Dreieck, das in 11.3 ausführlich behandelt wurde.   ◆

G04	CAUCHY-EULER-	R-Var:	ÜNN
	Streckenzugverfahren		
Anmerkung:	–	Struktur:	IR

Wenn zu einer integrierbaren Funktion f' keine Stammfunktion f gefunden wird, kann mit dem CAUCHY-EULERsches Streckenzugverfahren zumindest der Graph von f näherungsweise bestimmt werden.
Diese Situation kann z.B. bei der Funktion

$$f'(x) = \frac{1}{x} \quad \text{mit } x \in \mathbb{R}^+ \tag{103}$$

entsteht, wenn beim Thema Integralrechung Stammfunktionen von x^{-k} gesucht werden, aber im Falle $k = -1$ die Logarithmusfunktion ln noch nicht bekannt ist.
Dabei wird der Graph von f durch einen Streckenzug angenährt, dessen Einzelstrecken sukzessive aus der jeweils vorangegangenen Einzelstrecke gebildet werden, also durch Rückgriff bzw. durch Rücklaufen, d.h. es liegt eine rekursive Struktur vor.
Ausgangspunkt ist ein Punkt $P \in f$ als Anfangswert, wir wählen $P = (1|0)$. Man kennt damit einen Punkt von f und wegen (103) die Steigung in diesem Punkt, und da die Tangente an eine Kurve die beste lineare Näherung für einen Kurvenpunkt ist, nehmen wir diese als Näherung an f für einen kleinen Bereich Δx. Als Tangentengleichung $t : y = y_0 + f'(x_0) \cdot (x - x_0)$ erhalten in unserem Beispiel für die erste Strecke:

$$t_1 : y = 0 + 1 \cdot (x - 1) = x - 1 \quad \text{für } 1 \leq x \leq 1 + \Delta x$$

Das heißt, f wird auf dem Intervall $[1; 1 + \Delta x]$ durch ein Strecke angenähert.
Für die zweite Strecke auf dem Intervall $[1 + \Delta x; 1 + 2 \cdot \Delta x]$ wird der Endpunkt $[1 + \Delta x; t_1(1 + \Delta x) = \Delta x]$ als Anfangspunkt genommen mit der Steigung $f'(1 + \Delta x) = \frac{1}{1+\Delta x}$, womit man die Tangentengleichung t_2 bilden kann. Setzt man diese Verfahren mit z.B. $\Delta x = 1$ fort, erhält man die Gleichungen des Streckenzugs:

$$t_1 : y = 0 + 1 \cdot (x - 1) = x - 1$$

$$t_2 : y = 1 + \frac{1}{2} \cdot (x - 2) = \frac{1}{2} \cdot x$$

$$t_3 : y = \frac{3}{2} + \frac{1}{3} \cdot (x - 3) = \frac{1}{3} \cdot x + \frac{1}{2}$$

$$\dots\dots$$

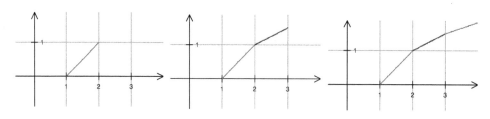

Für die Eckpunkte des Streckenzugs $P_0, P_1, \dots P_n$ mit $P_n = (x_n \mid y_n)$ ergibt sich die wechselseitige bzw. indirekte Rekursion

$$x_n = \begin{cases} x_0 & \text{f. } n = 0 \\ x_{n-1} + \Delta x & \text{f. } n = 1, 2, \ldots \end{cases} \quad y_n = \begin{cases} y_0 & \text{f. } n = 0 \\ y_{n-1} + f'(x_{n-1}) \cdot \Delta x & \text{f. } n = 1, 2, \ldots \end{cases} \quad (104)$$

Das Rechenblatt mit Kalkulationsparametern x_0, y_0 und Δx den Streckenzug:

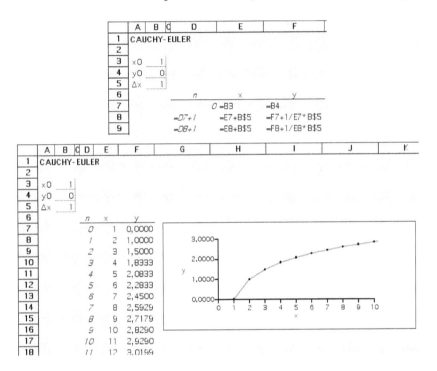

Wir koppeln die Erzeugung der Punkteliste von der grafischen Umsetzung ab und suchen zunächst eine Funktion *CE-Tabelle* : f x_0 y_0 Δx n → *Liste von Punkten*, die die Liste $\{\{x_0, y_0\}, \{x_1, y_1\}, \ldots, \{x_n, y_n\}\}$ erzeugt, wobei ein Punkt als Koordinatenpaar $\{x_i, y_i\}$ vom Programm ebenfalls als Liste (list xi yi) behandelt wird.

Für unser Beispiel $f(x) = \frac{1}{x}$ erwarten wir mit $x_0 = 1, y_0 = 0, \Delta x = 1$ z.B. für $n = 3$

```
> (CE-Tabelle f 1 0 1 4)
        --> (list (list 1 0) (list 2 1) (list 3 1.5) (list 4 1.83)))
```

Zwecks einfachere Eingabe konstruieren wir die Hilfsfunktion CE-hilfe

```
(define (CE-hilfe f dx akku n)
  (cond
    ((zero? n) resultat)
    (else
     (local ((define x (first (first (reverse akku))))
             (define y (first (rest (first (reverse akku)))))))
```

```
(CE-hilfe  f  dx
 (append akku (list (list (+ x dx) (+ y (* (f x) dx))))) 
 (- n 1))))))
```

die aufgerufen wird von

```
(define ( CE-Tabelle f x0 y0 dx n)
  (CE-hilfe f dx (list (list x0 y0)) n))
```

Die graphische Umsetzung des Streckenzugs soll durch die Funktion streckenzug erfolgen. Deren Quellcode sowie der Hilfsfunktion streckenzug-hilfe mit den Zeichenfunktionen lauten unkommentiert:

```
(define (streckenzug-hilfe faktor h dx n punktliste)
  (cond
    ((empty? punktliste) empty-scene)
    ((empty? (rest punktliste))
     (rectangle (* faktor n dx) (* faktor h) 'outline 'green))
    (else
     (local
       ((define x1 (* faktor (first (first punktliste))))
        (define y1 (* faktor (first (rest (first punktliste)))))
        (define x2 (* faktor (first (first (rest punktliste)))))
        (define y2
          (* faktor (first (rest (first (rest punktliste)))))))
       (scene+line
        (streckenzug-hilfe faktor h dx n (rest punktliste))
        (* x1 1) (- (* faktor h) y1)
        (* x2 1) (- (* faktor h) y2)
        'blue)))))

(define (streckenzug faktor punktliste)
  (cond
    ((empty? punktliste) (text "Kein Punkt vorhanden!" 30 'red))
    ((empty? (rest punktliste))
     (text "Nur ein Punkt vorhanden!" 30 'red))
    (else
     (local
       ((define ymax (apply max (map second punktliste)))
        (define ymin (apply min (map second punktliste)))
        (define punktezahl (length punktliste))
        (define dx
          (- (first (first (rest punktliste)))
             (first (first punktliste)))))
       (streckenzug-hilfe faktor ymax dx punktezahl punktliste)))))
```

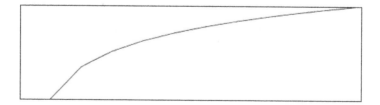

Wie man sieht, liefert der Aufruf `> (streckenzug 40 (CE-Tabelle g 1 0 1 10))` eine Liste mit 10 Punkten und somit einen Streckenzug aus 9 Strecken.   ♦

ANREGUNGEN:

1. (Zu Abschnitt 11.4) Entwickle zum Allgemeinen Näherungsverfahren, Abschnitt 9.6, ausgehend von `(spinnweb-diagramm BREITE HOEHE faktor farbe werteliste)` ein Programm, das – beschränkt auf den ersten Quadranten – z. B. für die Näherungsfunktion φ_2 (s. S. 189) für $0 \leq x \leq 5$ und $0 \leq y \leq 5$ folgendes Diagramm liefert:

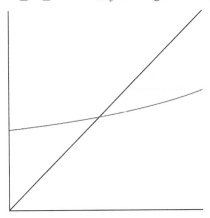

2. Zur HÉNON-Abbildung (101), S. 238):

   a) Entwickle ein Programm `(henon-doppel-tabelle a b x0 y0 n)` zur Tabellierung der Tripel (n, x_n, y_n)

   b) Eine Variante davon ist die HÉNON-LOZY-Abbildung

   $$x_n = 1 - a|x_{n-1}| + y_{n-1}$$
   $$y_n = bx_{n-1}$$

   – Zeige, daß das Streudiagramm des Aufrufes `(henon-lozi-tabelle 1.7 0.3 0.9 0.55 500)` einen „eckigen" Attraktor liefert

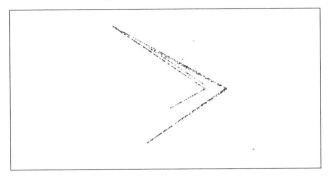

   – Ändere die Parameter a und b so, daß man beim gleichen Startpunkt $x_0 = 0,9$ und $y_0 = 0,55$ folgende Grafik erhält

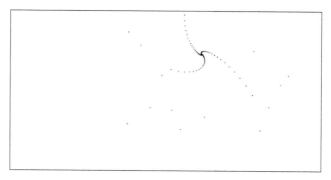

3. Die „Pfefferkuchenmann"-Folge

$$x_n = \begin{cases} x_0 & \text{falls } n = 0 \\ x_1 & \text{falls } n = 1 \\ 1 - |x_{n-1}| - x_{n-2} & \text{falls } n > 1 \end{cases}$$

liefert für geeignete Anfangswerte x_0, x_1 ein namensgebendes Streudiagramm

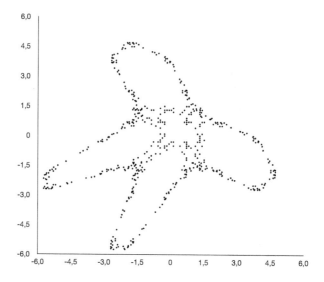

12 Anhang

Die in Abschnitt 3.1 beschriebene aktuelle schulische Situation wird durch folgenden Dialog/Trilog (auszugsweise) aus dem Internet-Forum *http://vorhilfe.de/forum* erhellt:

beschränktes Wachstum: Frage (beantwortet)

Status: (Frage) beantwortet ☐
Datum: **20:49 Mo 30.03.2009**
Autor: Martinius

Aufgabe
Bei einem Wachstumsvorgang mit dem Anfangsbestand B(0)=20 gilt für den Bestand nach t+1 $(t \in \mathbb{N})$ Zeitschritten:

B(t+1)=0,7*B(t)+10.

Berechne B(1), B(2), ...B(5). Zeige, dass es sich um beschränktes Wachstum handelt. Bestimme die Schranke S.

Hallo,

B(0)=20

B(1)=24

B(2)=26,8

B(3)=28,76

B(4)=30,132

B(5)=31,0924

ich hatte heute zum ersten Mal einen gymnasialen Nachhilfeschüler aus der Mittelstufe - bisher immer nur Oberstufe. Sie machen gerade u.a. exponentielles, beschränktes & logistisches Wachstum.

Mit den Wachstumsarten kann ich umgehen - allerdings nur auf Oberstufenniveau, mit Differentialgleichungen.

Die Lösung für die DGL des beschränkten Wachstums wäre hier:

$$B(t) = \frac{100}{3} - \frac{40}{3} \cdot e^{t \cdot \ln(0,7)} = \frac{100}{3} - \frac{40}{3} \cdot (0,7)^t$$

mit der Schranke $S = \frac{100}{3}$.

Aber wie löst man in der Mittelstufe diese Aufgabe?

Bezug

beschränktes Wachstum: Antwort

Status: (Antwort) fertig ◎
Datum: 21:03 Mo 30.03.2009
Autor: leduart

Hallo
schreib die paar ersten Glieder hin. die haettest du besser
gleich NICHT rekursiv ausgerechnet.
$B(1) = 0.7 \cdot B_0 + 10$
$B(2) = 0.7^2 \cdot B_0 + 0.7 \cdot 10 + 10$
$B(3) = 0.7^3 \cdot B_0 + 0.7^2 \cdot 10 + 0.7 \cdot 10 + 10 = 0.7^3 \cdot B_0 + 10 \cdot (0.7^0 + 0.7^1 + 0.7^2)$

jetzt sollte das Kind nur noch die geom. Reihe kennen und du
sehen, was B(n) ist.
Gruss leduart

Bezug

beschränktes Wachstum: Mitteilung

Status: (Mitteilung) Reaktion unnötig ○
Datum: 22:17 Mo 30.03.2009
Autor: abakus

> Hallo
>   schreib die paar ersten Glieder hin. die haettest du
> besser gleich NICHT rekursiv ausgerechnet.
> $B(1) = 0.7 \cdot B_0 + 10$
> $B(2) = 0.7^2 \cdot B_0 + 0.7 \cdot 10 + 10$
>
> $B(3) = 0.7^3 \cdot B_0 + 0.7^2 \cdot 10 + 0.7 \cdot 10 + 10 = 0.7^3 \cdot B_0 + 10 \cdot (0.7^0 + 0.7^1 + 0.7^2)$
>
> jetzt sollte das Kind nur noch die geom. Reihe kennen
und du
> sehen, was B(n) ist.
>   Gruss leduart

Hallo,
geometrische Reihen kennen Schüler der Mittelstufe mit
an Sicherheit grenzender Wahrscheinlichkeit nicht.
Aber man sollte die Differenz B(n+1)-B(n) bilden. Dabei
entsteht der Term 10-0.3*B(n), und der ist (so lange
alle B(n) unter 100/3 bleiben) positiv.
Gruß Abakus

Bezug

beschränktes Wachstum: Mitteilung

Status: (Mitteilung) Reaktion unnötig ○
Datum: 21:10 Di 31.03.2009
Autor: Martinius

Hallo abakus,

Dank auch an dich; so ist es in der Mittelstufe
wahrscheinlich besser zu erklären.

LG, Martinius

Literatur

[Ba]   *Baker, Arthur* u.a., **Recursion and Spreadsheet**, in: *Spreadsheats in Education*, Volume 2, Issue 1, 2005, *http://epublications.bond.edu.au/cgi/viewcontent.cgi?article=1027&context=ejsie*

[Bü]   *Bürker, Michael*, **Über die gute Modellierbarkeit bestimmter Wachstumsprozesse**, Mathematische Semesterberichte, Volume 54, Number 1 (2007), Springer-Verlag, ISSN 0720-728X

[Eb]   *Ebbinhaus, H. D.* u.a., **Zahlen**, Springer-Verlag, Berlin-Heidelberg 1983, ISBN 3-540-12666-X

[En]   *Engel, Arthur*, **Mathematisches Experimentieren mit dem PC**, 1. Auflage, Klett, Stuttgart 1991, ISBN 3-12-983360-9

[Fe]   *Felleisen, M.*, u.a., **How to Design Programs** – An Introduction to Programming and Computing –, MIIT Press, 2001, ISBN 0-262-06218-6, online-Version: *http://www.htdp.org*

[He]   *Hermes, Hans*, **Aufzählbarkeit, Entscheidbarkeit, Berechenbarkeit**, 3. Auflage, Springer-Verlag, Berlin-Heidelberg-New York 1978, ISBN 3-540-08869-5

[GEB] *Hofstadter, Douglas R.*, **Gödel, Escher, Bach** – Ein Endloses Geflochtenes Band, 2. Auflage, Klett-Cotta, Stuttgart 1985, ISBN 3-608-93037-X

[KS1] *Klaeren, Herbert* und *Sperber, Michael*, **Vom Problem zum Programm** – Architektur und Bedeutung von Computerprogrammen, 3. Auflage, B. G. Teubner Verlag, Wiesbaden 2001, ISBN 3-519-22242-6

[KS2] *Klaeren, Herbert* und *Sperber, Michael*, **Die Macht der Abstraktion** – Einführung in die Programmierung, 1. Auflage, B. G. Teubner Verlag, Wiesbaden 2007, ISBN 978-3-8351-0155-5

[La]   *Lausch, Huberta*, **FIBONACCI und die Folge(n)**, Oldenbourg Wissenschaftsverlag, München 2009, ISBN 978-3-486-58910-8

[Lo1] *Lorenz, Gernot*, **Auf Entdeckungsreise mit dem Computer** – Eine spezielle Klasse von Rekursionen als Problemlieferant und Bindeglied zwischen Zahlentheorie und Algorithmik – in: *Zahlen, Codes und Computer*, Tagungsvorträge zur Lehrerfortbildung, Johannes-Gutenberg-Universität Mainz 1985

[Lo2] *Lorenz, Gernot*, **Der Fallschirmsprung** – Ein Unterrichtsansatz im Fächerdreieck M-Ph-If, in: *Praxis der Naturwissenschaften*, Heft 3/48, Aulis-Verlag, Köln 1999

[Ma]   *Markus, Mario*, **Die Kunst der Mathematik** – Wie aus Formeln Bilder werden, Verlag Zweitausendeins, Frankfurt a. M. 2009, ISBN 3-86150-767-3

[Pa]   *Papert, Seymour*, **Gedankenblitze** – Kinder, Computer und neues Lernen, Rowohlt Taschenbuch Verlag GmhH, Reinbeck 1985, ISBN 3-499-18126-6

[Pe]   *Péter, Rósza*, **Rekursive Funktionen,** 2. Auflage, Akademie-Verlag, Berlin 1957

[Sc]   *Schnorr, C.P.*, **Rekursive Funktionen und ihre Komplexität**, B.G. Teubner
          Verlag, Stuttgart 1974, ISBN 3-519-02322-9

[Sm]   *Smith, Carl*, **A recursive introduction to the theory of computation**, Springer
          Verlag, New York 1994, ISBN3-540-94332-3

[St]   *Stowasser/Mohry*, **Rekursive Verfahren** – Ein problemorientierter Eingangs-
          kurs –, Hermann Schroedel 1978, ISBN 3-507-83201-1

[Wa1]   *Wagenknecht, Christian*, **Programmierparadigmen** – Eine Einführung auf der
          Grundlage von Scheme, 1. Auflage, B. G. Teubner Verlag, Wiesbaden 2004,
          ISBN 3-519-00512-3

[Wa2]   *Wagenknecht, Christian*, **Rekursion** – Ein didaktischer Zugang mit Funktio-
          nen, Ferd. Dümlers Verlag, Bonn 2004, ISBN 3-427-49951-0

[Wa3]   *Wagenknecht, Christian u. Berger, Veit*, **Programmierparadigmen mit SCHE-
          ME**, *http://subs.emis.de/LNI/Proceedings/Proceedings60/GI-Proceedings.60-18.pdf*

Stichwortverzeichnis

Die kursiv gesetzten Bezeichnungen sind Namen der ausgearbeiteten Beispiele

$3 \cdot n + 1$-Problem, 116

ACKERMANN, 80, 112

BANACH
    Fixpunktsatz, 98
berechenbar, 75
    partiell, 78
    RM-, 81
    TM-, 81
    total, 78
Berechenbarkeit, 74
Binomialkoeffizient, 130
Binomialverteilung, 145
Bisektion, 196

CAUCHY-EULER-Verfahren, 244
Chaos-Spiel, 241
COLLATZ, 61, 115, 205

Datentyp
    induktiv, 86
DEDEKIND, 9
Definition
    induktive, 8, 86
Diagonalen im Vieleck, 129
Diagramm, 229
    x-y, 229
    Index-, 229
    Spinnweb-, 190, 230
    Streu-, 230
Differenzengleichung
    lineare, 72
Dreiecksfiguren, 42
DRRACKET, 88
Dynamische Prozesse, 149

Einfärbungen, 241
EUKLID, 5
EULER-Funktion, 125

Fallunterscheidung, 46
FIBONACCI-Zahlen, 40, 108
Finanzmathematik, 179
Fixpunkt, 187
Fliesenlegen, 118
Formalisierung, 46
Funktion
    höherer Ordnung, 192
    Reduzierungs-, 115, 205
    schrittstabil, 169, 171

Gammastrahlung, 155, 232
Ganzzahldivision, 118
Generationsmodell, 47
ggT, 123
Gitterwege, 47
Grafik
    funktionale, 218

Händeschütteln, 129
HANOI, 110
HENON-Abbildung, 238
HERON-Verfahren, 194

Indexschreibweise, 46
Induktion
    vollständige, 8
Induktionsaxiom, 8
Integration
    numerische, 201

Kalkulationsbereich, 31
Kombination, 136
Kombinatorik
    Überblick, 136
Konstruktionsanleitung, 44
Kopieren
    intelligentes, 30, 45

L-Rekursion, 61, 206
Liste, 86
LUCAS-Zahlen, 108
Luftdruck, 43

MANDELBROT-Menge, 241
Milchglas, 163
Modell
    deskriptives, 15, 149
    normatives, 15, 179
Modellierung
    deskriptive, 22
    diskrete, 17
    funktionale, 13
    rekursive, 13
    stetige, 17

n-Fakultät, 107
Näherungsfolge, 188

partiell, 80
PASCALsches Dreieck, 130
PEANO-Axiome, 8
Permutation, 136, 137
Phasen-Prinzip, 21
Prädikat, 67, 70
Prozeß
    dynamisch, 17

Quersumme, 122

Rastergrafik, 27
Rechenblatt
    Standard-, 31
Rekursion
    μ-, 79, 85
    äquidistante, 68, 149, 203
    Baum-, 71, 133
    doppelte, 70
    End-, 65, 73
    endständige, 73
    generative, 87
    indirekte, 69
    iterierte, 73
    L-, 61, 206
    lineare, 71
    mehrfach verzweigte, 70
    mit Parameter-Einsetzung, 70
    mit variabler Schrittweite, 97
    modellfrei, 15
    mutuelle, 69
    nichtlineare, 71
    strukturelle, 86
    verschachtelte, 73
    wechselseitige, 69
Rekursionsprinzip, 9
Rekursionssatz, 9
Rekursionsschema
    primitives, 10
    Standard-, 7
rekursiv
    μ-, 79
    primitiv-, 77

Schnapszahl, 92
Schrittfunktion, 6
Simulation, 156
Spielkarten, 23, 39
Standard-Rechenblatt, 31

Tabellenkalkulation, 27
Tabellierungsbereich, 31
Terminierung, 63, 85
    technische, 192
Tilgung
    Annuitäten-, 179
    Raten-, 185
total (berechenbar), 80
Transformation, 81, 83
Treppensteigen, 40

Variation, 137
VERHULST-Dynamik, 172, 234
Visualisierung, 229
Vorgängerfunktion, 6

Wachstum
    beschränktes, 163
    exponentielles, 154
    lineares, 150
    logistisches, 172
wechselnde Wegnahme, 5, 123
Werteäquivalenz, 82
Werteliste, 20
Wertetabelle, 19
Werteverlaufsrekursion, 71
Wunschdenken, 25, 108

Zinseszins, 39